Contentes populaires
des pays celtiques

DU MÊME AUTEUR

Chantres et ménestrels à la cour de Bretagne, éd. Ouest-France, 1994
coll. «De mémoire d'homme : l'histoire»,
nominé pour le prix des Muses (Salon Musicora, 1994).
Aliénor d'Aquitaine et les troubadours, éd. Sud-Ouest, 1997.
Rimes et chroniques de la Bretagne ducale, Le Petit Véhicule, 1999.
Cloches et carillons de Bretagne, Coop Breizh, 2000.
Musique sacrée en Bretagne médiévale, livre-CD, éd. du Layeur, 2000.
Lais bretons du Moyen Âge, livre CD, éd. du Layeur, 2000.
La Trompette des fées - Légendaire musical de Bretagne, Coop Breizh, 2002.

DISCOGRAPHIE
Chansons courtoises du Moyen Âge (1990).
Musiques au temps des ducs de Bretagne (Coop Breizh, 1996).
Ménestrels à la cour de Bretagne (Coop Breizh, 2004).

Illustration de couverture : Pascal Moguérou

ISBN 2-84346-240-1

Kerangwenn
29540 Spézet / Speied

ÉDITEURS DE BRETAGNE

www.coop-breizh.com

Contes populaires des pays celtiques

Légendaire musical 2

réunis et présentés
par Gérard Lomenec'h

Coop Breizh

INTRODUCTION

Si les récits des bardes enchantèrent les siècles d'or du Moyen Âge, les contes et légendes celtiques ont depuis toujours su émerveiller par leur parure sonore. Le roi Arthur trône en majesté au milieu de ses chevaliers en son château de Camelot, où l'on entend harpes harper et vièles viéler. La légende de Tristan et Iseut est parsemée d'indices auditifs et rappelle la croyance que la musique était la nourriture de l'amour.

Véritable source d'imagination, la tradition révèle d'étonnantes histoires musicales. On raconte que les McCrimmons de Skye – les plus célèbres joueurs de cornemuse d'Écosse – tiennent leur talent des fées. Dans le comté de Galway en Irlande, le vieux *piper* Flannery passe pour avoir reçu son éducation musicale des « bonnes gens ». Saint Patrick en personne écoutait avec délectation la musique des *fairies*, avouant la trouver assez proche de l'harmonie céleste, avec toutefois un petit écho de magie. À la cour des Thuata de Danann, un barde ne l'avait-il pas plongé dans un sommeil enchanteur au son du tympanon ? Une légende dit que des cygnes rendaient jadis hommage par leurs chants au dieu du Soleil dans le temple de Stonehenge. Certaines pierres de ce sanctuaire étaient appelées, au Moyen Âge, la Danse des Géants, tant elles semblent évoquer quelque ronde rituelle figée dans la roche.

Dans le monde celtique, la féerie musicale rejoint la poésie de l'eau. Au son d'une cornemuse qui n'a rien à envier à la lyre d'Orphée, les hommes, les animaux, les poissons, la mer même se mettent à danser frénétiquement. Véritable barde marin, Shelly-Coat fait tinter son habit de coquillages sur les grèves des Shetlands. Aux *mari-morganed* font écho les *mermaids*, ces filles de la mer, qui animent les eaux écossaises en égrenant des notes sur une harpe d'or. Leurs suaves chansons, dont aucune musique ne peut donner l'idée, voient les marins s'échouer sans regrets pour rejoindre leurs palais aquatiques. En Irlande et dans les îles Orcades, les grands phoques abordent le rivage une fois par an, dit-on, pour danser sous forme humaine en se débarrassant de leurs peaux. On raconte que le ciel, prenant pitié des amours vaines d'une belle sirène, la métamorphosa en harpe pour tisser son chant mélancolique sur des cordes d'or. Par sa *jig* magique, le roi des ménétriers de la province de Munster séduit une princesse aquatique et devient le roi des poissons de la mer. Les marins trégorrois disent que la sirène qu'ils ont souvent entendue est Dahut, la fille du roi Gradlon. Des musiciens firent jadis naufrage à l'embouchure de la Rance ; maintenant, ils font danser les bateaux qui passent.

Pays sous les vagues ou pays sous la terre…, l'imagination capricieuse des conteurs joue avec cet « autre monde » dont la musique est l'une des manifestations terrestres. En Écosse, on entend souvent, des flancs des montagnes, les accords d'une musique lointaine. Aux îles Hébrides, les *waulking songs* sont très prisés des « bonnes dames de Barra », qui y répondent volontiers. Branles et *reels* charment le séjour de Thomas le Rimeur à la cour souterraine de la reine des fées, d'où il revient avec des talents poétiques et prophétiques. Pour ouïr la harpe des *fairies*, il faut mettre le pied sur le bord du cercle où elles dansent. Mais on évitera de troubler le chant des fées sans s'inquiéter de la mesure, au risque des pires ennuis. Les légendes irlandaises de *fairies* sont l'écho des traditions bretonnes sur les lutins et courils. Heureux de revivre, les entendez-vous ? Tous ils accourent de rouge vêtus, les *fire-darig* imitent le bruit des vagues, le gazouillis des oiseaux ou la voix des anges ; les *leprechauns* sont d'excellents violonistes. Les korrigans, leurs frères d'Armorique, attirent les voyageurs dans leur ronde magique. Sans forcer son talent, Lusmore est même sacré meilleur musicien du monde par les *fairies* qui lui retirent sa bosse. Mais il ne faut point se rafraîchir trop tard à la Harpe d'Érin. Bien des gens assurent avoir eu les tympans arrachés par d'étranges clameurs et par le son du cor de chasseurs qui ne sont pas de ce monde. Déguisés en ménétriers, des esprits malins viennent à la rencontre de jeunes filles trop frivoles. Quelle oreille humaine pourrait supporter le vacarme infernal de l'horrible troupe de sorcières qui mènent l'aubade sur l'étang de Polnain, dans les Highlands ?

Voix des humbles, les contes disent le pouvoir merveilleux de la musique, l'aspiration à une vie meilleure. Parti courir le monde à la recherche du bonheur comme ses frères, un jeune garçon évite leur sort fatal après avoir réussi à garder douze pluviers dorés grâce à une flûte enchantée. Symbole de la vision du passé et de l'avenir, un saumon, charmé par les mélismes de la belle aveugle Nôirîn Dubh, lui procure le fiel providentiel pour recouvrer la clarté. Un lutin chanteur offre à la pauvre Marie un rouet magique qui la fera riche héritière.

Comme le rêve ou le voyage, la musique permet d'échapper au temps. Deux siècles sous le charme des trilles de l'oiseau de paradis paraissent quelques heures au moine irlandais Cuddy, tout à sa promenade contemplative. On parle aussi d'un temps où les arbres avaient un langage que les hommes savaient comprendre. C'est à la Crezée de Trécélien, en forêt de Paimpont, que les divinités des bois se réunissaient pour danser chaque nuit autour d'un brasier multicolore avec le dieu des Chênes. À la magie de séduction se rattache la magnifique légende écossaise d'une jeune fille métamorphosée en arbre-harpe, selon le principe de l'âme végétale chère aux Celtes. Les branches soupirent et s'aiment comme des amants ; l'union de Maïre et de l'étranger dure depuis qu'ils sont devenus l'instrument des bardes.

Des motifs musicaux rapprochent de nombreux contes. L'histoire du roi Marc'h croise celle du Chevalier Rouge de Manann, à qui une harpe – Irlande oblige – révèle qu'il a des oreilles de cheval. Bretons et Gaéliques d'Écosse racontent comment un crapaud se métamorphose en un prince charmant quand une belle consent à l'épouser tandis que sonnent bombardes et violons.

Modulés selon les goûts de l'auditoire, les récits mêlent légende et histoire. Liée à Cormac – le plus célèbre des rois d'Irlande –, la maison de Buchet se glorifiait d'avoir cinquante guerriers-ménestrels signalant l'ivresse après le festin, et cinquante ménestrels berçant le sommeil des hôtes jusqu'au matin. Quand le jour viendra, le fils du meunier, qui naîtra avec six doigts à chaque main, sonnera de la trompette et les chevaux henniront. Alors, le comte Gérald et ses chevaliers, endormis dans une grande caverne sous le château, s'éveilleront, monteront leurs coursiers et voleront au combat.

La muse celtique est fine. Elle joue et badine souvent. En Bretagne, le démon du baillement se tient tapi dans les bois et, à celui qui garde les bêtes, il fait chanter vêpres et tous les offices. Espiègle et plein d'humour est le *pooka,* lutin domestique du pays de Galles. Il n'affectionne guère les prédicateurs et leur joue mille tours, mettant au milieu de leurs sermons les pelles et les pincettes en danse.

La « matière de Bretagne » est riche en enchantements. Des chevaux prophétisent. Un chien *fée* porte au cou un grelot qui console Tristan et Iseut. Dans l'« île des braves et des gens de bien », les arbres sont couverts de musiciens ailés et courbés sous le poids des fleurs et des fruits. La déesse Rhiannon possède des oiseaux magiques qui apportent la joie et l'oubli. Mais, plus que le chant des cygnes, la musique divine est celle de la harpe, attribut du dieu Dagda. À l'appel de notre Orphée celtique, la harpe magique quitte le mur où elle est accrochée et se met à jouer seule les trois airs du harpiste habile qui sont la mélodie du sommeil, la mélodie du rire et la mélodie des pleurs. Dans un lai breton, sire Orféo plonge dans l'extase, par son talent de harpeur, les bêtes sauvages qui viennent se reposer à ses pieds. Le *Tir na Nog* – « Terre de la jeunesse » est peuplé de musiciens. De doux ramages enchantent les cœurs ; la mélodie d'un rameau de pommier aux fleurs de cristal apaise la douleur et berce le sommeil.

On n'en finirait pas d'explorer la bande sonore de l'étonnant imaginaire celtique. Alors écoutons l'immense fresque musicale dessinée par les maîtres en enchantements pour toutes celles et tous ceux capables de mettre l'oreille contre la terre pour ouïr les *fairies,* ou encore pour toutes celles et tous ceux assez favorisés du hasard pour s'émerveiller aux arpèges de la harpe d'or.

Chapitre premier

Au royaume de féerie

Le peuple *fée* hante l'imagination des Celtes. L'air, les collines verdoyantes, les bois ombreux sont les lieux de prédilection d'une multitude de *fairies*, esprits aux noms aussi divers que chantants. Les Irlandais attribuent aux « bonnes dames » une très petite taille, les supposent habillées de vert, avec de larges bonnets écarlates et, pour cela, appellent la digitale *fairy's cap*, le chapeau de la fée. Elles sont les protectrices des champs, et plus d'un paysan en a découvert cachées sous une motte de terre, se reposant à l'ombre d'un brin d'herbe ou modulant un air sous un bouquet de tulipes. Un vieux sonneur de Galway parle du pays des fées comme d'un lieu d'éternelle félicité, où l'on aime la musique, le chant et la danse. La tradition reflète les espoirs, comme celles de ce berger auquel un *fairy* secourable permet de fonder le remarquable lignage des *pipers* du clan MacPherson de Cluny.

Le pays de Galles et l'Écosse – surtout dans ses Highlands – sont fertiles en croyances de toutes les époques. Des légendes rapportent que les anciens bardes tenaient leurs plus beaux chants du peuple *fée*, pour s'être endormis sur les tertres magiques qui recouvrent leurs palais souterrains. Le cadet des McCrimmons de Skye avait reçu une cornemuse aux chalumeaux d'argent d'une fée qui lui apprit un air magnifique. En Écosse, Thomas le Rimeur rencontra la reine des fées, qui le prit pour amant et l'invita en son royaume à l'intérieur des collines d'Eildon, à Roxborough, d'où il revint avec des talents poétiques et prophétiques.

Il n'est pas donné à tout le monde de voir les *fairies*. Au crépuscule, ils se rassemblent à la clarté de la lune ou à la lueur des vers luisants sur l'herbe des prairies, en haut des collines ou dans les clairières des bois. Alors, ils forment leurs rondes jusqu'aux premières lueurs du jour, joignant à leur musique le chant des grillons et la basse des grenouilles. Pour ouïr la harpe des *fairies*, il faut être assez favorisé du hasard pour avoir en sa possession un trèfle à quatre feuilles, ou mettre le pied sur le bord du cercle où ils dansent. Mais, pénétrer dans les secrets du monde clos du « peuple menu », c'est se retrouver dans un univers de personnages insaisissables, à la fois anges et démons. On a regardé avec une telle méfiance ces serviteurs des campagnes et des maisons qu'ils se sont enfuis, quitte à revenir importuner les noctambules égarés et faire mille tours plus malicieux que malfaisants. Gare au ménétrier qui s'approche trop de leurs palais! Il lui faudra s'attendre à payer son intrépidité de quelques désagréments. Certes, la danse des *fairies* est un spectacle plaisant et profitable, mais elle apporterait mépris à celui qui s'y montrerait trop assidu. L'activité chorégraphique des fées a lieu en un endroit appelé Moneen na Dansa, où elles savent entraîner les humains par d'invincibles charmes. Le temps de féerie est celui de l'éternel présent qui a surpris plus d'un *koroller*.

À d'autres bonhommets sont associés des instruments. Nain à la cour du roi Arthur, le fameux Tom Thumb – Tom Pouce – possédait une excellente cornemuse faite d'une plume de roitelet et de la peau d'un pou. Les sons en étaient à la fois si perçants et si doux qu'elle ne saurait pas plus être comparée à un *bagpipe* écossais qu'une trompette juive à une harpe d'Érin. Le *leprechaun* est un excellent violoniste que beaucoup de ménétriers irlandais prétendent avoir eu comme maître. Au pays de Galles, Llyn Y Ffynonan était un lieu où l'on voyait souvent les *tylwyth teg* – nos korrigans – chanter, danser et jouer de la harpe. En Écosse, on entend souvent, des flancs d'une montagne ou de l'intérieur des tombelles, les accords d'une musique lointaine. Il suffit, en Bretagne, d'invoquer le lutin chanteur pour que se réalisent les travaux désirés de filage et de tissage. Dans les Highlands, les lutins les plus turbulents portent le nom de *doine-shi* « hommes de paix ». Les *brownies* des Écossais rappellent nos fées. Comme celles-ci, elles s'attachent à certaines familles qu'elles protègent. Les elfes tracent en dansant des cercles qui laissent l'herbe amère et que ne broute pas la brebis.

Autre inspiratrice, la mer a donné naissance à bien des apparitions charmeuses. Il existe, en Écosse, en Irlande et aux Orcades, une étrange tradition de gracieuses filles des eaux, qui, sous la forme de phoques, viennent s'ébattre sur terre, parfois s'y laissent surprendre par un amant, puis un jour retrouvent leur peau de phoque et plongent dans la mer. Apparitions non moins suggestives sont, dans les Shetland, les *selkies* qui, se dépouillant de leurs peaux, dansent sur le rivage comme de ravissantes nymphes. Mais la sirène est irrésistiblement portée à gagner l'eau; il faut donc l'en tenir écartée. Un dicton prie Dieu de garder les matelots du bruit de la baleine et du chant de la sirène. La séduisante apparition de la reine des poissons dissimule l'ambivalence des filles de la mer.

Les habitants des Highlands d'Écosse croyaient que les tourbillons du vent qu'ils voyaient passer par les calmes journées d'été étaient les danses des fées. Mais nos yeux ne savent plus voir les personnages de cet étrange ballet, notre oreille n'est plus sensible au murmure et au talent des petits êtres.

Malgré les hochements sentencieux des vieilles commères aux fanfaronnades des jeunes incrédules, les *fairies* s'en vont. Les vieux Cornouaillais disaient poétiquement que jadis les *fairies* avaient une grande taille, mais qu'ils deviennent plus petits de jour en jour, retrouvant encore parfois, comme le *changeling* l'usage de la parole et une grande habileté musicale.

L'homme qui dansa un an et un jour avec les fées

Pays de Galles

Un jeune valet de ferme et son amoureuse se promenaient un soir dans un endroit retiré de la montagne, quand ils furent surpris de voir devant eux deux fées qui dessinaient un cercle. Une fois l'espace délimité, une grande compagnie de fées apparut, suivie de musiciens, et commença une ronde dans le cercle. Leurs gestes et leur musique étaient si fascinants que le jeune homme, lui-même danseur de grand talent, comme attiré par une puissance irrésistible, alla se mêler aux danseuses et se joindre à leurs gambades.

La fiancée regarda avec un certain plaisir la scène pendant quelques heures, supposant à tout moment que son ami s'arrêterait de danser pour la rejoindre. Mais non..., la danse continua de plus belle jusqu'à l'aube avec son amant au milieu du cercle, quand soudain la musique s'arrêta. La bande de fées s'évanouit de même que son fiancé.

En grand désarroi, la jeune fille appela son ami par son prénom, en vain, il ne revint pas. Le soleil était maintenant haut dans le ciel, et, le cœur brisé, elle s'en retourna à la maison, où elle raconta à ses proches les événements de la nuit.

On lui conseilla de consulter un homme adepte de la magie noire, ce qu'elle fit, et le magicien lui suggéra de retourner au même endroit et à la même heure un an et un jour après la mystérieuse disparition de son fiancé. Ainsi, lui promit-il, elle reverrait alors là son ami. Le magicien lui expliqua aussi la façon de procéder. Il lui interdit d'entrer elle-même dans le cercle, mais lui dit d'avoir le courage de saisir son fiancé par le bras quand il passerait près d'elle en dansant, et de l'entraîner hors du cercle enchanté.

Les douze mois et un jour s'écoulèrent bien tristement. Un peu avant le moment fatidique, la jeune fille se rendit à l'endroit où elle avait perdu son amant. Enfin, à l'instant précis où elles étaient apparues l'année précédente, les fées furent fidèles au rendez-vous, et tout ce que la demoiselle avait prévu se réalisa. Son fiancé dansait avec entrain au beau milieu des fées. La jeune fille se mit à courir autour du cercle après son cher ami, tout en prenant garde de ne pas franchir la ligne enchantée… Enfin, elle parvint à l'attraper par le bras et tenta de le convaincre de quitter cette maudite ronde en venant avec elle.

« Oh ! dit-il, laisse-moi encore un peu de temps, et je repartirai avec toi!

— Ça fait bien assez de temps que tu danses », répondit-elle.

Et il ajouta :

« C'est si agréable, laisse-moi seulement encore quelques instants. »

Elle se rendait bien compte qu'il était sous l'influence d'un sortilège, alors elle saisit le jeune homme par le bras de toutes ses forces, le poursuivit autour du cercle et, au prix d'un effort surhumain, réussit à le jeter hors du cercle.

Le jeune valet de ferme fut très courroucé par cette attitude et incapable d'admettre qu'il avait dansé un an et un jour avec les fées, il ne cessait d'affirmer que la ronde avait juste duré quelques instants. Toutefois, il repartit au bras de sa si fidèle fiancée et, quand il arriva à la ferme chez lui, ses amis eurent les pires difficultés pour le convaincre qu'il était parti de chez lui depuis si longtemps.

Rev. Elias Owen, *Welsh Folklore*, 1888,
traduction de Mike James,
adaptation de l'auteur.

La cornemuse du *fairy*

ÉCOSSE

J'ai entendu mon père raconter qu'un voisin de son père, c'est-à-dire de mon grand-père, fut marié deux fois. Il eut trois enfants du premier mariage et, en secondes noces, un fils et une fille. Sa seconde femme – une vraie marâtre – n'était jamais gentille avec les enfants de la première. Elle négligeait de les nourrir, de les vêtir, les obligeant à travailler tout le temps durement dans les champs ou à garder le bétail.

Un beau jour que le bonhomme et sa seconde femme rentraient de la messe, ils passèrent devant le pâturage où broutaient les vaches et entendirent l'agréable son d'une cornemuse.

« Qu'est-ce que cela peut bien être ? » se demanda le père.

En sortant du chemin, il vit le fils aîné qu'il avait eu avec sa première femme en train de jouer de la cornemuse pour son plaisir. Alors le père demanda sérieusement à son fils : « Comment as-tu réussi à apprendre à jouer de la cornemuse aussi vite, et où as-tu trouvé cette magnifique cornemuse ? »

Le garçon répondit : « Un petit vieux qui avait à peine la taille d'un enfant nouveau-né est venu vers moi pendant que je faisais cuire des poteries dans le creux d'un talus et me dit : "Ta belle-mère est méchante avec toi et t'en veut". Je lui ai dit que c'était la pure vérité. Alors il ajouta : "Si je te propose un bon métier, accepteras-tu de t'y conformer ?" Je lui dis que oui, et le vieux continua : "Aimerais-tu devenir *piper* de métier ?" — J'aimerais bien être *piper*, dis-je, mais comment faire sans l'instrument ni les airs à jouer ? — Je te fournis la cornemuse, dit-il, et, tant que tu la garderas, tu ne manqueras jamais des plus jolis airs." »

Les descendants masculins de ce garçon furent toujours des *pipers* renommés, et le dernier était *piper* au feu Cluny Macpherson de Cluny.

Témoignage de John McNeill de Barra,
d'après Walter Yeeling Evans Wentz,
The Fairy Faith in Celtic Countries, 1909,
traduction de Mikes James,
adaptation de l'auteur.

Le tailleur et le *changeling*

Écosse

Il y avait une fois un couple de jeunes mariés qui vivaient près de la bonne ville d'Allasdale et venaient d'avoir leur premier enfant. Un jour, la mère dut laisser son bébé dans le berceau pour aller tondre les moutons et, quand elle revint, l'enfant pleurait de façon bizarre. Elle le nourrissait ordinairement avec du *porridge* et du lait, mais il n'était jamais rassasié avec une ration pourtant suffisante pour un enfant de son âge. Malgré tout, aucun soupçon ne lui serait venu à l'esprit.

Le hasard voulut qu'à ce moment-là, on attendait le tailleur pour coudre un rouleau de tissu confectionné à la maison. Le tailleur vint à la ferme et se mit tout à son ouvrage d'aiguilles. Comme la jeune femme devait sortir pour vaquer à ses occupations, elle prévint l'homme aux ciseaux de ne pas s'inquiéter s'il entendait l'enfant pleurer, ajoutant qu'elle s'en occuperait à son retour. En fait, elle craignait surtout que l'enfant n'empêchât le tailleur de faire son métier.

Tout se passa pour le mieux jusqu'à midi, quand le tailleur remarqua que l'enfant se levait en s'appuyant sur un coude, allongeait le bras pour attraper sur une étagère le chalumeau jaune d'une cornemuse et se mit à en jouer. Dès que bourdonnèrent les premières notes, la maison se remplit de jeunes femmes fées, toutes vêtues de longues robes vertes. Les « bonnes dames » formèrent une ronde et obligèrent le tailleur à entrer dans la danse. Vers les deux heures de l'après-midi, à l'insu du tailleur, les danseuses s'éclipsèrent, tout comme le chalumeau disparut des mains de l'enfant, et, de nouveau, le bambin pleurnichait dans son berceau comme à l'ordinaire.

La mère rentra à la maison pour préparer le repas et remarqua tout de suite que le tailleur n'avait pas avancé son ouvrage comme il l'aurait dû, compte tenu du temps qu'il avait eu. Mais, au départ des femmes fées, l'enfant avait interdit au tailleur de raconter ce qu'il avait vu. Le tailleur avait donné sa parole et ne pipa mot à la mère.

Le lendemain, la femme alla comme d'habitude vaquer à ses occupations, en disant au tailleur de mieux travailler ce jour-là que la veille. Une nouvelle fois, à la même heure, l'enfant au berceau, qui ressemblait maintenant davantage à un vieillard qu'à un enfant, se saisit du chalumeau et se mit à sonner de la cornemuse. Les mêmes femmes fées entrèrent en file indienne dans la maison et se mirent à danser et, encore une fois, le tailleur dut se joindre à elles.

Bien entendu, le tailleur avait autant de retard à l'ouvrage le deuxième jour que la veille, et la mère de l'enfant s'en aperçut d'emblée quand elle rentra de sa journée de travail. Sur ce, elle le questionna et insista pour qu'il expliquât ce qui s'était passé. Alors il lui dit : « Je vous conjure de ne pas caresser cet enfant après votre coucher, car ce n'est pas votre enfant et ce n'est même pas un enfant, c'est un vieil homme *fée*. Et demain, à marée basse, allez au bord de la mer et enveloppez-le dans une couverture. Puis posez-le sur un rocher et mettez-vous à ramasser des coquillages qu'on appelle berniques, et surtout, pour l'amour de vous, ne vous arrêtez pas avant que la marée ne soit montée si haut qu'elle vous empêche presque de regagner le rivage. »

La mère suivit les conseils du tailleur et, comme elle traversait l'eau pour regagner la terre ferme, elle vit encore l'enfant sur le rocher, qui lui criait : « Vous avez été bien avisée de faire ce que vous avez fait. Sinon, vous auriez vu les événements se passer autrement. Mais soyez bénie, et que maudit soit votre conseiller ! »

Quand la femme arriva chez elle, elle retrouva son vrai bébé dans le berceau.

Walter Yeeling Evans Wentz,
The Fairy Faith in Celtic Countries, 1909,
traduction de Mikes James,
adaptation de l'auteur.

Le roi des ménétriers

IRLANDE

Maurice Connor, quoique aveugle, était certainement le roi des musiciens du Munster. Il jouait avec sa cornemuse toutes les mélodies les plus anciennes comme les plus nouvelles ; il imitait le chant ou le cri de tous les animaux ; il savait surtout l'air le plus étonnant et le plus magique qu'on puisse imaginer, car, dès les premières notes que Maurice faisait retentir, tout ce qui se trouvait autour de lui se mettait à danser, comme électrisé par un pouvoir surnaturel.

Comment Maurice avait-il appris cet air ? c'est ce qu'il ne voulut jamais révéler à personne. Il n'y avait pas une foire, une noce, une fête patronale un peu remarquable dans le pays, sans que l'aveugle n'y fût invité avec sa cornemuse. Maurice, conduit par sa vieille mère, faisait alors une tournée dans la baronnie d'Iveragh, sur laquelle O'Connel vit le jour. De toutes les côtes de l'Irlande, celles d'Iveragh sont, dit-on, les plus fertiles en tempêtes, en montagnes escarpées, et le meilleur pays du monde pour se noyer ou se casser le cou, selon son choix. Néanmoins, dans la baie de Ballinskellig, il existe une petite baie sablonneuse, appelée Trafaska, unie, propre, et bien disposée pour danser, courir et s'amuser sans risque de trébucher.

Un jour, la musique de l'aveugle rassembla sur cette plage une multitude de jeunes gens et de jeunes filles. Maurice passait rarement dans ce pays, et l'on ne manquait jamais d'en profiter quand le hasard l'amenait dans ces régions. Après avoir bien fait danser tous ses admirateurs, Maurice voulut se reposer, mais tandis qu'on le félicitait de toutes parts sur ses talents, Paddy Dorman, professeur de danse, quoique bossu, qui remplissait en ce moment les fonctions de maître de cérémonie, lui cria : « Courage, Maurice ! Allons, venez prendre de la force pour votre coude et du bon vent pour vos soufflets ; ce serait mal à nous de laisser à sec un musicien aussi habile, après une pareille musique ; ce serait un déshonneur qu'Iveragh n'a pas connu depuis la semaine aux trois dimanches. Allons, venez boire.

— Je veux bien, répondit Maurice, car les musiciens et les maîtres d'école qui refusent de boire sont rares en Irlande.

— Que prendrez-vous, Maurice, pour vous désaltérer ? dit Paddy.

— Je ne suis pas difficile, répliqua l'aveugle, je bois ce qu'on me donne, même de l'eau, et j'en remercie Dieu ; peut-être M. Dorman me fera-t-il la faveur de me prêter une petit verre de whisky.

— Je n'ai pas de verre, dit le bossu, mais j'ai la bouteille.

— Oh ! que ce ne soit point un empêchement, reprit Maurice, ma bouche contient juste un verre ordinaire ; j'ai souvent essayé sa capacité. »

Sur cette assertion, le maître de danse lui confia sa bouteille, mais il fut mal récompensé de sa confiance, car si la bouche du musicien ne contenait que la valeur d'un verre, elle avait au fond un trou fort large par lequel la liqueur se perdait dans le gosier, de sorte que tout le contenu de la bouteille ne fut pas suffisant pour remplir le verre naturel du joueur de cornemuse.

« Merci, monsieur Dorman, dit l'aveugle en lui rendant la bouteille vide, votre whisky n'était vraiment pas mauvais.

— Par tous les saints du paradis ! s'écria Paddy en faisant une piteuse grimace à la vue de sa bouteille dans laquelle il ne restait plus rien, nous ne pouvons juger de la bonté du whishy que sur votre parole, car vous n'en avez pas laissé une seule goutte pour échantillon. »

Il est inutile d'ajouter qu'un litre d'eau-de-vie ne produisant pas le même effet qu'un litre d'eau claire, Maurice fut bientôt ivre, et, comme dit un vieux proverbe, quand la liqueur est au-dedans, l'esprit est au-dehors. L'esprit du musicien partit en effet bien vite ; alors il souffla dans sa cornemuse avec une force prodigieuse et se mit à jouer son grand air magique. Aussitôt tout se mit à danser autour de lui, et Maurice lui-même ne put rester longtemps tranquille ; ses jambes se mirent à bouger l'une après l'autre et puis toutes les deux ensemble commencèrent une *jig* échevelée. Sa vieille mère, influencée par la musique de son fils, remuait ses vieux os aussi allégrement que la plus jeune fille de l'assistance. Mais tous ces trémoussements n'étaient rien en comparaison de ce qui se passait sur le rivage. La grève était couverte de toutes sortes de poissons qui sautillaient et replongeaient en entendant la musique, et plus la musique allait, plus vite ils se démenaient, charmés par l'air merveilleux. Des crabes de monstrueuse grosseur tournaient en rond sur une seule patte avec l'agilité d'un maître à danser. Les grands phoques s'agitaient comme les vagues de l'Océan ou bien, se dressant sur leurs pattes goutteuses, s'avançaient à la tête de joyeuses troupes de poissons, crabes, homards, écrevisses, tous résolus à prendre part à la danse. C'était merveille, vraiment, de les voir suivre la mesure. Les morues étaient haletantes ; les turbots, les carrelets aplatis, les poissons ronds cabriolaient gaiement. Les daurades et les maquereaux brillants sautaient à faire plaisir ; les bancs argentés des sardines et des harengs arrivaient en grandes lignes sur le rivage ; les moules et les huîtres agitaient leurs écailles en guise de castagnettes.

Jamais il n'y eut tel charivari sous le soleil, et Maurice soufflait toujours son air merveilleux. Mais voilà que, dansant au milieu des poissons, apparut une jeune femme belle comme l'aurore. Elle avait une longue chevelure verte comme la mer ; ses dents étaient deux rangs de perles ; ses lèvres semblaient du corail rouge, et sa robe était aussi blanche que l'écume des vagues. Elle s'approcha en dansant de Maurice, qui balançait ses jambes aussi vite qu'il lui était possible et elle lui chanta d'une voix douce comme le miel : « Je suis une grande dame et je demeure dans la mer. Viens avec moi, Maurice, et sois mon époux. Tu auras des plats d'or et d'argent et tu seras roi des poissons quand tu m'auras épousée. »

Comme il est rare de voir les dames riches et belles offrir leur main à de pauvres musiciens aveugles, Maurice fut très ému de cette offre obligeante et répondit à la jeune fille :

« Je vous suis très reconnaissant pour tant de bontés ; si j'avais des plats d'or et d'argent et que je fusse roi, je dînerais certainement mieux que je n'en ai l'habitude ; je suis parfaitement persuadé que je vivrais en très bonne intelligence avec la fille de monsieur votre père, et que nous nous accorderions très bien ensemble ; malheureusement, je m'accommoderais moins bien avec l'eau, car je n'en bois jamais, et je ne crois pas pouvoir m'habituer à celle de la mer. »

La dame parut surprise et continua, tout en dansant, à causer avec Maurice, et leurs pieds allaient aussi vite que leurs langues ; les poissons ne s'arrêtaient pas non plus. Enfin la dame aux cheveux verts finit par persuader Maurice de l'épouser et de devenir roi des poissons, grands et petits. Quand la mère du ménétrier vit danser son fils aussi près de l'eau avec la dame aux cheveux verts, parmi la foule des poissons, elle lui cria de revenir sur ses pas. Mais Maurice ne l'écoutait guère. Bientôt il atteignit le bord de la mer tout en continuant de jouer et de danser comme si de rien n'était. Une grande vague arriva prête à l'engloutir, mais il n'y fit même pas attention. Sa mère qui voyait le danger, fondit en larmes, mais elle dansait toujours et, malgré ses cris et ses pleurs, Maurice ne cessait de jouer son air merveilleux ; à la fin, il lui dit : « Mère, je vais devenir roi des poissons, de la mer, et pour te prouver que je suis heureux, je t'enverrai tous les ans un... » Maurice n'eut pas le temps d'achever sa phrase, car la dame aux cheveux verts, voyant venir la vague, l'enveloppa avec elle dans un manteau à large capuchon et la vague, se dressant deux fois aussi haut qu'eux, retomba sur la grève avec un fracas épouvantable.

Les mariniers entendent souvent sur la côte du Kerry, par les nuits tranquilles, le bruit de la musique venant du fond de l'eau, et ceux qui ont de bonnes oreilles prétendent même reconnaître la voix de Maurice et le son de sa cornemuse.

Abbé Domenech,
Voyages légendaires en Irlande,
édition Vitte, 1894.

Le fils de Gioga

Îles Shetland

L'équipage d'un bateau débarqua un jour sur un récif dans l'intention d'attaquer des veaux marins. Les matelots réussirent à souhait dans leur entreprise ; après avoir assommé quelques phoques, ils les dépouillèrent de leur peau et en enlevèrent la graisse. Puis ils laissèrent leurs corps sur les rochers et s'apprêtèrent à remonter dans leur barque et à regagner Papa Stour, d'où ils étaient partis. Comme ils s'embarquaient, la mer s'enfla à tel point qu'ils virent qu'ils n'avaient pas un moment à perdre et chacun s'enfuit au plus vite pour rejoindre le bateau. Tous y parvinrent, sauf un homme qui s'était imprudemment écarté. Ses compagnons étaient désolés de l'abandonner ainsi sur les récifs, mais la houle augmentait si rapidement qu'après plusieurs tentatives vaines pour approcher le bateau du rocher, ils furent forcés de s'éloigner et de laisser le malheureux à son destin.

La nuit tomba, la mer battait avec fureur contre les récifs et le pauvre Shetlandais abandonné n'avait d'autre perspective que de mourir de froid et de faim, ou d'être englouti par les vagues qui déferlaient contre les rochers.

Enfin, il aperçut quelques phoques qui, échappés aux pêcheurs, s'approchaient du récif. Dès qu'ils furent à terre, ils dépouillèrent leur peau et se montrèrent dans leur véritable forme de *mermen*. Leur premier soin fut d'aller au secours de leurs amis qui gisaient évanouis et sans peau. Ils réussirent à en ramener quelques-uns à la vie. Alors ces pauvres phoques, dépouillés de leurs peaux et rendus à leur forme de *mermen*, pleurèrent dans des chants plaintifs qu'accompagnait le fracas de la mer en furie, la perte de leurs vêtements de mer ; ils se lamentèrent d'être ainsi empêchés à jamais de regagner les eaux profondes qu'ils habitaient dans l'Atlantique. Ils pleurèrent surtout sur le sort d'Ollavitinus, fils de Gioga, qui, privé de sa peau de phoque, serait forcé d'habiter pour toujours le monde d'en haut.

Leurs chants s'arrêtèrent en apercevant le malheureux matelot qui, grelottant et les yeux pleins d'angoisse, regardait avec terreur les vagues qui déferlaient sur le récif. Gioga, à sa vue, conçut aussitôt le dessein de faire tourner à l'avantage de son fils la situation périlleuse du matelot. Elle alla vers lui, lui adressa doucement la parole et lui proposa de le porter sur son dos, à travers les flots, jusqu'à Papa Stour, à condition qu'il lui ferait rendre la peau de son fils.

Le marché fut bientôt conclu et Gioga reprit son vêtement de phoque; mais quand le Shetlandais considéra la mer furieuse qu'il devait traverser, son courage l'abandonna presque et il pria la vieille dame de lui permettre de couper quelques trous dans ses épaules et ses flancs, afin qu'il pût mieux se retenir avec les mains entre la peau et la chair. Par tendresse maternelle, Gioga y consentit. Cela fait, le matelot monta sur elle et Gioga plongea dans les vagues, laboura bravement l'Océan et débarqua le matelot sain et sauf à Acres Gio, dans Papa Stour. Le Shetlandais se rendit aussitôt à Hamna Voe, où était la peau du phoque qu'il avait promise et remplit honorablement ses engagements en donnant à Gioga le moyen de ramener son fils à son cher pays natal.

Loys Brueyre, *Contes populaires de la Grande-Bretagne*, 1875.

Réveillon de *fairies*

CORNOUAILLES

Un vieux ladre ayant beaucoup entendu vanter les richesses des *fairies*, résolut d'aller s'emparer de leurs trésors. En conséquence, par une belle nuit d'été, il dirigea ses pas vers le rendez-vous des « bonnes gens ». Bientôt il entendit une musique ravissante; l'impression qu'il en ressentait était d'un caractère singulièrement mystérieux. Suivant que l'air était solennel et lent, ou vif et gai, le vieillard passait des larmes au rire et par moments il se trouvait forcé de danser. Malgré tout, il se tint en éveil, attendant l'occasion de s'emparer de quelque trésor. Tout à coup, il entendit un grand fracas et la colline s'entrouvrit devant lui. Des lumières de diverses couleurs brillaient de toutes parts. Chaque brin d'herbe portait une lampe; chaque buisson une étoile. De la colline entr'ouverte s'avança d'abord en éclaireurs un groupe de *spriggans*. Ce groupe était suivi d'un nombre immense de musiciens qui jouaient de toutes sortes d'instruments. Derrière eux venaient l'une après l'autre des troupes de soldats, chacune portant sa bannière et son blason. Ils se rangèrent en ordre sur le terrain, les uns ici, les autres là, et ce qui contraria fort notre vieillard, quelques centaines des *spriggans* les plus grotesques se placèrent de manière à l'entourer.

Cependant comme ils ne s'élevaient pas plus haut que les cordons de ses souliers, il se dit qu'il lui serait aisé de se débarrasser d'eux rien qu'avec le pied, s'ils tentaient de lui faire du mal. Lorsque les rangs furent formés, il se présenta une foule de serviteurs qui portaient de la vaisselle d'or et d'argent, des gobelets taillés dans le diamant, le rubis et autres pierres précieuses. D'autres étaient chargés jusqu'à succomber des mets les plus succulents, de pâtisseries, de conserves, de fruits. Ensuite les tables furent dressées et tout y fut disposé avec ordre et symétrie.

La splendeur du spectacle éblouit le vieillard, mais au moment où il s'y attendait le moins, l'illumination devint mille fois plus intense. De la colline s'avancèrent des milliers de beaux seigneurs et de dames charmantes, vêtues magnifiquement. De temps en temps la musique changeait ses airs et les sons harmonieux qui remplissaient ses oreilles semblaient donner une vie nouvelle à tous ses sens. Ses yeux voyaient plus clair, ses oreilles percevaient plus vivement et le sens de l'odorat devenait plus exquis ; le parfum de fleurs inconnues embaumait l'air et les voix de mille dames s'unissaient dans un chant d'hyménée et résonnaient comme des clochettes d'argent. Ces paroles appartenaient à une langue ignorée du vieillard et elles semblaient célébrer les louanges d'un nouveau groupe qui sortait de la colline.

D'abord, on vit venir un grand nombre de petites filles vêtues de gaze blanche et qui jetaient des fleurs. Dès que ces fleurs touchaient la terre, elles prenaient racine et poussaient. Ces petites filles étaient suivies d'un nombre égal de garçons tenant en leurs mains des coquilles en guise de harpes dont ils tiraient des sons mélodieux comme la musique des anges. Puis défilèrent, et cela n'en finissait pas, des rangées de petits hommes vêtus de vert et d'or, et qui de temps en temps à un signal donné déroulaient une multitude de bannières. Enfin, assis sur des trônes, portés sur un pavois, arrivèrent un jeune prince et une princesse éclatants de beauté et de joyaux, comme des soleils au milieu d'une troupe céleste d'étoiles. Le pavois fut déposé sur un monticule qui se changea aussitôt en un tertre de lis et de rosés ; les dames et les seigneurs défilèrent tour à tour en s'inclinant devant le prince et la princesse et allèrent ensuite prendre place aux tables. Quand tous furent assis, à un signe du prince, des valets en livrées splendides apportèrent les friandises sur des plats d'or et la fête commença. Le vieillard se dit alors que le moment était venu ; il s'avança donc lentement et avec précaution du côté du prince et de la princesse. Mais il ne s'aperçut pas que des milliers de *spriggans* avaient jeté autour de lui de petites cordes dont ils tenaient un bout. La présence de ce mortel ne semblait pas émouvoir l'assemblée ; ils mangeaient et buvaient comme si aucun œil humain ne les regardait. Quand le vieillard atteignit l'endroit désiré, à sa grande surprise il remarqua que tout était sombre et triste derrière lui, mais en avant le tertre resplendissait de lumière. Rampant sur le ventre, comme un serpent, tremblant d'inquiétude, il s'approcha tout près du couple royal. En regardant sur le tertre, il fut un peu ému de remarquer que des milliers d'yeux étaient fixés sur lui. Cependant, s'armant de courage, et semblable à un enfant qui veut attraper un papillon, il prit son chapeau et le plaça avec précaution sur le monticule de manière à couvrir le prince, la princesse, et la table splendide, mais tout à coup un sifflement aigu retentit, la main du vieillard resta suspendue immobile dans l'air et l'obscurité s'étendit autour de lui.

Ses oreilles bourdonnèrent comme si un vol d'abeilles passait près d'elles. De la tête aux pieds, ses membres lui semblaient remplis d'épingles et de serres avec de petites pinces. Il déboula du tertre et se trouva couché sur le dos, les bras étendus ; ses bras et ses jambes étaient assujettis avec des chaînes magiques. Bien qu'il souffrît beaucoup, il lui était impossible de faire un mouvement et sa langue elle-même était comme retenue par des cordes. Il resta longtemps dans cette triste position. Enfin, à la clarté de la lune, il vit courir sur lui comme des milliers d'insectes, et sur son nez se tenait un *spriggan* semblable à l'insecte qu'on nomme demoiselle. Le petit monstre, après avoir sautillé de place en place, s'écria : « Fuyons, fuyons, je sens le jour, » Aussitôt l'armée des petites gens s'enfuit rapidement, et notre héros resta seul, abasourdi sur le terrain. Enfin, le soleil se leva, et il vit qu'il avait été attaché au sol par des myriades de fils de la Vierge maintenant couverts de rosée, qui scintillaient comme des diamants.

Il se secoua et se délivra des liens, puis s'en retourna lentement, transi de froid et d'humidité. Ce ne fut que longtemps après qu'il raconta à ses amis ses aventures de la nuit, telles que vous venez de les entendre.

R. Hunt, *Popular Romances of the West of England*, traduction de Loys Brueyre, 1875.

Fête de *fairies*

Île de Man

Un habitant de l'île de Man, que d'invisibles musiciens avaient guidé pendant plusieurs milles et qui, séduit par la mélodie, avait suivi les *fairies* jusqu'à un grand terrain vague, aperçut un grand nombre de « petites gens » assis autour d'une table, buvant et mangeant joyeusement. Au milieu d'eux se trouvaient quelques personnes que le Manks crut reconnaître, mais il n'y lit d'abord nulle attention. Bientôt l'un des petites gens lui offrit à boire. Alors, l'une des personnes, dont les traits ne lui semblaient pas inconnus, le tira par son habit et l'avertit de ne goûter, sous aucun prétexte aux mets ou aux boissons qu'il voyait devant lui, « car, ajouta-t-elle, si vous le faisiez, vous seriez comme moi et ne pourriez jamais retourner dans votre famille. » Le pauvre homme eut bien peur, mais il résolut d'écouter ce bon conseil. Aussi, quand on lui eut mis dans la main une coupe d'argent pleine de liqueur, il s'empressa de jeter par terre, sans être vu, ce qu'elle contenait. Bientôt après, la musique cessa, la société se sépara, et la coupe resta dans sa main.

Le pauvre homme regagna sa demeure, tout fatigué qu'il était. Le lendemain, il alla raconter son aventure au ministre de la paroisse et lui demanda ce qu'il devait faire de la coupe. Le ministre lui répondit que le meilleur usage qu'il en pouvait faire était de la consacrer au service de l'église. Cette coupe, dit-on, est celle dont on se sert encore pour le vin consacré à l'église de Merbegh.

Waldron, *Fairy tales*,
traduction de Loys Brueyre, 1875.

Le *fairy* devenu veuf

Cornouailles

Il n'y a pas longtemps qu'une jolie fille, nommée Jenny, vivait à Torvednack. Elle était un peu simple d'esprit, mais néanmoins assez coquette. Un jour, sa mère l'envoya chercher une place. Jenny partit assez gaiement et, arrivée à un chemin en croix, elle ne savait quelle route suivre. Elle s'assit sur une pierre, et par désœuvrement elle arrachait des brins de fougère quand elle entendit parler près d'elle, et aperçut un jeune homme.

« Que désirez-vous, jeune femme ? dit l'inconnu.

— Je cherche une place, répondit-elle.

— Aimeriez-vous, dit l'étranger, servir chez un veuf qui a un petit garçon ?

— Volontiers », dit Jenny.

Après avoir arrêté les conditions du service avec Jenny, l'étranger la pria très gracieusement d'embrasser la feuille de fougère qu'elle avait à la main en disant : « Je m'engage à rester chez vous un an et un jour. » Ceci fait, Jenny suivit l'étranger, qui marcha longtemps, longtemps. Enfin la terre s'ouvrit et, ils descendirent rapidement. Comme Jenny avait une larme dans les yeux, l'étranger l'essuya gentiment avec une petite feuille et alors elle aperçut un pays comme elle n'en connaissait pas. Les collines et les vallées étaient couvertes de fleurs et des rivières d'eau limpide sillonnaient la campagne. Des dames et des gentilshommes vêtus de vert et d'or, marchaient, jouaient, ou bien, assis sur les tertres fleuris, ils chantaient des chansons et se contaient des histoires. « Nous sommes arrivés, » dit le maître de Jenny. Lui aussi était bien changé ; il portait maintenant un habit de soie verte avec des ornements d'or. Il conduisit Jenny dans une belle demeure où tous les meubles étaient de perles et d'ivoire, enchâssés d'or et d'argent et ornés d'émeraudes. Après avoir traversé beaucoup de salles, ils arrivèrent dans une pièce tendue de dentelle fine comme une toile d'araignée; au milieu de la chambre était un petit lit fait d'un coquillage si brillant qu'on pouvait à peine le regarder. Un petit garçon y dormait et il était si joli que Jenny s'écria :

« C'est l'un des plus doux anges de Dieu qui est endormi !

— Voilà vos fonctions, dit le père; je suis roi de ce pays et je désire que mon fils connaisse quelque chose de la nature humaine. Ayez bien soin de cet enfant. »

Jenny s'attacha vite à l'enfant et les jours s'écoulaient avec une étonnante rapidité. Bientôt le temps pour lequel Jenny s'était engagée prit fin, et un matin Jenny s'éveilla. Tout était changé autour d'elle; elle dormait dans son lit chez sa mère. Tout lui semblait étrange. Les commères du voisinage vinrent voir Jenny, qui leur raconta sa singulière aventure. Une d'elles, après avoir bien écouté l'histoire, dit d'un air grave à Jenny : « Courbez le bras. » Jenny s'assit dans son lit et courba le bras en posant la main sur sa hanche. « Maintenant, continua la vieille, dites : "Je veux que mon bras ne se redresse jamais si j'ai fait un mensonge." » Jenny répéta les paroles de la vieille. « À présent, dit la vieille, essayez de redresser votre bras. » Jenny étendit aussitôt le bras.

La vieille s'écria : « Jenny n'a dit que la vérité; elle a été emmenée par les Petites gens dans une demeure sous les collines. »

R. Hunt, *Popular Romances of the West of England*, 1875.

Le harpeur et les fées

Pays de Galles

Il y avait une fois, dans un endroit très reculé du Denbighshire, dans la paroisse de Hafod Elwyt, un vieil harpeur nommé Shon Robert, qui était souvent invité à jouer pour les danseurs lors des différentes fêtes, ou à accompagner les chanteurs.

Un soir, il alla à Llechwedd Llyfn, près de Cefn Brith, pour une jolie fête, et la soirée s'acheva bien tard. Enfin le harpeur prit le chemin du retour. Ce chemin passait par la montagne chauve. En passant près d'un lac appelé Llyndau-Ychain, grande fut sa surprise de voir sur les berges un véritable palais brillamment illuminé, là où il n'avait jamais rien vu auparavant. Il continua de marcher et, arrivé à la hauteur de ce merveilleux château, il fut hélé par un serviteur qui l'invita à y entrer. Il accepta de bon gré l'invitation, et fut introduit dans un magnifique salon où se tenait un bal fastueux. Aussitôt les invités entourèrent le vieux harpeur, se firent très amicaux et, à son grand étonnement, s'adressèrent à lui par son prénom.

La salle était incomparablement meublée et décorée de riches tapisseries ; nombre d'objets étaient même en or massif. Un échanson proposa au musicien un gobelet de vin pétillant, que celui-ci sut apprécier. On demanda alors au harpeur de jouer pour l'assemblée, à la plus grande satisfaction des invités. Puis l'un des hôtes prit son chapeau et fit la quête pour le musicien, le ramenant plein de pièces d'or et d'argent. La fête continua avec beaucoup de gaieté et de magnificence jusqu'à l'aube. Mais, au premier chant du coq, les convives disparurent, laissant Shon tout seul.

Avisant un magnifique canapé, il s'y allongea et s'endormit aussitôt. Lorsqu'il s'éveilla, il était déjà midi et, à son grand désappointement, il se retrouvait sur un tas de bruyère. Le palais magnifique s'était évanoui. Quant à l'argent de la quête, qu'il avait transféré de son chapeau à sa besace, il n'en restait plus qu'un tas de feuilles sèches.

Rev. Elias Owen, *Weslh Folklore*, 1888.
traduction de Mike James,
adaptation de l'auteur.

Dick le violoneux

Pays de Galles

Dick le violoneux était coutumier de jouer dans les fêtes, partout dans la campagne. Après une mémorable semaine de foire à Darowen, il fut contraint, pour rentrer chez lui, de passer par le « chemin vert des Fées », juste au-dessus de la ferme de Cefn Cloddiau. Afin d'exorciser la peur qu'il sentait monter en lui, au lieu de se mettre à siffler, il sortit de sa besace son instrument favori. Après l'avoir soigneusement accordé, il se mit à jouer sa mélodie préférée, *Aden Ddu 'r Fran*, autrement dit l'*Aile noire du corbeau*. Quand il passa près du gazon vert où les *tylwyth teg* – je veux dire les fées – avaient pour habitude de se réunir pour célébrer leurs fêtes, il entendit quelque chose faire du bruit dans son violon. Ce bruit étrange continua jusqu'à son retour chez lui à Llwybr Scriw Riw, où il arriva paniqué par le son métallique incessant « tink, rink, jink » qui lui cornait dans les oreilles.

Une fois le pas de la porte de sa maison franchi, Dick entendit tout de suite une autre musique, celle de la voix exaspérée de sa chère moitié qui, en raison de son absence prolongée, se mit à le sermonner dans un style qu'il n'appréciait guère. Il eut droit à toutes sortes de noms d'oiseaux et fut traité d'imbécile, vaurien, soûlard et fainéant.

« Comment puis-je mendier assez pour moi et une maisonnée de pauvres gosses à moitié nus, quand toi tu te promènes dans le pays et ne ramènes rien ?

— Doucement, la bonne femme, dit Dick, regarde un peu ce que j'ai dans mon cher vieux violon ! »

Elle obéit, secoua le violon et, à leur grande surprise, une pièce de cinq sous roula par terre. La femme vit la panique sur le visage de son homme qui devint blanc comme un linge, par la peur. Se rendant compte qu'il avait une somme d'argent inhabituelle en sa possession, elle fut persuadée qu'il n'avait plus longtemps à vivre et, aussitôt changeant de ton, lui dit :

« Bonhomme, va demain à Llanidloes, c'est jour de marché, et achète-toi du lin, car peut-être n'auras-tu plus jamais une telle somme d'argent en ta possession. »

Le lendemain, suivant les vœux de sa femme, Dick se rendit à Llanidloes, s'interrogeant sur son extraordinaire mais néanmoins inexplicable fortune. Une fois arrivé en ville, il s'arrêta au magasin de M. Richard Evans, et acheta du lin d'une valeur de cinq sous, qu'il paya avec la pièce tombée du violon. M. Evans la mit dans sa caisse et notre bonhomme Dick s'en fut à la taverne de Betty Brunt – appelée maintenant La Licorne – bien content de lui, avec le joli tissu dans la poche de son grand manteau. Peu de temps après, M. Evans arriva dans l'auberge et s'enquit auprès de Dick de l'origine de la pièce avec laquelle il avait payé le lin.

Dick devint très sérieux et raconta brièvement comment il avait récupéré la pièce.

« C'est donc ainsi ! dit Evans. Je m'en doutais, car juste après ton départ du magasin, à ma grande surprise, elle est devenue un tas de crottes de cheval… »

Rev. Elias Owen, *Welsh Folklore*, 1888.
traduction de Mike James,
adaptation de l'auteur.

La corbeille de tulipes

CORNOUAILLES

Une vieille femme qui habitait jadis une ferme dans la colline, non loin d'un tumulus où venaient danser les *fairies*, possédait un très joli jardin dans lequel elle cultivait une belle corbeille de tulipes. Les « bonnes dames » se plaisaient tellement en ce lieu, qu'elles y amenaient parfois leurs bébés et chantaient pour les endormir. Souvent, pendant la nuit, on entendait un doux chant de berceuse, et dans l'air flottaient les accords d'une mélodieuse musique qui semblait s'élancer du sein des belles tulipes.

Lorsque la brise du soir courbait la tête de ces fleurs charmantes, on eût dit qu'elles marquaient la mesure des gracieuses chansons qui s'élevaient du milieu de leurs corolles. Dès que les bébés s'étaient endormis à ces mélodies, les *fairies* regagnaient le champ voisin, et là elles se livraient à la danse et traçaient sur le gazon ces cercles qui révèlent aux yeux des paysans les gambades de leurs fêtes de nuit. Au point du jour, les bonnes dames vigilantes retournaient aux tulipes, et bien qu'on ne pût apercevoir ces *fairies*, on entendait le bruit des baisers et les caresses qu'elles prodiguaient à leurs bébés. Les tulipes ainsi favorisées par ces aimables elfes conservaient leur beauté beaucoup plus longtemps qu'aucune autre fleur du jardin et, contrairement à leur nature, le souffle des fées leur donnait l'odeur suave des roses. La vieille dame était si fière de ses tulipes qu'elle ne souffrait jamais qu'on en cueillît une seule. Mais un jour, elle vint à mourir et son héritier détruisit les fleurs enchanteresses et convertit la corbeille en un plant de persil. Les *fairies* furent si chagrinées et si humiliées de cette conduite qu'elles firent sécher le persil sur pied et que, pendant maintes années, elles ne permirent à aucune herbe, à aucune plante de croître dans le jardin. Il faut dire que si ces fées ressentaient vivement les injures, leur âme s'ouvrait aussi facilement à la reconnaissance ; et pendant qu'elles rendaient stérile le jardin tombé en d'indignes mains, elles entouraient de sollicitude la couche où reposait la bonne vieille, leur bienfaitrice. On les entendait chanter des cantiques et se lamenter auprès de son tombeau. Toutes les nuits, les bonnes dames payaient un douloureux tribut à la mémoire de la bonne vieille, excepté aux périodes de pleine lune, car alors avait lieu la grande solennité dans laquelle elles célébraient par des chants, des danses et des réjouissances, le grand cercle d'argent tracé dans le ciel par la reine des nuits. Jamais la main d'un mortel ne toucha la tombe de la pauvre vieille qui jadis consacra la corbeille de tulipes aux plaisirs des elfes, et cependant jamais il n'y poussa une mauvaise herbe. Le gazon en resta toujours vert et, sans qu'on eût besoin de les semer, les plus belles fleurs y poussèrent, jusqu'au jour où le corps mortel fut complètement retourné en poussière.

Loys Brueyre, *Contes populaires de la Grande-Bretagne*, 1875.

La princesse grecque et le jeune jardinier

IRLANDE

Il était une fois un roi qui avait une fille très belle. Étant devenu vieux et malade, les médecins lui ordonnèrent de manger les pommes d'un arbre qui croissait sous ses fenêtres. Elles approchaient de leur maturité quand une nuit, le roi fut éveillé par un bruit d'ailes dans le verger, et courant à sa croisée, il aperçut dans les branches du pommier un oiseau dont les plumes jetaient un vif éclat et qui, après avoir cueilli une pomme, s'envola aussitôt. « Malédiction sur le voleur ! » cria le roi.

Le roi ne ferma pas l'œil de la nuit et dès qu'on fut éveillé dans le palais, il manda le jardinier et lui reprocha sa négligence. Celui-ci répondit : « Mes trois fils sont les meilleurs tireurs du royaume, désormais nous veillerons toutes les nuits chacun à notre tour auprès du pommier. »

La nuit venue, le fils aîné du jardinier prit son poste dans le jardin ; l'arc tendu, la flèche entre les doigts, il guetta le moment favorable. Mais à minuit, le roi, qui ne dormait pas, entendit un bruissement d'ailes et courut à la fenêtre. L'oiseau lumineux était dans l'arbre et le garçon dormait assis contre le mur, son arc posé sur les genoux. « Lève-toi, paresseux ! cria le roi, voici encore l'oiseau ! » Le pauvre garçon se dressa, mais déjà l'oiseau s'envolait avec la plus belle pomme.

Le roi surveilla ensuite le second fils du jardinier, mais quoique celui-ci fût debout bien éveillé quand la cloche commença à sonner minuit, dès que retentit le douzième coup, le gars tomba comme mort sur l'herbe et le roi vit l'oiseau lumineux emporter une autre pomme.

Le troisième fils était brave, actif et jeune. Quand le premier coup de minuit sonna, le roi était là et lui parlait ; au dernier coup, la lumière qui précédait l'oiseau éclaira le mur et les arbres et dans les branches on entendit un bruit d'ailes. Au même instant retentit le sifflement d'une flèche. L'oiseau s'enfuit en poussant un cri sans avoir eu le temps d'enlever la pomme. Mais quand la flèche retomba, une grande plume lumineuse y était fixée. Cette plume était d'or.

On continua à veiller ainsi toutes les nuits pendant une semaine, mais l'oiseau ne reparut plus. Le roi fit alors proclamer qu'il donnerait sa fille et la moitié du royaume à quiconque lui rapporterait, mort ou vivant, l'oiseau aux plumes d'or.

Le fils aîné du jardinier partit à la recherche de l'oiseau. Dans l'après-midi, il s'assit sous un arbre pour se reposer et il mangeait du pain et un morceau de viande froide, quand s'avança un beau renard qui lui dit : « Donnez un peu de viande à un pauvre affamé. — Voici ma réponse », fit le gars ; et il lui tira une flèche qui glissa sur le renard comme sur du fer battu et alla se ficher dans un arbre. « Trahison ! cria le renard ; cependant comme je respecte ton jeune frère, je te donne un avis. À la nuit tombante, tu arriveras dans un village. D'un côté de la rue, tu verras une grande salle éclairée et remplie de jeunes gens buvant et dansant. De l'autre côté, tu verras une maison sans autre lumière que celle du feu de la chambre de devant, et près de ce feu un homme, sa femme et leur enfant. Écoute l'avis d'un fou et prends ton logement dans cette seconde maison. »

Le gars trouva les choses comme avait dit le renard, mais il préféra la maison où l'on dansait, et on ne le revit plus. Au bout d'une semaine, fatigué de l'attendre, le second fils partit à son tour et subit le même sort. La semaine suivante, le dernier fils partit, et quand le renard vint à lui, il lui fit partager son repas. Cette fois, le gars n'alla pas à la danse, mais passa tranquillement la nuit dans la maison obscure, et, le lendemain matin, il reprit son voyage avant que le soleil éclairât le sommet des arbres.

Il n'avait pas fait un quart de mille qu'il vit le renard sortir du bois qui bordait la route. Après s'être salués, le renard lui dit : « L'oiseau d'or est dans le palais du roi d'Espagne à deux cents milles d'ici ; assieds-toi sur ma queue et je t'y conduirai. » Ils volèrent comme la pensée, dépassant le vent, qui était devant eux, sans que le vent qui les suivait pût les rattraper. L'après-midi, ils s'arrêtèrent dans un bois près du palais du roi d'Espagne et ils y attendirent la nuit tombante.

« Maintenant, dit le renard, je vais en avant préparer l'esprit des gardes en ta faveur ; tu n'as qu'à traverser les salles lumineuses qui se succèdent jusqu'à ce que tu aies trouvé l'oiseau d'or. Si tu es avisé, tu rapporteras lui et sa cage en dehors du palais et personne ne pourra s'emparer ni de lui ni de toi. Si tu n'écoutes pas mes conseils, je ne puis rien pour toi. » Et, ce disant, il franchit la porte.

Le gars partit un quart d'heure après le renard, et dans la première salle il vit une vingtaine de gardes debout, mais endormis ; dans la suivante, une douzaine ; dans celle d'après six ; dans la suivante, trois et dans la dernière il n'y avait ni gardes, ni lumière, et cependant elle était brillante comme le jour, car il y avait l'oiseau d'or dans une vulgaire cage de bois, et sur la table étaient les trois pommes, devenues d'or massif.

Sur cette même table était placée la plus belle cage d'or qu'œil eût jamais vue et le gars pensa que ce serait dommage de ne pas y enfermer le précieux oiseau. À peine le bout de l'aile de l'oiseau eut-il touché les fils d'or de la cage, qu'il poussa un grand cri ; au même moment, les trois gardes, les six, les douze et les vingt s'éveillèrent, brandirent leurs épées et entourèrent le pauvre garçon, puis ils appelèrent le roi et lui dirent ce qui était arrivé. Le roi dit au jeune homme : « Vous méritez le gibet, mais je vous accorde la vie ainsi qu'à l'oiseau d'or, si vous m'apportez la pouliche baie du roi de Maroc qui dépasse le vent et qui est assez agile pour franchir les murs des châteaux ; si vous l'amenez, vous aurez l'oiseau d'or et la liberté. »

Le gars s'éloigna pensif et rencontra le renard. « Que te disais-je, quand je te prémunissais contre ton étourderie ? N'importe, monte sur ma queue » ; et ils volèrent comme la pensée. La nuit tomba quand ils étaient dans un bois près du palais. Le renard dit : « Je vais en avant travailler en ta faveur dans les écuries. Quand tu feras sortir la pouliche, ne touche pas à la porte, ni au chambranle, ni à quoi que soit, si ce n'est la terre, et seulement avec les sabots de la pouliche quand tu l'auras montée. Si tu manques encore de prudence dans l'écurie, notre situation sera pire qu'avant. »

En entrant dans le palais, le gars vit deux rangées d'hommes armés, alignés de la porte à l'écurie, mais tous étaient plongés dans un profond sommeil, et le gars put passer au milieu d'eux jusqu'à l'étable. Il y trouva la pouliche, et près d'elle il vit un valet d'écurie une étrille dans la main, un autre valet avec une bride, un autre avec une poignée de foin; tous semblaient pétrifiés. La pouliche était le seul être vivant avec lui dans ce lieu; elle avait sur le dos une selle commune de bois et de cuir, mais une selle d'or du plus beau travail était pendue à la porte. Le jeune homme pensa que c'était grand dommage de ne pas la mettre à la place de l'autre. Mais dès que la pouliche sentit la selle d'or, elle hennit, et les hommes d'armes et les valets d'écurie entourèrent le garçon.

Le roi du Maroc accourut avec une figure aussi noire que la plante de votre pied; il dit au garçon: « Vous mériteriez d'être pendu, mais si vous m'amenez la princesse aux cheveux d'or, je vous donnerai la pouliche fille du vent. »

Le pauvre garçon avait la tête très basse quand en se promenant le lendemain matin, le renard sortit du bois à sa rencontre. « Voilà ce que tu as gagné, dit-il, à ne pas suivre mes avis! Monte sur ma queue, et allons au palais du roi de Grèce ». Ils volèrent comme la pensée. Le soir, ils mangèrent leur pain dans le bois près du château.

Le renard dit: « Je te précède pour aplanir les difficultés; suis-moi dans un quart d'heure; surtout ne laisse pas la princesse aux cheveux d'or toucher les portes de ses mains, de sa chevelure ou de ses habits, et si elle te demande quelque chose, souviens-toi de ce que tu dois lui dire. Une fois dehors, personne ne pourra te l'enlever. »

Le jeune homme s'avança dans le palais et aperçut vingt gardes, puis douze, puis six, puis trois, tous debout appuyés sur leurs armes, profondément endormis, et dans la dernière chambre la princesse aux cheveux d'or. Elle dormait sur une chaise et son père sur une autre. Après l'avoir considérée longtemps, le cœur plein d'amour, il s'agenouilla et déposa un baiser sur sa blanche main. Quand elle ouvrit les yeux, elle fut d'abord un peu effrayée, mais elle se rassura on voyant ce beau garçon si amoureux. Elle lui demanda ce qu'il voulait: « Vous prendre pour femme et vous emmener! — Laissez-moi au moins prendre congé de mon père. — Je ne le puis, dit-il, car tout le monde s'éveillera et je serai mis à mort. »

Mais elle insista pour embrasser le vieillard en disant qu'il ne s'éveillerait pas et qu'elle suivrait le jeune homme. Comment lui refuser cette grâce? Mais au moment où ses lèvres touchèrent celles de son père, le vieillard poussa un cri et tous les gardes accoururent et entraînèrent au gibet le téméraire. Alors le roi lui dit qu'il lui laisserait la vie. « Voici, ajouta-t-il, un grand amas de boue devant le palais qui ne permet pas au soleil de briller sur les murs au milieu de l'été. Chaque fois qu'on en enlève une pelletée, deux pelletées nouvelles viennent grossir le tas. Si vous parvenez à faire disparaître cet amas de boue, je laisserai ma fille partir avec vous. D'ailleurs, si vous êtes l'homme que je suppose, elle ne court aucun risque de devenir la femme du roi du Maroc. » Le lendemain matin, le gars se mit à l'ouvrage, et par chaque pelletée qu'il rejetait, deux pelletées nouvelles venaient s'ajouter au tas de boue. À la fin du jour, le monceau était plus grand qu'avant. Le jeune homme s'assit en pleurant, la tête dans ses mains. Le renard vint à lui: « Mon pauvre garçon, tu es tout confus; mange ton dîner et repose-toi; demain sera un nouveau jour. — Comment va l'ouvrage? dit le roi au souper. — Mal, Votre Majesté, répondit le pauvre garçon; je crains que vous ne soyez forcé de m'éveiller demain au lever du soleil. — Ne craignez rien », dit la princesse en souriant.

Le lendemain matin, le pauvre garçon fut réveillé par des bruits de voix, des fanfares, des tambours et un charivari comme il n'en avait jamais entendu; il courut voir ce qui se passait et à la place où le tas de boue était la veille, il aperçut des soldats, des serviteurs, des seigneurs et des dames dansant comme des fous et se réjouissant de la disparition du monceau d'immondices: « Ah! mon brave renard, dit le jeune homme en lui-même, c'est ton ouvrage! » Le roi lui proposa une grande suite ainsi qu'à la princesse, mais le garçon refusa en disant: « J'ai un ami qui nous amènera en un jour au palais du roi du Maroc. » Quand la princesse se sépara de son père, celui-ci lui tint ce discours: « Triste sera ma vie maintenant, car ton pauvre frère est au pouvoir de ce méchant sorcier, et voilà que tu me laisses seul aussi dans ma vieillesse. » Pendant qu'il causait avec elle dans le bois, le renard s'avança et le jeune homme et la princesse s'assirent sur sa queue. Se tenant serrés l'un contre l'autre, ils volèrent comme la pensée. Le soir, ils arrivèrent au château du roi du Maroc. Le roi dit au garçon : « Je vous permets d'emmener la pouliche baie, puisque vous m'amenez cette belle princesse. Pour elle je donnerais toutes les pouliches du monde. Partez ! voici ma bourse pour votre route. — Je vous remercie, dit le garçon, laissez-moi seulement serrer la main de la princesse avant de la quitter. — Je vous l'accorde, dit le roi. Aussitôt le jeune homme et la princesse s'élancèrent sur le dos de la pouliche et en un instant ils avaient franchi toute la ligne des gardes. Ils allèrent et le lendemain ils arrivèrent dans le bois près du palais du roi d'Espagne et y trouvèrent le renard. Le renard lui dit : « Laisse ici la princesse avec moi et va chercher l'oiseau d'or et les trois pommes. Aie bien soin de ramener la pouliche avec l'oiseau, car sinon je serais forcé de vous emporter encore tous les deux sur ma queue. »

Quand le roi d'Espagne vit arriver dans son château, le garçon avec la pouliche, il envoya chercher l'oiseau d'or, les pommes d'or et les lui donna. Il était enchanté de son échange ; mais le garçon ne voulût pas se séparer de la belle bête sans l'avoir caressée, et pendant qu'on ne s'y attendait pas, il sauta sur son dos et franchit la rangée de gardes. Il ne fut pas long à arriver à l'endroit où il avait laissé sa princesse et le renard.

Ils se hâtèrent de fuir jusqu'à ce qu'ils fussent sortis des terres du roi d'Espagne. En passant dans le village où était la maison de danse, le jeune homme retrouva ses deux frères et les ramena. Quand ils arrivèrent près du renard, celui-ci pria le jeune homme de lui couper la tête et la queue. Dès que la tête et la queue furent tombées, le corps du renard se changea en un beau jeune homme. C'était le frère de la princesse, qui avait été, par un charme jeté sur lui, métamorphosé en renard. La joie n'eut plus de bornes, et quand ils arrivèrent au palais, on alluma des feux, on fit cuire des bœufs, et des barriques de vin furent défoncées. Le jeune prince de Grèce épousa la fille du roi, et la sœur du prince le fils du jardinier.

P. Kennedy, *Fire Side Stories of Ireland*.

Le rouet enchanté

BRETAGNE

Il existait au temps jadis une pauvre femme, vieille et infirme, qui habitait une masure délabrée. Cette malheureuse avait la réputation d'être sorcière, et était, à cause de cela, abandonnée de tout le monde. Ceux qui croyaient qu'elle leur avait jeté des sorts ne passaient jamais devant sa porte sans lui dire des injures ou des méchancetés. Les autres la fuyaient.

Des histoires absurdes étaient débitées sur son compte. Les uns l'avaient vue le samedi soir, se rendre au sabbat, à cheval sur un balai. D'autres l'avaient entendue, la nuit, battre son linge au bord du *doué*[1]. Le père Bouillcau s'était donné une entorse à la jambe parce qu'il avait refusé d'occuper la sorcière pendant la moisson. La mère Guenoche avait eu la fièvre parce que la sorcière avait marmotté des paroles incompréhensibles en passant devant sa maison.

L'infortunée bonne femme serait certainement morte de faim et de besoin, si une jeune ouvrière n'avait eu pitié d'elle. Marie n'était cependant pas riche, et n'avait pour vivre, que le produit de son travail de couturière; mais elle avait, bon cœur et était indignée de la conduite de ses voisins envers la pauvre vieille.

Le propriétaire de la masure habitée par la chouette — comme l'appelaient encore les villageois — ennuyé de loger celle-ci gratis, la mit un jour à la porte.

La malheureuse, étendue comme Job sur un tas de fumier, gémissait de sa misère et priait tous les saints du paradis de lui venir en aide.

Marie, informée de la triste situation de sa protégée, accourut à son secours. Elle la releva, l'aida à marcher, la conduisit dans sa propre demeure.

---

1. En gallo, sorte de mare servant de lavoir dans les villages.

L'ouvrière offrit son lit à la sorcière, se réservant seulement une mauvaise paillasse qu'elle jeta dans un coin, disant qu'à son âge c'était suffisant et qu'on dormait bien partout. Non seulement elle logea la vieille, mais elle l'entretint du mieux qu'elle put.

Des mois s'écoulèrent ainsi, et l'état de la bonne femme ne fit qu'empirer. Bientôt l'hiver vint, les dépenses augmentèrent car il fallait du feu, de la lumière, et les ressources de l'ouvrière allaient s'amoindrissant. Les personnes qui lui donnaient du travail, contrariées de voir qu'elle avait recueilli la mendiante, se vengèrent en l'empêchant de gagner sa vie.

La pauvre enfant fut obligée de vendre, pour deux écus. une petite croix qui lui venait de sa mère et à laquelle elle tenait beaucoup. Cet argent lui servit à acheter des remèdes pour la malade. Une autre fois elle vendit son linge et ses hardes, parce qu'il n'y avait plus de pain à la maison, et ne conserva qu'une simple petite robe d'indienne, bien insuffisante pour la préserver du froid.

La vieille la remerciait avec effusion et lui répétait sans cesse : « Courage, courage, fille vaillante, un jour viendra où tu auras jupon et corset, ainsi que de la laine pour te faire des *chausses*[2]. »

Une nuit que Marie ne dormait pas, tourmentée par la crainte de ne plus pouvoir suffire aux besoins de son petit ménage, elle entendit la voix affaiblie de la malade l'appeler près d'elle. Elle courut au chevet de la vieille qui, rassemblant toutes ses forces, lui dit : « Ma chère enfant, je sens que je vais mourir, mais avant de te quitter je veux te faire une confidence, et te récompenser de l'attachement que tu m'as toujours témoigné. Écoute-moi bien : j'aurais pu être riche si j'avais voulu ; mais j'ai préféré endurer la misère afin de racheter mes vieux péchés. II n'en est pas de même pour toi, ta conscience est pure et tu n'as rien a te faire pardonner. Je sais aussi que tu aimes le fils du meunier ton voisin et que tu en es aimée. Seulement le père de ce jeune homme, riche et avare ne consentira jamais à votre mariage parce que tu ne possèdes rien. Or, je veux te léguer un trésor qui te fera avant peu, sois-en certaine, la plus riche héritière de la contrée. »

2. Bas, chaussettes.

Marie se mit à pleurer, croyant que la moribonde avait le délire et ne savait plus ce qu'elle disait. La malade ne vit pas les larmes de la jeune fille et continua : « Lorsque je ne serai plus, tu t'en iras dans la grotte du rocher d'Uzel. Là se trouve l'objet qui doit faire ton bonheur. « Il faudra t'armer de courage, car il y a loin d'ici cette grotte, et l'entrée en est difficile. Tu auras bien des obstacles à vaincre ; mais avec de la persévérance tu parviendras à surmonter toutes les difficultés. »

La voix de la mourante allait s'affaiblissant. Bientôt il ne lui fut plus possible de parler. Sa main chercha celle de Marie pour la porter à ses lèvres. De grosses larmes roulèrent, le long de ses joues creuses. Ses yeux déjà ternes et morts s'élevèrent une dernière fois vers le ciel. Elle sembla marmotter une prière, puis son âme s'envola dans un soupir.

La pauvre vieille avait cessé de vivre.

L'ouvrière pleura la bonne femme comme elle avait pleuré sa mère, morte depuis longtemps. Elle lui rendit les derniers devoirs, lui ferma les yeux et l'ensevelit elle-même.

Au printemps suivant, Marie se souvint des dernières paroles de la morte. Souvent elle y songea, et enfin résolut de se rendre à la grotte d'Uzel, non pour y chercher la fortune qui ne la tentait guère, mais pour se conformer au désir de sa vieille amie.

Ce ne fut pas sans une certaine appréhension qu'elle se décida à entreprendre ce voyage, à aller seule vers cet endroit désert qui était un lieu d'effroi, à plus de sept lieues à la ronde. On racontait sur cette grotte des récits effrayants. Les paysans ne passaient jamais devant sans se signer et, quand ils le pouvaient, faisaient de longs détours pour l'éviter.

Enfin, s'armant de courage, un matin, Marie se mit en route. Il n'y avait point de sentier tracé, elle s égara plusieurs fois et n'arriva que dans l'après-midi près du rocher d'Uzel.

Son courage fut bien près de l'abandonner en voyant une campagne aride et sauvage, où croissaient des ronces et des épines qui l'empêchaient d'avancer. Les orties recouvraient la grotte entière qui semblait ainsi vouloir se dérober à tous les regards.

La jeune fille, presque effrayée, alla s'asseoir au pied d'un arbre où, sous les rayons d'un premier soleil d'avril, elle ne tarda pas à s'endormir. Elle vit, en rêve, la vieille femme sur son lit de mort qui lui dit encore : « Je te lègue un trésor qui m'appartient et qui te fera la plus riche héritière du village. Tu épouseras Louis, ton beau voisin qui t'aime. » Puis la dormeuse se trouva au milieu d'un atelier rempli d'ouvrières. Elle se vit, elle-même, vêtue d'une toilette simple mais presque élégante, distribuant la besogne, indiquant comment s'y prendre pour aller plus vite et mieux faire, recevant les clients, rédigeant les notes, comptant l'argent, etc. L'image de Louis lui apparut également. Il la conduisait à l'église et tous les habitants du hameau les complimentaient et les admiraient.

Au bout de quelques heures elle se réveilla. Se rappelant alors son rêve, elle murmura : « C'est la bonne vieille qui, du haut du ciel, veille sur moi et m'invite à accomplir ses dernières volontés. »

Surmontant ses terreurs, elle se dirigea vers la grotte et, une branche d'arbre à la main, frappa de toutes ses forces, les ronces et les orties pour se frayer un passage. Elle entra résolument dans une espèce de souterrain. Peu a peu, ses yeux s'habituant à l'obscurité, elle aperçut une autre ouverture conduisant à une seconde pièce éclairée par quelques rayons de soleil qui filtraient à travers les fissures du rocher.

Marie hésitait à entrer, lorsqu'elle s'arrêta, surprise, en entendant un chant, d'une douceur ineffable, qui la rassura complètement et lui donna le courage d'avancer. D'abord elle ne vit rien. Puis ayant fait le tour de la grotte, elle constata qu'elle était vide. Un vieux rouet seul, oublié dans un coin, paraissait avoir été abandonné à cause, sans doute, de son mauvais état. L'ouvrière s'en approcha et remarqua qu'il était tout *mirodé*[3], et qu'il avait dû être, autrefois, un objet de valeur. À sa forme ancienne, elle supposa qu'il avait plus de cent ans d'existence.

Elle fureta dans tous les coins afin de découvrir le chanteur qui l'avait charmée, mais ses recherches furent vaines, et cepen-

3. Sculpté.

dant il était impossible de fuir, puisqu'il n'y avait pas d'autre issue.

Marie, découragée, s'apprêtait à retourner sur ses pas, quand elle s'entendit appeler par son nom. Les paroles semblaient sortir du rouet. La jeune fille regarda de son mieux et découvrit, juché sur la poignée du rouet, un petit nain si petit, si petit qu'il était à peine visible. Il fit tout à coup tourner la roue de l'instrument avec une adresse étonnante, et se mit à filer de la laine qui, passant par ses doigts agiles, devint plus fine que les fils de la Vierge que l'on voit sur les landes, après les premières gelées d'octobre.

Le nain, tout en travaillant, recommença sa chanson. Voici ce qu'il disait :

« Viens voir mon travail, Marie, et dis-moi si tu es contente.

« Si tu crois qu'on peut mieux faire, je tâcherai de te satisfaire, car je suis ton ouvrier.

« Le rouet et moi nous t'appartenons. Nous travaillerons jour et nuit, jusqu'à ce que tu sois riche, mariée et heureuse. J'en ai pris l'engagement envers la pauvre vieille qui a rendu son âme à Dieu et les lutins ne trahissent jamais leurs promesses. »

La jeune fille émerveillée du travail du nain et de la rapidité avec laquelle les fuseaux se succédaient, lui demanda ce qu'elle devait faire.

« Rien, répondit-il ; me permettre seulement de t'accompagner et d'envoyer le rouet chez toi.

— Je veux bien que tu m'accompagnes, joli chanteur et ouvrier sans égal : mais ce n'est pas toi qui es capable d'emporter le rouet, il est trop lourd pour ta petite taille.

— Rassure-toi ; je peux devenir aussi grand qu'un chêne et aussi fort qu'un lion, quand cela est nécessaire. Je puis encore, et cela est un de mes plus beaux dons, me rendre invisible aux yeux des gens. »

Et sans plus tarder, le nain devenant grand comme un homme, chargea le rouet sur ses épaules et invita la jeune fille à le suivre. Il la conduisit, par un chemin de lui seul connu, à travers des prairies remplies de fleurs, le long de petits ruisselets gazouillant sur les galets. Les sentiers qu'ils parcouraient étaient tapissés de mousse que Marie foulait de ses pieds, sans se fatiguer et sans s'apercevoir de la longueur du chemin. D'ailleurs, le lutin, qui marchait le premier pour indiquer la route, chantait la chanson suivante que la fillette écoutait avec intérêt :

Mon père a fait faire
Un p'tit bois taillis,
Tous les oiseaux du monde,
Y vont faire leurs nids.
Donn' ton cœur mignonne,
Ton, ton, ton, petit ton,
Donn' ton cœur mignonne,
Ton petit cœur joli.

Tous les oiseaux du monde
Y vont faire leurs nids,
La caill', la tourterelle,
La jolie *perderix*
Donn' ton cœur...

La caill', la tourterelle,
La jolie *perderix,*
Et le rossignolet,
Qui chante jour et nuit,
Donn' ton cœur...

Et le rossignolet
Qui chante jour et nuit,
Il chante pour les gars
Qui n'ont point d'bonn'z'amies.
Donn' ton cœur...

Il chante pour les gars
Qui n'ont point d'bonn'z'amies,
Il ne chant' point pour moi,
Car j'en ai un' jolie !
Donn' ton cœur...
Il ne chant' point pour moi
Car j'en ai un' jolie !
Elle est dans la Hollande,

Les Hollandais l'ont pris'.
Donn' ton cœur…

Elle est dans la Hollande,
Les Hollandais l'ont pris'
Que donnerais-tu gars,
À qui irait la *cri*[4]?
Donn' ton cœur…

Que donnerais-tu gars,
À qui irait la *cri*?
Je donn'rais ben tout Rennes
Paris et Saint-Denis.
Donn' ton cœur…

Je donn'rais ben tout Rennes,
Paris et Saint-Denis,
Et la claire fontaine,
Qui coule jour et nuit.
Donn' ton cœur…

Et la claire fontaine
Qui coule jour et nuit,
Par la force qu'elle a,
Fait moudre trois moulins.
Donn' ton cœur…

Par la force qu'elle a,
Fait moudre trois moulins,
Y'en a un qui moud l'orge,
Et l'autr' le poivre fin,
Donn' ton cœur…
Y'en a un qui moud l'orge,
Et l'autr', le poivre fin.
Le troisième la cannelle,
Pour un vieux médecin,
Donn' ton cœur…
Le troisième la cannelle
Pour un vieux médecin,

4. Chercher.

Qui la donne à ces filles
Qui n'ont pas le cœur sain.
Donn' ton cœur, mignonne,
Ton, ton, ton, petit ton,
Donn' ton cœur, mignonne
Je garderai le mien.

Lorsque le rouet fut monté et placé dans la chambre de Marie, le lutin lui dit : « Chère enfant, ce rouet est le trésor promis par ta vieille amie. Tu n'auras qu'à changer la quenouille de laine, et aussitôt elle sera convertie en écheveaux dont tu trouveras facilement le placement.

« Quant à moi, ajouta-t-il, je vais redevenir invisible, néanmoins, je ne te quitterai pas, et je veillerai sans cesse à ton bonheur. »

L'ouvrière eut un véritable chagrin de voir disparaître le bon petit nain ; mais elle comprit qu'il avait sans doute ses raisons pour agir de la sorte et, ne voulant pas être indiscrète, elle se contenta de le remercier de tout ce qu'il voulait bien faire pour elle.

Le rouet ne s'arrêta ni jour ni nuit. La laine n'était pas plus tôt sur la quenouille qu'elle était immédiatement changée en écheveaux que les acheteurs se disputaient. Chaque jour ils en offraient un prix plus élevé.

L'aisance revint promptement dans le ménage de la fillette. Elle racheta la croix de sa mère. du linge, des hardes, des meubles et refit son nid plus chaud qu'il n'était avant l'arrivée de la sorcière. Ses voisins s'étonnèrent du bien-être de Marie et en cherchèrent la cause. Les plus curieux imaginèrent un prétexte pour s'introduire chez la jeune fille, et l'un d'eux, plus malin que les autres, découvrit qu'elle avait un rouet qui tournait tout seul.

Le bruit s'en répandit promptement. On crut à un sortilège, et la pauvre enfant fut en butte, à son tour, à la jalousie et à la méchanceté des gens du village. Les plus osés l'insultèrent, mais furent terriblement punis ; ils furent paralysés, les uns de la langue pour avoir dit des injures, les autres du bras pour avoir menacé. Malgré tout ce que put faire Marie auprès du lutin pour leur rendre la santé, car son bon cœur leur avait pardonné, ils restèrent ainsi un an et un jour. Cette leçon leur profita. À partir de ce moment, les plus exaspérés se calmèrent et personne n'osa plus rien dire.

Comme l'ouvrière était bonne avec tout le monde, compatissante avec les affligés, généreuse avec les pauvres, on supposa bien qu'elle n'avait pas vendu son âme au diable, et l'on finit, sinon par l'aimer, du moins par l'accueillir convenablement partout.

D'ailleurs avec les années elle était devenue riche et son rêve s'était réalisé. Elle avait créé un atelier important, de nombreuses ouvrières travaillaient autour d'elle. La maison qu'elle occupait lui appartenait, ainsi que plusieurs pièces de terre autour du hameau.

Tous les pères de famille l'enviaient pour leurs fils, et le père du beau meunier lui-même y songeait depuis longtemps. Or un matin, le vieillard s'en alla demander la main de Marie pour son gars. Il fit valoir sa fortune, les qualités de son fils Louis, et n'eut pas trop de peine à décider la jeune fille à devenir sa bru. Louis était, d'ailleurs, un honnête garçon que Marie aimait de toute son âme.

Les fiançailles eurent lieu et la noce les suivit de près.

Le matin de cet heureux jour, de nombreux invités se réunirent chez la mariée. Les violons partirent en tête et tous les couples défilèrent les uns après les autres. Les filles avaient des tabliers rouges qui faisaient aboyer les chiens sur les portes. Les oies et les canards eux-mêmes cessaient de barboter pour regarder passer la noce.

Les jeunes époux furent très heureux. Ils eurent de nombreux enfants que le petit nain continua d'enrichir, car il ne cessa de tourner son rouet qu'à la mort de Marie qui vécut jusqu'à quatre-vingt-quinze ans.

Conté par le père Manuel,
facteur rural de Bain à Pléchâtel,
in A. Orain, *Contes du pays gallo*,
édition Champion, 1904.

Chapitre deuxième

Chant et enchantement

La musique est une puissance de séduction et de charme. On connaît les prodiges du chant magique chez les Celtes. Diodore de Sicile comparaît l'effet du chant des bardes sur leurs ennemis à celui qu'ils opèrent sur les fauves. Le géographe Pomponius Mela parlait, au premier siècle de notre ère, du sanctuaire de l'île de Sein, gardé par neuf prêtresses dont les chants magiques avaient le pouvoir de soulever la mer et de déchaîner des tempêtes. La déesse Rhiannon console et réjouit, par le ramage de ses oiseaux, les sept survivants de la bataille d'Iwerddon pendant leur exil de quatre-vingt-sept ans.

La « matière de Bretagne » est le domaine de l'enchantement : palais musicaux, grelots magiques, harpes jouant seules, pierres sonnantes. À tout instrument est associé un pouvoir surnaturel. Maître des éléments et de la connaissance, Dagda, le dieu des druides, possède le don merveilleux de faire passer ses auditeurs par tous les états qu'il lui plaît. Il est capable, aux sons de sa harpe magique, de mettre toute une assemblée en si belle humeur que les assistants se mettent à rire à gorge déployée. Après quoi, jouant une autre pièce, il les fait tous pleurer et, en dernier lieu, changeant de mode, il endort agréablement tous les assistants. Dans une vieille ballade écossaise, la harpe du héros Glenkidie n'est pas moins enchanteresse. Pour entendre ses accords, les poissons sautaient hors de la mer, l'eau s'élançait des pierres ; enfin le lait jaillissait de la poitrine d'une jeune fille qui n'avait pas eu d'enfant ! Fées et dieux ne peuvent résister à la harpe d'Orphée. Aubéron, le petit roi de féerie, possède un cor d'ivoire qui procure la santé et l'abondance.

Les anciens ont imaginé des prodiges liés à des histoires sonores, des sons inouïs où opère le charme des muses. Envoûté par la musique de Tara, saint Patrick demeura tout à fait immobile, comme victime d'un charme. Dans le cycle breton, on apprend que l'enchanteur Merlin lui-même dut, comme Ulysse devant les sirènes, se boucher les oreilles avec de la filasse pour se soustraire au charme des harpes enchantées, tandis que les cavaliers de sa suite tombaient de leurs montures et ne pouvaient s'en relever sous l'effet du charme. C'est entouré de ménestrels parés de toutes les couleurs de l'arc-en-ciel que le roi de la colline présente la bête merveilleuse à Fionn, chef d'une troupe guerrière assez mystérieuse. Comme l'instrument du dieu Dagda, la harpe d'un géant a la particularité de lui obéir au son et à la voix. Grâce à un sage lutin, la musique est même capable de faire germer de subtiles pensées dans une cervelle venteuse.

L'enchantement musical peut faire basculer les normes du temps et de l'espace. Mille ans ne sont qu'un jour au moine Cuddy, subjugué par les trilles de l'oiseau de paradis, tant les années passées s'écoulent avec sérénité. Lors de ses aventures en Terre de Promesse, un chevalier offre au roi Cormac d'Irlande une branche d'argent aux trois pommes d'or qui émet une musique si douce qu'elle procure le sommeil. Au dire des traditions galloises, le légendaire roi Arthur s'est retiré avec ses guerriers en l'île d'Avallon, où il honore et fait la fortune des ménestrels qui le visitent.

Symbole de l'éternité, la nuit de Samhain – le nouvel an celtique – voit l'Autre-Monde s'entrouvrir. Rien d'étonnant à ce que Pâidîn Ruadh rencontre alors le fantôme de l'arbre, qui lui offre un petit pot magique et un sifflet au précieux pouvoir.

Grâce à des instruments, des personnages de contes s'inventent des mondes où tout impossible devient possible. Un sifflet offert par un aigle secourable conduit un jeune homme à la fille aînée du roi de Lochlin, symbole de bonheur. Connaissant le prix des belles pommes, le jeune Tugdual de Tréguier n'en rencontre pas moins une fée qui lui fait cadeau d'un petit sifflet d'argent bien utile. Et n'est-ce pas encore le charme qui opère quand une nappe merveilleuse et un sifflet magique déterminent la quête amoureuse de trois soldats ? Mais Parrach MacGhiolla Riabhaigh se pose encore la question : ne serait-il pas plus judicieux d'y préférer une cornemuse ?

Le moine Cuddy et l'oiseau de paradis

IRLANDE

Autrefois, longtemps avant la Réforme, vivait dans un couvent des environs de Killarney un très saint moine du nom de Cuddy, aimant beaucoup la prière et la musique, mais plus la prière que la musique. Aussi priait-il partout, dans l'église, dans sa cellule, dans les champs, en deux mots, partout et toujours.

Un soir d'été, il s'était agenouillé dans le jardin du monastère, méditant sur l'un des versets d'un psaume qu'il venait de lire et qui disait: « Aux yeux de Dieu, mille années ne sont qu'un jour ». Tandis qu'il réfléchissait à ces paroles qui constituaient un peu une énigme pour lui, un oiseau caché dans les branches d'un rosier se mit à chanter. De sa vie, le saint moine n'avait entendu musique si douce et si mélodieuse; le ramage lui semblait venir des cieux. Cuddy se leva pour se rapprocher du rosier afin de ne perdre aucune note de cette musique céleste. Bientôt l'oiseau prit son envol et alla se percher sur un arbre plus éloigné du monastère. Le moine sortit du jardin et le suivit pour écouter encore ce chant divin. Le gracieux chanteur alors s'envola sur un arbre plus lointain, puis sur un autre, toujours poursuivi par Cuddy dont l'âme tout entière, l'esprit et la mémoire étaient ravis par la douce musique. Il dut marcher ainsi dans le bois pendant un quart de mille, croyant n'être parti que depuis une demi-heure. « Même au ciel, on ne saurait entendre harmonie plus céleste que cet oiseau », se dit Cuddy. Lorsque, à son grand regret, l'oiseau cessa de chanter, il sembla au pauvre moine qu'il tombait du paradis sur la terre.

Il revint sur ses pas et, à mesure qu'il s'approchait du couvent, il vit le soleil se lever derrière les montagnes et le ciel se colorer des plus brillantes couleurs qu'il eut jamais vues, puis s'éteindre insensiblement ; quand il arriva à la petite porte par laquelle il était sorti, il vit un grand mur, des tours, une large porte et une petite à côté. Depuis son départ, tout avait changé, même le jardin. « Ah ! se dit le pauvre moine, est-ce que je rêve ? » Puis il tira la cloche, et la petite porte s'ouvrit :

« Que voulez-vous, dit le frère portier dont la figure et le costume étaient tout à fait inconnus à Cuddy.

— Ce que je veux, mon frère ? Eh bien c'est entrer dire mes prières et me mettre au lit.

— Vous mettre au lit ? Vous parlez comme si vous étiez de la maison et vous êtes un étranger ! Qui êtes-vous ?

— C'est à vous que je le demanderai ; il y avait là un jardin, il n'y a qu'une demi-heure ; après avoir entendu la messe dans la chapelle, j'en ai franchi l'enceinte afin de suivre dans le bois un oiseau dont le chant s'exhalait en une harmonie céleste et voilà que je trouve des murs et des portes à un endroit où je n'ai laissé qu'une palissade. Devant moi se présente un portier étranger, car je ne me souviens pas d'avoir jamais vu votre figure. »

Alors quelques frères qui passaient se rassemblèrent, et ne comprenant rien, non plus que le portier, au langage du moine, ils lui demandèrent comment se nommait le supérieur du monastère, quand il avait quitté le jardin et quel roi régnait alors dans le pays. Lorsque le moine eut satisfait à leurs questions, les frères secouèrent tristement la tête, croyant avoir affaire à un homme hors de son bon sens. L'un d'eux s'écria : « Conduisons l'étranger à frère un tel ; il a cent dix ans et pourra nous tirer d'embarras. » Ils menèrent le moine par des passages et des chambres que celui-ci n'avait jamais vus, en s'étonnant de son étrange costume et lui des leurs.

Quand le vieillard eut écouté l'histoire, il dit : « Frères, quand j'entrai dans ce monastère étant très jeune, j'ai entendu souvent dire à un vieux frère alors aussi vieux que je le suis maintenant que lorsqu'il n'était que novice, le plus vieux des moines avait coutume de raconter que le frère un tel avait quitté la maison un soir et que jamais depuis lors on n'avait entendu parler de lui.

— Je suis ce pauvre frère perdu ! s'écria le moine, Dieu a voulu me faire comprendre le verset que je lisais ce soir-là :

"Comment mille années ne sont à ses yeux qu'un seul jour. Mille années passées à écouter cet oiseau du ciel ne m'ont, en effet, semblé pas plus longues qu'une heure. Voilà que j'ai vécu des siècles au-delà du temps que j'avais à vivre ! Mon père, recevez ma confession et donnez-moi les derniers sacrements, car je ne crois pas que je puisse rester plus longtemps sur la terre. »

En effet, le pauvre moine mourut, la nuit même, de la mort des saints. La pierre de Clough-na-Cuddy n'est autre que celle sur laquelle le saint moine venait s'agenouiller et prier dans la jardin ; on raconte que les empreintes qu'elle porte proviennent de son long sommeil. Quoi qu'il en soit, elle est encore en grande vénération dans le pays.

Abbé Domenech,
Voyages légendaires en Irlande,
édition Vitte, 1894.

La harpe d'or

IRLANDE

On dit que cette harpe que je caresse pour toi,
Fut sirène chantant sous la mer autrefois,
Souvent au soir elle nageait sur les vagues claires,
Pour voir son bien-aimé sur le rivage vert.

Mais elle aimait en vain ; il la fit soupirer
Et la nuit de ses larmes ses longues tresses baigner.
Le ciel, prenant pitié de ces amours vaines,
Changea en douce harpe cette belle sirène.

Sa gorge pommelée, son avenant visage,
Ses charmes donnèrent à la harpe leur grâce ;
Ses cheveux ondulant sur ses épaules blanches,
Devinrent des cordes d'or pour égrener romances.

Voici, depuis longtemps, que la harpe à son tour,
A su mêler aux plaintes le langage d'amour ;
Elle a appris à jouer lais gracieux et sons
D'amour d'où viennent et mes pleurs et mon chant.

Thomas Moore, XIXe siècle,
traduction de Norrey Love,
adaptation de l'auteur.

La fille de la mer

HIGHLANDS, ÉCOSSE

Il y avait un pauvre vieux pêcheur de Skie qui s'appelait Duncan. Un jour qu'il était à la pêche, une fille de la mer se dressa au bord de son bateau et lui proposa de lui donner une pêche abondante s'il voulait lui livrer son premier fils. Duncan répondit : « Cela m'est bien impossible, car je n'ai pas d'enfant. » Alors elle lui donna quelque chose et dit : « Voici pour ta femme, pour ta jument et pour ton chien. » Et il naquit en effet trois fils, trois poulains et trois petits chiens. L'aîné des fils se nommait Jain. Quand il eut dix-huit ans, il trouva un jour sa mère qui pleurait et elle lui apprit qu'il devrait être livré à la *mermaid*. Alors il monta à cheval et s'éloigna. Sur sa route il rencontra la carcasse d'un vieux cheval que se disputaient un lion, un loup et un faucon. Jain partagea la carcasse entre les animaux. Pour le remercier, chacun d'eux lui dit : « Si tu as besoin de moi, je te permets d'emprunter ma forme, car en partageant entre nous cette carcasse, tu nous as délivrés d'un sort. »

Jain poursuivit son chemin et devint berger d'un roi. Il alla trouver un forgeron et lui commanda un bâton de fer. Le forgeron en fabriqua trois ; les deux premiers se courbèrent, le troisième, malgré tous les efforts de Jain, ne fléchit pas. Jain mena paître ses vaches en un beau pâturage à l'herbe verdoyante, mais voilà qu'accourut un géant à sept têtes et à sept bosses, qui s'empara des six plus belles vaches du troupeau et s'enfuit en les tirant par la queue. Le berger prit alors la forme d'un lion et terrassa le géant, puis il accepta pour rançon une pouliche blanche qui parcourt les cieux et un vêtement blanc. Néanmoins il coupa les têtes de son ennemi. Le lendemain, arrive un second géant ayant le même nombre de têtes que celui de la veille. Il se sauve en emportant sur son dos huit vaches qu'il tenait par la queue. Le berger se change en loup et le terrasse, puis il accepte pour rançon une pouliche rouge qui peut voler à travers les airs et un vêtement rouge. Il coupa ensuite les têtes du géant.

Le troisième jour arrive un géant plus grand que les premiers qui s'empare de neuf vaches. Le berger se métamorphose en faucon, le terrasse, le tue après en avoir reçu une pouliche verte qui sillonne les cieux et un vêtement vert.

Le quatrième jour enfin le berger voit venir une vieille femme. C'était l'épouse du dernier géant et la mère des deux premiers. Jain grimpe dans un arbre. « Descends que je te dévore, s'écria-t-elle, car tu as tué mon mari et mes deux fils. — Ouvre ta bouche, lui répond Jain, afin que je saute dedans ! » La vieille ouvrit la bouche et le berger lui enfonça son bâton de fer dans la gorge et le bâton ressortit par la poitrine à un endroit où se trouvait un signe. Alors le berger descendit de l'arbre et exigea d'elle pour rançon un peigne d'argent et un bassin de jeunesse. Ensuite il tua la vieille et s'en revint chez lui.

La demeure du roi retentissait de plaintes. Un grand dragon était sorti de la mer et chaque fois qu'il venait, il fallait lui laisser une proie. Cette fois le tour de la fille du roi était arrivé. Le berger s'offrit pour combattre le dragon. Il revêtit le vêtement blanc et enfourcha la jument blanche. Puis quand vint le dragon, il coupa une de ses trois têtes. Le lendemain recommença le combat. Jain était vêtu de rouge et monté sur un cheval rouge. Il trancha la seconde tête du dragon. Le troisième jour enfin il mit à mort le dragon.

Jain et la princesse revinrent ensuite au palais du roi, et lorsque le berger se fut baigné dans le bassin de jeunesse, il devint le plus bel homme du monde entier. Il épousa ensuite la princesse.

Un jour qu'ils se promenaient ensemble sur le rivage, la fille de la mer apparut et entraîna Jain au fond de l'eau. Remplie de douleur la princesse alla consulter une magicienne qui lui enseigna ce qu'elle avait à faire.

Elle porta sa harpe sur le rivage et se mit à jouer. La fille de la mer se dressa aussitôt au-dessus des flots pour entendre la musique. Dès que la princesse l'aperçut, elle cessa de jouer. « Continue ! » lui cria la fille de mer ; mais la princesse répondit : « Je ne ferai vibrer les cordes de cette harpe que si tu me montres mon mari. » Et la tête du jeune homme apparut au-dessus des vagues. La princesse joua de nouveau, puis s'arrêta. Alors la fille de la mer lui fit voir son mari jusqu'à la ceinture. La princesse reprit sa harpe, puis s'arrêta encore. Alors la fille de la mer pose le jeune homme sur sa main. Aussitôt celui-ci se change en un faucon, s'envole et s'abat sur le rivage. Pour se venger, la fille de la mer enlève cette fois la princesse.

Jain alla aussitôt trouver la sorcière et elle lui apprit que l'âme de la fille de la mer se trouvait dans un œuf ; l'œuf était dans une oie, l'oie en un bélier, enfin le bélier dans un taureau qui paissait dans une vallée. Le prince appela à son aide les trois animaux qu'il avait obligés jadis, et grâce à eux il put s'emparer successivement du taureau, du bélier et de l'oie. Quant à l'œuf, il roula dans le lac ; alors le faucon alla s'emparer des deux petits d'une loutre qui demeurait dans l'île. Afin de sauver ses petits, la loutre plongea dans le lac et rapporta l'œuf.

Dès que Jain eut l'œuf en sa possession, il le brisa sur les rochers et la *mermaid* mourut. La princesse retourna auprès de son époux. Et dans la suite, ils vécurent heureux.

F.J. Campbell,
West Highlands Popular Tales,
Edinburgh, 1860.

Jock et ses pipeaux

ÉCOSSE

Il y avait un garçon nommé Jock, qui dit un jour à sa mère: « Mère, je vais aller chercher fortune. » Et sa mère lui répondit: « Très bien, mon garçon, prends le crible et le plat fendu, et va au puits me chercher de l'eau pour que je te cuise un *bannock*. Et ton *bannock* sera d'autant plus gros que tu rapporteras plus d'eau. » Jock alla au puits et vit un petit oiseau perché sur la margelle, qui lui dit: « Bouche ton crible avec de la boue et tu emporteras de l'eau. » Jock lui répondit: « Sale créature, crois-tu que je vais t'obéir? » Et l'eau s'écoula et il n'en rapporta à sa mère que de quoi faire un tout petit *bannock*. Il partit; le petit oiseau vint à lui et lui dit: « Donne-moi un morceau de gâteau et je te ferai cadeau d'une plume de mes ailes pour te faire un pipeau. » Jock lui répondit: « C'est ta faute si j'ai un gâteau aussi petit. Va-t'en! » Le petit oiseau s'envola et Jock arriva à la maison d'un roi et se proposa comme serviteur. On lui demanda ce qu'il savait faire; il répondit: « Je sais balayer la maison, enlever les cendres, laver les plats et garder les vaches. — Peux-tu garder les lièvres? — Je n'en sais rien, mais j'essaierai. » On lui dit que s'il pouvait garder les lièvres et les ramener le soir, il épouserait la fille du roi, sinon qu'il serait pendu. Alors il partit le matin avec vingt-quatre lièvres, plus un autre qui était boiteux. Et ayant une faim terrible parce qu'il n'avait qu'un petit *bannock*, il tua le lièvre boiteux, le rôtit et le mangea.

Les autres lièvres effrayés se sauvèrent. Et quand Jock revint le soir sans ses lièvres, le roi fut très en colère et le fit pendre.

Or la mère de Jock avait un autre garçon, nommé aussi Jock. Il alla chercher de l'eau au puits, et quand l'oiseau lui conseilla de boucher son crible avec de la boue, il lui dit: « Tu as raison, gentil oiseau ! » Et il apporta beaucoup d'eau et eut un grand *bannock*. Sur la route, le petit oiseau lui demanda un morceau de *bannock*, que Jock lui donna volontiers. Pour le remercier, l'oiseau lui dit : « Arrache une plume de mon aile pour t'en faire un pipeau. » Jock prit donc une plume et arriva chez le roi, dans la maison duquel il prit du service comme son frère. Le matin il partit avec vingt-quatre lièvres et un autre qui était boiteux. Jock jouait sur son pipeau si gentiment que les lièvres dansaient autour de lui et qu'il les ramena à la maison le soir. Et le lièvre boiteux ne pouvant marcher, Jock le prit dans ses bras et le porta. Le roi fut enchanté et lui donna sa fille, et Jock succéda ensuite au roi.

Chambers, *Popular rymes of Scotland*,
traduction de Loys Brueyre, 1875.

Le fantôme de l'arbre

IRLANDE

Dans l'ancien temps, il y avait un homme qui s'appelait Pâidîn Ruadh O Ceallaigh et qui demeurait au pied de la colline du Petit-Nêifin[1].

Il était marié, mais il n'avait pas d'autre enfant qu'une fille, qui était aveugle de naissance. Voici le nom que lui donnaient les voisins: Nôirîn Dall (Nora l'aveugle), et ils avaient l'idée qu'elle avait des rapports avec les « bonnes gens ». Pâidîn n'avait dans sa ferme que deux acres de terre, et pour cette raison, il était très pauvre; il était dehors chaque nuit, qu'il fît humide ou sec, froid ou chaud, et il ne savait pas ce qui l'attirait dehors, mais il était d'une nature remuante et il ne pouvait pas rester chez lui.

Dans l'ancien temps, les gens croyaient que tous les *pûca*[2] et les fantômes de la terre sortaient la nuit de Samhain[3] pour détruire les mûres, etles gens n'auraient pas mis la moindre mûre dans leur bouche après cette nuit-là. Mais Pâidîn n'avait peur de rien au monde.

Une nuit de Samhain, Pâidîn sortit, comme il en avait l'habitude, et il marcha jusqu'à ce qu'il arrivât à la hauteur d'une vieille *cill*[4]. Il y avait un arbre élevé dans la *cill*. La lune était dans son plein et elle donnait une belle lumière; Pâidîn regarda en l'air et il vit un homme grand qui sautait d'arbre en arbre. Tous les cheveux qu'il avait sur la tête se dressèrent et une sueur froide commença à couler sur son corps; il ne pouvait pas mettra un pied devant l'autre.

1. Montagne située dans le comté de Mayo.
2. Le pûca est un lutin qui ressemble souvent à un cheval et qui a de grandes cornes.
3. Le premier novembre.
4. Nom de l'enclos qui contient l'église et le cimetière.

Le fantôme sauta à terre, s'arrêta devant Pâidîn et lui dit: « N'aie pas peur de moi, je ne te ferai aucun mal; tu as bon courage et je vais te montrer la troupe des fées de Connacht (Connaught) et de Mûmhan (Munster) en train de jouer à la balle sur le sommet de la colline du Grand-Nêifin. »

Il saisit Pâidîn par les deux mains, le jeta sur son dos comme une femme jette un enfant de un an, sauta sur l'arbre et, en route, d'arbre en arbre, jusqu'à ce qu'il arrivât au sommet du Grand-Nêifin et qu'il déposât Pâidîn doucement et mollement au sommet de la colline.

La troupe des fées de Connacht et celle de Mûmhan ne furent pas longues à arriver; elles se mirent à jouer à la balle en présence de Pâidîn et du fantôme, et jamais homme vivant n'avait vu une chose aussi amusante; Pâidîn riait tant qu'il pensa éclater. À la fin, le roi de la troupe des fées de Connacht s'écria:

« Hé! fantôme des arbres, quelle est la troupe qui a gagné la partie?

— La troupe de Connacht, dit le fantôme.

— Tu es en train de dire un mensonge, dit le roi de la troupe des fées de Mûmhan, et nous allons combattre avant d'abandonner la partie aux gens de Connacht. »

Ils commencèrent à combattre et ce n'était pas un combat pour rire qu'ils livrèrent, on brisa des crânes, des mains et des pieds et la colline fut rouge de sang. Le roi des fées de Mûmhan jeta un cri à la fin, et dit: « Paix, je vous cède la victoire cette fois-ci, mais nous combattrons de nouveau la nuit de Bealtaine[5]. »

Alors le fantôme des arbres dit aux deux rois: « Payez cet homme en vie que j'ai amené ici, vous n'auriez pas pu jouer à la balle sans lui.

« Tu dis vrai », dit le roi de la troupe des fées de Connacht, et il tendit une bourse d'or à Pâidîn.

« Je ne serai pas moins généreux que lui », dit le roi de la troupe des fées de Mûmhan, et il lui tendit, une autre bourse, et en un tour de main, les deux troupes disparurent.

Alors le fantôme lui dit: « Tu as pas mal d'argent maintenant, y a-t-il quelqu'autre chose que tu désirerais?

5. Le 1er mai.

— Oui, en vérité, il y en a, dit Pâidîn, j'ai une fille qui est aveugle de naissance, et je voudrais bien qu'elle vît clair.

— Elle verra clair avant que le soleil ne se couche, demain soir, dit le fantôme, si tu suis mon conseil. Il y a un petit buisson qui croît sur la tombe de ta mère ; prends-en une épine et enfonce-la dans la pustule qui est derrière la tête de ta fille, et elle verra aussi bien que toi ; mais si tu racontes ton secret à n'importe quel homme vivant, elle deviendra aveugle de nouveau. Il est temps pour nous maintenant de nous en aller, car j'ai à te montrer ma demeure avant que tu ne retournes chez toi. »

Alors, il prit Pâidîn des deux mains, il le jeta sur son dos et, en route, il ne s'arrêta pas jusqu'à ce qu'il le déposât sous le grand arbre, dans la *cill*, doucement et mollement. Puis il saisit l'arbre, le souleva et dit : « Suis-moi. » Pâidîn entra et le fantôme tira l'arbre après lui ; ils descendirent un bel escalier et arrivèrent à une grande porte ; il ouvrit la porte et ils entrèrent. Quand Pâidîn regarda autour de lui, il vit bon nombre de gens qui étaient morts dans son voisinage, des années auparavant ; quelques-uns souhaitèrent la bienvenue à Pâidîn et ils lui demandèrent quand il était mort.

« Je ne suis pas mort encore, dit Pâidîn.

— Tu plaisantes, dirent-ils, et s'il n'était pas vrai que tu es mort, tu ne serais pas ici au milieu de la troupe des trépassés. »

Le fantôme s'approcha, et dit : « Ne crois pas ces gens-là ; tu as une longue vie heureuse devant toi ; viens avec moi maintenant ; il sera temps pour toi de retourner à la maison. Voici pour toi un petit pot, et n'importe quand tu auras besoin de nourriture, frappe trois coups sur la pierre et dis : « Nourriture et boisson, et gens de service, » et tu auras tout ce que tu désires, mais si tu t'en sépares, tu t'en repentiras. Voici aussi pour toi un petit sifflet, et, n'importe quand tu seras en détresse, souffle dedans, et tu seras secouru, mais, sur ton âme, ne t'en sépare pas. »

Là-dessus, il enleva Pâidîn ; il le laissa sur la route et lui dit :

« Sur ton âme, ne raconte à nulle personne vivante aucune des choses que tu as vues cette nuit. »

Pâidîn alla chez lui, à la pointe du jour, et sa femme lui demanda où il avait passé la nuit. « Je n'ai pas flâné », dit-il ; il déposa le petit pot et il dit : « Nourriture et boisson », mais il avait oublié de frapper les trois coups sur la pierre et il ne vint rien du tout ; il se rappela alors, il frappa les trois coups et deux jeunes femmes sautèrent hors du pot, mirent la table, et dessus toute sorte de choses à manger et à boire aussi bonnes que celles qui étaient sur la table du roi. Pâidîn et sa femme et Nôirîn Dall mangèrent et burent bien leur content et quand ils eurent fini, les jeunes femmes entrèrent dans le pot et Pâidîn mit la pierre dessus.

Alors il dit à sa femme : « Nôirîn ne sera pas longtemps aveugle, je vais la guérir sans retard, mais ne me demande pas de renseignements à ce sujet, car je ne puis pas t'en donner.

— Tu es en train de te moquer de moi, dit la femme, elle est aveugle de naissance.

— Attends à voir », dit Pâidîn ; et le voilà sorti, et il ne s'arrêta pas qu'il ne fût arrivé au buisson qui croissait sur la tombe de sa mère ; il trouva l'épine et vint à la maison ; il saisit Nôirîn, il enfonça l'épine dans la pustule et elle s'écria : « Je vois tout ! » La mère se frotta les mains de joie et dit à Pâidîn : « L'amour et la veine de mon cœur, c'est toi ; tu es l'homme le meilleur qu'il y ait au monde. » Ensuite, il frappa trois coups sur la pierre du petit pot et dit : « Nourriture et service. » Ces mots n'étaient pas plus tôt hors de sa bouche que les deux femmes sortirent du pot ; mirent la table devant Pâidîn, et dessus, toute sorte de choses meilleures que celles qui étaient sur la table du roi ; ils mangèrent et burent, lui, » a femme et Nôirîn, tout leur content, et, quand ils eurent uni, les jaunes femmes mirent tout dans le pot, elles y entrèrent elles-mêmes et Pâidîn mit la pierre sur le pot.

Le bruit se répandit que Pâidîn avait beaucoup de richesses, et tout ce qu'il désirait. Les gens furent remplis d'envie, et se dirent les uns aux autres qu'il n'était pas juste qu'il fût en vie et ils formèrent un complot pour le tuer ; mais il y avait parmi eux un ami ; c'était le frère de la femme de Pâidîn. et celui-ci le prévint. Pâidîn mit le sifflet dans la bouche ; il souffla dedans et peu de temps après, il entendit murmurer à son oreille : « Sors, et prends les herbes qui sont dans ton jardin, au pied du mur ; manges-en et donne le reste à ta femme et à ta fille, et chacun de vous aura autant de fois la force d'un homme qu'il y a de cheveux sur vos têtes. Avec le maillet qui est sur le mur de ta maison, tu peux battre tout ce qu'il y a d'hommes dans la paroisse. »

Au matin, le lendemain, les hommes et les femmes du village vinrent pour tuer Pâidîn ; ils l'appelaient *lorgadân*[6] et *fear-sidh* (homme-fée) et dirent que s'il ne sortait pas, ils brûleraient la maison par-dessus sa tête. Pâidîn vint à la porte, leur dit de s'en retourner chez eux, qu'il n'avait fait de tort à aucun d'entre-eux ; mais rien ne pouvait les satisfaire, sinon le meurtre de Pâidîn. Pâidîn saisit le maillet et la femme un manche de bêche et la fille un ribot de baratte et les voilà sortis ; les gens qui étaient dehors autour de la maison les attaquèrent, mais Pâidîn ne fut pas long à les mettre en déroute ; il en laissa la moitié étendus par terre, et ils ne lui causèrent pas d'autre désagrément à partir de ce jour.

Il est vrai, le dicton, qu'une femme ne peut pas garder un secret, *si ce* même dicton devint vrai alors ; la femme de Pâidîn parla du petit pot à une autre femme ; celle-ci le raconta à une autre, en sorte que l'histoire passa de bouche en bouche jusqu'à ce qu'elle arrivât aux oreilles du seigneur de la terre ; celui-ci vint trouver Pâidîn et dit : « J'ai entendu dire que tu avais un pot merveilleux ; montre-le moi, » Pâidîn lui montra le petit pot et alors le seigneur lui dit : « Montre-moi la vertu qui est en lui. »

Pâidîn frappa trois coups sur la pierre du pot et dit : « Nourriture et service. » Il n'avait pas plus tôt dit ces mots que les deux jeunes femmes sautèrent hors du pot et mirent la table avec de la nourriture et de la boisson dessus, devant Pâidîn et le seigneur.

— Par ma main, dit celui-ci, voilà un bon pot ; il serait juste que tu me le prêtes un jour, car il y a des gentilshommes qui iront me rendre visite, un jour de la semaine qui vient. »

Pâidîn réfléchit à ce qu'il ferait, et enfin il dit : « Le pot n'aurait aucune vertu si je n'étais pas présent.

— Tu peux venir, et tu seras le bienvenu, dit le seigneur de la terre, mais sois bien habillé.

6. Sorte de lutin, très souple, aux chevilles (lorga) longues et maigres, d'une grande vitesse.

— Je le serai, dit Pâidîn, car il était fier d'être parmi les gentilshommes.

— Lundi matin, sois à ma maison, et sur ton âme ne manque pas à ta parole », dit le seigneur.

Le lendemain, Pâidîn acheta un nouveau vêtement complet et quand il l'eut mis, il avait si bon air qu'il s'en fallut de peu que sa femme et sa fille ne le reconnussent pas.

Le lundi matin, il prit avec lui le petit pot et il alla à la maison du seigneur. Il y avait là une grande réunion de gentilshommes ; le seigneur fit entrer Pâidîn et le petit pot dans le salon, et dit : « Fais préparer de la nourriture et de la boisson que je voie s'il y en aura assez pour rassasier ces gentilshommes. » Pâidîn frappa trois coups sur la pierre du pot et dit : « Nourriture, boisson et gens de service. » Sur le champ, six jeunes femmes sautèrent ensemble hors du pot, elles dressèrent une belle table, et dessus il y avait à boire et à manger toute sorte de choses meilleures les unes que les autres.

Le seigneur invita alors les gentilshommes ; ils entrèrent et ils furent pleins d'admiration quand ils virent la belle table et tout ce qui était dessus ; ils mangèrent et burent leur content, mais bientôt, un sommeil lourd s'empara d'eux tous et quand ils s'éveillèrent, le toit de la maison avait disparu sans qu'on sût ce qu'il était devenu. Le petit pot, le sifflet et les deux bourses d'or de Pâidîn avaient disparu, et il était aussi pauvre qu'il avait jamais été. Pendant qu'il était plongé dans le sommeil de l'ivresse, un *lorgadân* était venu qui avait emporté le tout, et le malheur tomba sur Pâidîn parce qu'il n'avait pas gardé le secret de son ami, le fantôme des arbres.

Douglas Hyde, *Contes irlandais*,
traduction de Georges Dottin,
in *Annales de Bretagne*, t. XI, 1895.

Les trois soldats

HIGHLANDS, ÉCOSSE

Un régiment faisant un long voyage traversait un jour Dublin en Érin. Un sergent, un caporal et un simple soldat, étant allés, le jour du départ, voir leurs amoureuses dans la ville, restèrent auprès d'elles trop longtemps, et le régiment s'éloigna. Ils firent tous leurs efforts pour le rejoindre et marchèrent jusqu'à ce que la nuit vînt les surprendre. Ils aperçurent dans le lointain une maison éclairée, et malgré son éloignement ils l'atteignirent promptement. La maison était bien tenue, le feu flambait dans l'âtre ; cependant elle était déserte. Ils s'assirent auprès du feu pour s'y chauffer. Bientôt le simple soldat, nommé John ; en furetant dans la maison, trouva en une chambre une table dressée, éclairée et couverte de toutes sortes de viandes. Il se disposa à faire honneur au repas sans écouter ses camarades qui lui disaient que ce festin ne leur était pas destiné ; cependant, voyant que John mangeait sans les écouter, ils imitèrent son exemple. Il y avait trois lits dans la chambre ; ils en prirent chacun un. Ils venaient de se coucher quand trois grandes filles rouges entrèrent et s'étendirent à leurs côtés. Le matin elles se levèrent et sortirent. Après leur départ, les soldats trouvèrent la table aussi bien garnie que si on n'y avait pas touché. Les soldats s'assirent et prirent leur repas. Le sergent fut d'avis de rejoindre le régiment, mais John répondit qu'aussi longtemps qu'il aurait le vivre et le couvert, il ne bougerait pas d'une maison aussi agréable.

Quand l'heure du souper arriva, ils se mirent à table, puis ils se couchèrent. Les filles revinrent encore, et comme la veille se placèrent à côté des soldats. Au matin, elles se levèrent sans rien dire et sortirent. La table était toujours garnie comme si on n'avait touché à aucun mets. Les soldats s'assirent et prirent leur repas. Le sergent proposa de rejoindre le régiment, John proposa au contraire de rester. Ils dînèrent donc, puis soupèrent et allèrent se coucher. Les filles vinrent encore et se couchèrent près d'eux. Le lendemain, l'aînée donna au sergent une bourse qui avait la propriété d'être toujours remplie d'or et d'argent, puis se tournant vers sa seconde sœur, elle lui dit : « Quel présent fais-tu à ton soldat ? — Je lui donne une nappe ; chaque fois qu'il l'étendra, elle sera couverte de toutes sortes de viandes. » Et elle dit à la plus jeune : « Et toi, que donnes-tu à ton soldat ? — Je lui donne un sifflet, et quand il en jouera, il se trouvera au beau milieu du régiment. » Puis les trois filles firent leurs adieux aux soldats et s'éloignèrent. Mais John dit : « Cela ne peut pas se passer comme cela ; je saurai qui elles sont avant de poursuivre notre voyage. » Il les suivit et les vit descendre au fond d'un vallon ; et quand il y arriva lui-même, elles accoururent au-devant de lui en poussant des cris. « Qu'avez-vous à crier ainsi ? dit le soldat. — Il y a, répondirent-elles, que nous resterons sous un charme jusqu'à ce que nous trouvions trois garçons qui passent trois nuits avec nous sans nous faire une question ; si tu ne nous avais suivies nous étions libres ! — N'y a-t-il pas d'autre moyen de vous délivrer ? dit-il. — Il y en a un, répondirent les filles. Vois-tu cet arbre au bout de la maison ? Nous serons libres dans un an et un jour si tu peux le dépouiller de son écorce du haut en bas. » John retourna auprès de ses camarades et leur raconta ce qui était arrivé. Et ceux-ci furent d'avis de revenir à Dublin parce qu'il n'était plus possible de rejoindre le régiment. Ils revinrent donc à Dublin.

John dit à ses camarades : « J'ai envie d'aller voir ce soir la fille du roi. — Tu ferais bien mieux de rester avec nous, lui répondirent-ils. — J'irai cependant », reprit John. Il se rendit donc à la maison du roi et frappa à la porte. Une des dames d'honneur vint ouvrir et lui demanda ce qu'il voulait. Il répondit : « Je désire parler à la fille du roi. » La princesse vint et lui demanda ce qui l'amenait. « Je veux vous donner un sifflet, dit-il ; lorsqu'on le porte à ses lèvres, on se trouve aussitôt au milieu de tel régiment. » Quand la princesse eut le sifflet, elle jeta John en bas de l'escalier et referma la porte sur lui.

« Que t'est-il arrivé ? dirent les camarades.

— La princesse m'a volé mon sifflet ! répondit John.

Néanmoins il ne fut content que lorsqu'il eut emprunté la bourse de son sergent. « Je vais chez la fille du roi », s'écria-t-il. Il se rendit au palais et donna la bourse à la princesse. Quand elle eut la bourse, elle jeta John comme la fois précédente en bas de l'escalier. Le soldat retourna près de ses camarades et n'eut de cesse qu'il n'eût emprunté au caporal sa nappe merveilleuse. Il revint trouver la fille du roi. « Qu'est-ce que tu m'apportes cette fois ? dit-elle. — Une nappe ; et quand on l'étend, elle est toujours pleine de toutes sortes de viandes. — Fais-moi voir cela. » John étendit par terre la nappe merveilleuse, mais un coin en resta plié ; il dit ensuite à la princesse de mettre les pieds sur la nappe et lui-même s'y plaça à côté d'elle. En même temps il fit le souhait de se trouver dans l'île la plus lointaine de l'Océan. En un instant la nappe les y transporta. C'était la plus merveilleuse île du monde ; on ne voyait partout que fruits et verdure ! Ils la parcoururent en tous sens ; enfin accablé de fatigue, le soldat voulut faire un somme dans le joli petit vallon où ils se trouvaient. Il s'assit à terre et posa sa tête sur les genoux de la princesse, tout en serrant fortement son tablier, afin qu'elle ne pût pas s'enfuir à son insu. Dès que le soldat fut endormi, la princesse dénoua sou tablier, se saisit de la nappe, s'y étendit et, souhaita de revenir à la maison de son père. Aussitôt elle y fut. À son réveil, le soldat ne vit que des arbres et des oiseaux, et comme il avait faim, il dut se nourrir des fruits de l'île. Or il avisa des pommes. Et quand il en mangeait d'une espèce, il avait une tête de cerf, et s'il en mangeait d'une autre, la tête disparaissait.

Un jour il cueillit une grande quantité de ces pommes et les mit dans son sac, en les séparant d'après leur espèce. Une voile parut à ce moment à l'horizon ; il lui fit des signaux ; le bateau vint au rivage et le prit, à bord. Le capitaine ayant invité John à descendre dans l'entrepont, celui-ci laissa son sac sur le pont. Les matelots ouvrirent le sac pour voir ce qu'il contenait, et, voyant les pommes, ils en mangèrent. C'étaient celles qui donnaient des cornes de cerf. Alors ils se battirent comme s'ils voulaient briser le vaisseau. Le capitaine, entendant ce tapage, monta sur le pont et quand il vit ses matelots dans un tel état, il cria au soldat : « Misérable ! qu'as-tu fait à mes hommes ? » John répondit : « Pourquoi ont-ils eu la curiosité de regarder dans mon sac ? Que me donnerez-vous pour leur rendre leur figure naturelle ? » Le patron prenant peur promit de lui abandonner le vaisseau et sa cargaison au premier port d'abordage. Alors John ouvrit le sac, donna aux matelots les autres pommes et les cornes disparurent. Or le vaisseau était chargé de poudre d'or et se rendait à Dublin. Dès son arrivée, le capitaine dit à John de prendre charge du vaisseau et de la cargaison ; John lui répondit : « Attendez quelques jours, je veux voir venir les événements. »

Le lendemain il s'en alla vendre les pommes par la ville, avec des vêtements déchirés, et arriva en face de la maison du roi. La princesse était à sa fenêtre ; les pommes lui firent envie ; elle en demanda. John lui conseilla d'en goûter une d'abord et lui jeta une pomme de la première espèce. Dès que la princesse en eut mangé, une tête de cerf se plaça sur son cou. Le roi fit promettre une mesure d'or, une mesure d'argent et la main de sa fille à celui qui la guérirait. Mais personne ne se présentait. John vint offrir ses services ; mais, le voyant couvert de haillons, les serviteurs refusaient de le laisser passer. Or le petit frère de la princesse ayant été témoin de ce refus alla trouver son père, qui dit : « Quand même ce serait le mendiant de la prairie, qu'il vienne ! » Et John se présenta de nouveau. Le roi lui dit : « Pouvez-vous guérir ma fille ? » et, John répondit qu'il essaierait. On le mena à la chambre de la princesse. Il s'assit, tira de sa poche un livre dont les feuilles étaient blanches et fit semblant d'y lire :

« N'as-tu pas extorqué jadis à un pauvre soldat un sifflet qui avait la propriété, dès qu'il en jouait, de le transporter au milieu de son régiment ?

— C'est vrai, dit-elle.

— Eh bien, si tu ne me donnes pas ce sifflet, je ne te guérirai pas.

— Le voici », dit la princesse.

Alors John lui donna un morceau de pomme et l'une des cornes disparut :

« C'est tout ce que je puis pour toi aujourd'hui, dit-il ; je reviendrai demain. »

Il sortit et rencontra ses camarades. Ils gagnaient leur vie à préparer la chaux et à tirer de l'eau pour les tailleurs de pierre. John les reconnut, mais eux ne le reconnurent pas. Sans se découvrir à eux, il leur donna dix schellings en leur disant de boire à sa santé. Puis il revint au vaisseau. Le lendemain il retourna chez la princesse, prit son livre et lui dit :

« N'as-tu pas jadis extorqué à un pauvre soldat une bourse qui était pleine d'or et d'argent chaque fois qu'on l'ouvrait ?

— C'est vrai, dit-elle.

— Eh bien, si tu ne la retrouves, je ne puis te guérir.

— Voici la bourse », dit-elle.

Quand John eut la bourse, il donna à la princesse un second morceau de pomme, et une autre corne tomba. « C'est tout ce que je puis pour aujourd'hui, je reviendrai demain. » Il alla trouver ses camarades et leur donna dix schellings pour boire à sa santé. Puis il revint au vaisseau. Le capitaine lui dit : « Voulez-vous prendre livraison du vaisseau et de sa cargaison ? — Non, répondit John, patientez encore un jour ou deux, jusqu'à ce que les événements se décident. » Il retourna donc chez la princesse et tira son livre comme les jours précédents.

« N'as-tu pas extorqué jadis à un pauvre soldat une nappe qui était couverte de mets quand on l'étendait ? — C'est vrai, dit-elle. — Si tu ne retrouves pas cette nappe, je ne te guérirai pas. — La voici », dit-elle. Alors il lui donna une pomme tout entière et la princesse reprit sa première forme, Puis il reçut une mesure d'or et une d'argent, et on lui dit qu'il pouvait épouser la princesse. « Nous verrons cela demain », répondit-il. Il alla trouver ses camarades et leur donna dix schellings pour boire à sa santé. Ceux-ci lui témoignèrent le désir de connaître le généreux ami qui les traitait ainsi. « Rappelez-vous, leur dit John, quand nous étions dans tel lieu et que nous promîmes à trois jeunes filles de revenir au bout d'un an. — Le temps est passé depuis longtemps. — Non, dit John, c'est cette nuit la date du rendez-vous. » John retourna auprès du capitaine, et lui dit qu'il lui abandonnait le vaisseau, que, quant à lui, il était assez riche avec ce qu'il possédait. Le lendemain il se présenta chez le roi, et la princesse lui dit : « M'épouses-tu aujourd'hui ? — Non, demain seulement », répondit John. Puis il rejoignit ses compagnons et leur dit de se disposer à aller au rendez-vous. Il rendit alors la bourse au sergent, la nappe au caporal et garda le sifflet, pour lui. Il acheta trois chevaux et les trois camarades se dirigèrent en grande hâte vers le lieu convenu. Parvenus à la maison, ils saisirent l'arbre, et son écorce se détacha à leur premier effort. Alors les trois filles parurent blanches et souriantes et délivrées des conjurations jetées sur elles. Chaque soldat prit la sienne, puis ils revinrent à Dublin et les épousèrent.

F.J. Campbell,
West Highlands Popular Tales, 1860.

Fionn MacCûmhaill et la femme rouge

Irlande

Un jour, une fois, Fionn MacCûmhaill et ses hommes étaient à Almhain en Leinster. Ils avaient fini de semer le froment le jour précédent, et ils n'avaient rien à faire. Le matin était brumeux et Fionn avait peur que la paresse ne les prît. Il se leva et dit : « Apprêtez-vous et nous irons chasser à Gleann-na-Smôl. »

Ils dirent tous que le temps était trop brumeux pour aller à la chasse, mais il ne leur servit à rien de parler, ils durent faire ce qu'avait ordonné Fionn. Ils s'apprêtèrent et se dirigèrent vers Gleann-na-Smôl. Ils n'avaient pas fait plus de trois milles quand le brouillard se leva et le soleil apparut beau et éclatant. Ils étaient sur la lisière d'un petit bois quand ils virent une bête étrange venir à eux aussi vite que le vent, et une femme rouge sur ses traces. La bête avait quatre pieds minces. Elle avait une tête semblable à une tête de sanglier et de longues cornes ; mais le reste ressemblait à un faon et elle avait une lune brillante sur chaque côté.

Fionn s'arrêta et dit : « Hommes, avez-vous jamais vu avant ce jour une bête semblable à celle-ci ?

— En vérité, nous n'en avons pas vu, dirent-ils, il serait juste de lâcher les chiens après elle.

— Attends ! attends ! dit Fionn, que je parle à la femme rouge et ne laissez pas passer la bête. »

Ils pensèrent aller au-devant de la bête et l'empêcher d'avancer, mais ils ne purent que l'arrêter un peu, et elle passa en courant au milieu d'eux.

Quand la femme rouge fut devant eux, Fionn lui demanda quel était le nom de la bête qu'elle poursuivait.

« Je ne le sais pas, dit-elle, je suis sur ses traces depuis que j'ai quitté la terre de O'Cubhlàin, au bord du Loch Dearg, il y a un mois, et je ne l'ai pas perdue de vue depuis que j'ai commencé à la poursuivre. Les deux lunes qui sont sur ses deux côtés éclairent la terre tout alentour dans la nuit. Il m'est nécessaire de la suivre jusqu'à ce qu'elle tombe, ou je perdrai ma vie et la vie de mes trois fils, et ils sont les guerriers les meilleurs qu'il y ait dans le vaste monde.

— Nous te prendrons la bête si tu veux, dit Fionn.

— Je ne le veux pas, dit-elle ; sur ta vie, ne mets pas un pied en avant pour la suivre, je suis plus rapide que vous et je ne puis l'atteindre.

— Nous ne pouvons la laisser partir sans savoir quelle sorte de bête c'est, dit Fionn.

— Si tu vas, toi ou tes hommes, après elle, je vous lierai pieds et mains, dit la femme rouge.

— Tu parles trop hardiment. Est-ce que tu ne sais pas que je suis Fionn Mac Cûmhaill et que j'ai là quatre-vingts guerriers qui n'ont jamais été vaincus ?

— Je ne fais pas la moindre attention à toi ni à tes guerriers, dit la femme rouge, et si mes trois fils étaient ici, ils combattraient avec toi et tes guerriers.

— En vérité, il serait mauvais le jour où une menace de femme ferait peur à Fionn MacCûmhaill et aux Fianta d'Irlande. »

Là-dessus il sonna du cor et dit : « Partez tous, hommes et chiens, à la suite de cette bête que nous avons vue. »

Aussi vite qu'il eut prononcé cette parole, la femme se changea en un serpent monstrueux ; elle attaqua Fionn et l'aurait tué sur l'heure s'il n'y avait eu là Bran, la chienne de Fionn. Bran saisit le serpent et le secoua. Le serpent s'enroula autour du corps de la chienne et allait, lui faire rendre l'âme en l'étouffant, quand Fionn le perça à la gorge de son épée aiguisée.

« Retiens ta main, dit-elle, et je te laisserai la victoire et que la malédiction d'une veuve ne soit pas sur toi !

— Je pense, dit Fionn, que tu ne me donnerais pas la vie si tu pouvais me l'enlever, mais raconte-moi qui tu es.

— Je suis Coilgin Aérach, mère de Londubh, de Cêiteach et du Crochadôir Cheusta (« Bourreau torturé »). Il est vraisemblable que tu as entendu parler des talents de ce trio ; on n'en peut trouver de pareil sous le soleil.

— En vérité, j'ai entendu souvent parler d'eux, dit Fionn, mais ils ne sont pas frères.

— Ils n'ont pas le même père, mais je suis la mère des trois ; ils sont maintenant à Cnoc-na-Righ (colline des rois) près de Sligo.

— Va-t-en hors de ma vue, dit Fionn, et que je ne te revoie jamais. »

Alors elle se transforma en femme rouge et elle entra dans le bois.

Tous les *fianta* étaient partis sur la trace de la bête, tout le temps que Fionn causait et combattait avec la femme rouge, et il ne savait en quel endroit ils étaient, mais il partit devant lui à leur suite, lui et Bran. Tard dans la soirée, il atteignit une partie d'entre eux et ils étaient encore sur la trace de la bête. L'obscurité de la nuit vint, mais les deux lunes qui étaient sur les deux côtés de la bête leur donnaient une belle lumière et ils ne la perdirent pas de vue. Ils la suivirent toujours et vers l'heure de minuit ils la serraient de près quand elle se mit à répandre du sang derrière elle, et Fionn et ses hommes ne tardèrent pas à être rouges, de la plante du pied jusqu'à la tête. Mais cela ne les empêcha pas de la suivre jusqu'à ce qu'ils la virent entrer au bas de Cnoc-na-Righ, à la pointe du jour.

Quand ils furent arrivés au bas de la colline, la femme rouge était là devant eux et elle dit : « Vous n'avez pas pris la bête ?

— Nous ne l'avons pas prise, mais nous savons où elle est », dit Fionn.

Elle tira une baguette magique, frappa un coup sur un côté de la colline et en un tour de main il s'ouvrit une grande porte et ils entendirent un chant mélodieux qui sortait de là. « Entrez, maintenant, dit la femme rouge, que vous voyiez la bête merveilleuse. — Nos vêtements sont sales, dit Fionn, et il ne nous plaît pas d'entrer dans une société en cette tenue. »

Elle mit un cor à ses lèvres, elle souffla, et, sur-le-champ, il se présenta une dizaine de jeunes gens. « De l'eau pour se laver, quatre-vingts vêtements, un beau vêtement, et une couronne de pierres précieuses pour Fionn MacCûmhaill », dit-elle. Les jeunes gens s'en allèrent et au bout d'un instant ils revinrent avec l'eau et les vêtements.

Quand ils furent lavés et habillés, la femme rouge les introduisit dans une grande salle éclairée par le soleil et la lune de chaque côté. De là, elle les conduisit dans une autre grande chambre. Fionn et ses hommes avaient vu beaucoup de belles choses pendant leur vie, mais ils n'avaient jamais eu devant eux une vue qui fût moitié aussi belle que celle qu'ils virent alors. Un roi était assis sur un siège d'or, il avait sur lui un vêtement vert et un vêtement d'or, ses gentilshommes étaient assis à l'entour et les musiciens jouaient. Fionn ne put dire de quelle couleur étaient les vêtements des musiciens, car il n'y avait pas de couleur dans l'arc-en-ciel qui ne fût sur eux. Il y avait une grande table au milieu de la chambre et les choses qu'il y avait dessus étaient plus bulles les unes que les autres.

Le roi se leva et fit bon accueil à Fionn MacCûmhaill et à ses hommes. On les invita à s'asseoir à table, ils mangèrent et burent leur content, et ils en avaient besoin après la chasse du jour. Alors la femme rouge se leva et dit : « Roi de la colline, si c'est ta volonté, Fionn MacCûmhaill et ses hommes aimeraient à voir la bête merveilleuse. Ils ont passé beaucoup de temps à la poursuivre et c'est cela qui les a amenés ici. »

Le roi frappa un coup sur le siège d'or, et, sur-le-champ, il s'ouvrit une porte derrière lui et la bête merveilleuse sortit et s'arrêta en présence du roi. La bête fit la révérence au roi et dit : « Dans une demi-heure, je serai en route pour mon pays. Il n'y a point au monde d'aussi bon coureur que moi. La mer est aussi bonne pour moi que la terre. Que celui qui peut m'atteindre vienne maintenant, je pars. »

La bête sortit en courant de la colline, aussi vite qu'un souffle de vent, et tout ce qu'il y avait là de personnes sortirent en courant après elle pour la poursuivre. Fionn et ses hommes ne furent pas longtemps à devancer les autres au commencement de la chasse et à serrer de près la bête.

Vers le milieu fin jour, Bran, la chienne de Fionn, força la bête à se tourner une fois et une seconde fois et celle-ci commença à répandre ses boyaux par-derrière elle, et elle ne tarda pas à commencer à s'affaiblir. Enfin, comme le soleil se couchait, elle tomba morte, et Bran était à son côté quand elle tomba.

Fionn et ses hommes arrivèrent alors, mais au lieu d'une bête, ils trouvèrent un homme grand. La femme rouge s'avança au même instant et dit : « Grand roi des *fiann*, » dit-elle, « c'est le roi des *firbolg* que vous avez tué et les siens mettront de grands troubles sur cette terre dans les temps à venir, quand tu seras, Fionn, et tes guerriers, sous la terre. Je m'en vais maintenant à la Terre-des-Jeunes et je vous emmènerai avec moi, si vous le désirez. C'est moi qui ai emmené avec moi Oisîn dans ce joli pays, avant ceci.

— Nous te sommes tout à fait reconnaissants, dit Fionn, mais nous n'abandonnerions pas notre pays, quand nous aurions le monde en propriété et la Terre-des-Jeunes avec lui.

— C'est bien, dit la femme rouge, mais vous allez vous en retourner chez vous sans faire aucun butin à la suite de votre chasse.

— Il est vraisemblable que nous trouverons une biche dans Gleann-na-Smôl, avant d'arriver chez nous, dit Fionn.

— Il y a une grosse biche au pied de l'arbre là-bas, dit la femme rouge, je vais vous la lever. Là-dessus, elle poussa un cri et la biche débucha. Et la voilà partie, et Fionn et ses hommes après elle. Elle se dirigea vers Gleann-na-Smôl et elle ne s'arrêta pas avant qu'elle ne fût arrivée dans la vallée. Elle alla et vint à travers la vallée jusqu'à ce que le soleil se couchât, le soir, et ils ne purent l'attraper. Ils pensaient à l'abandonner quand la femme rouge se présenta et dit : — Je pense que vous êtes fatigués de poursuivre cette biche-là ; appelez vos chiens et je lâcherai mon petit chien qui tuera la biche. » Fionn sonna un petit cor qu'il avait à son côté, et à l'instant les chiens revinrent derrière lui.

La femme rouge tira une petite chienne aussi blanche que la neige de la montagne et l'envoya après la biche. Cette chienne était très rapide ; elle ne fut pas longtemps à atteindre la biche et elle la tua. Alors elle revint et sauta sous le manteau de la femme rouge. Fionn s'étonna beaucoup, mais avant qu'il eût pu poser une question à la femme rouge, elle était hors de vue. Fionn savait que cette biche était une biche enchantée et il la laissa là.

Fionn et ses hommes revinrent chez eux cette nuit-là, fatigués, affamés, et aussi peu avancés qu'ils l'étaient en partant le matin.

Les gens de l'endroit appelèrent Sraid-na-Bputôg (route des Boyaux) l'endroit ou la bête merveilleuse avait laissé ses boyaux et ils appelèrent Cill-a'-Bheithigh (enclos de la Butte) l'endroit où elle tomba morte. Je ne sais si l'on bâtit une chapelle dans cet endroit-là, mais tel est le nom que l'on a donné à l'endroit, et il le porte encore.

Cette histoire est racontée par les gens voisins de Cnoc-na-Righ, d'où elle est venue d'abord. Il est sûr qu'il y a beaucoup d'or et d'argent sous Cnoc-na-Righ, si quelqu'un avait le courage de le prendre. Les rois sont partis pour le repos éternel, et sois certain qu'ils n'ont pas emporté l'or et l'argent avec eux.

Conté par Seâghan Wynne
du comté de Sligo,
traduction de Georges Dottin,
Annales de Bretagne,
édition Plihon-Hommeray, Rennes, 1900-1901.

Jack et la tige de haricot

IRLANDE

Il y avait, une fois une veuve dont le fils unique se nommait Jack. Quoique très pauvre, elle aimait tellement son garçon, qu'elle le laissait paresser toute la journée et qu'elle lui passait toutes ses fantaisies. Aussi Jack était-il devenu le plus grand polisson du village. Mais à mesure qu'il croissait en âge, il coûtait, de plus en plus à sa mère ; bientôt elle se vit obligée de vendre peu à peu tout ce qu'il y avait dans sa pauvre demeure afin de subvenir à ses besoins. Au bout de quelque temps, il ne lui restait plus qu'une vache, sa dernière ressource, mais le pain manquant à la maison, il fallut se résoudre à s'en défaire. Elle dit alors à son fils d'aller vendre la vache à la foire. Jack partit, et chemin faisant, il fit la rencontre d'un boucher qui portait dans son chapeau des haricots jolis et brillants. Jack en eut aussitôt envie ; il grillait de les avoir afin de s'amuser avec. Voyant cela, le boucher, qui était un coquin, dit à l'enfant: « Si tu veux me donner cette vilaine vache, je te fais cadeau de tous mes haricots !
— Volontiers », répondit Jack, en sautant immédiatement sur les haricots. Fier de cette belle emplette, il courut bien vite la montrer à sa mère. Pour la première fois de sa vie, la pauvre femme gronda son fils, et dans sa colère, elle prit les haricots et les jeta par la fenêtre dans le jardin. Hélas ! il fallut se coucher sans souper, car il n'y avait pas de pain à la maison. Jack, le cœur gros de larmes, comprenant sa faute, se mit au lit et s'endormit. Le matin, quand il s'éveilla, sa chambre était toute sombre ; à travers les volets glissaient à peine quelques faibles rayons de soleil ; il courut à la fenêtre et vit que dans la nuit, les haricots avaient pris racine et qu'ils avaient monté, monté, monté, à tel point que leurs têtes se perdaient dans la nue. Les tiges s'étaient entrelacées, de façon qu'elles formaient une sorte d'échelle qui s'élevait jusqu'au ciel. Jack fut pris d'une envie folle d'y grimper. Il y mit un pied,

puis l'autre, enfin il escalada de son mieux les branches. Bientôt il dépassa les maisons, puis les arbres les plus élevés, ensuite les flèches des églises les plus hautes. Il montait, montait toujours. Ses forces commençaient à s'épuiser, lorsqu'il atteignit le ciel et aperçut un pays inconnu. Harassé de fatigue, il se laissa choir et s'endormit. Tout à coup, il lui sembla qu'il fendait l'air et il se trouva dans un beau jardin, couché sur un lit de mousse.

Il venait à peine de jeter les yeux autour de lui, quand il vit venir une belle jeune fille vêtue d'une robe blanche comme le lis et qui tenait à la main une baguette. « Tu suivras, dit-elle, le chemin qui est tout droit devant toi, jusqu'à ce que tu rencontres la maison d'un géant. Ce géant est le meurtrier de ton père ; ton devoir est de le tuer : tu lui prendras ensuite tous ses trésors et tu les rapporteras à ta pauvre mère. »

Quand elle eut achevé ces mots, elle disparut. Jack aussitôt se leva, et marchant droit devant, lui, il arriva à une maison, à laquelle il frappa. Une femme vint lui ouvrir et lui cria : « Fuyez, fuyez, pauvre enfant, avant que mon mari arrive ; car s'il vous trouve ici, il vous dévorera. — Hélas ! dit Jack, je meurs de faim ; laissez-moi entrer et donnez-moi un morceau de pain. Vous me cacherez où vous voudrez, car il va faire nuit et je ne sais où aller. »

La femme donna à Jack de quoi manger, et déjà il sentait ses forces revenir, quand soudain la femme s'écria : « Voilà mon mari qui rentre ! » Alors elle poussa Jack dans le four et ferma la porte sur lui. Aussitôt le géant entra, et, reniflant l'air autour de lui, il s'écria : « Je sens la chair fraîche ! — Oh ! lui répondit sa femme, ce que tu sens, c'est la peau des bœufs nouvellement écorchés. » Quand le géant eut dévoré son dîner, il cria : « Femme, apporte-moi ma poule afin que je joue avec elle, avant d'aller me coucher. » La femme apporta une poule et la posa sur la table. Chaque fois que le géant disait : « Poule, ponds un œuf », aussitôt la poule pondait un œuf d'or. Quand le géant eut le nombre d'œufs qu'il voulait, il s'endormit. Aussitôt Jack se glissa hors de sa cachette, s'empara de la poule et regagna de toutes ses jambes la tige de haricot. Dégringoler le long des branches fut l'affaire de peu de temps. Il courut aussitôt trouver sa mère, à laquelle il donna la poule. Et quand la poule eut pondu quelques œufs d'or, Jack courut les vendre, et avec le prix il acheta une autre vache et une autre maison.

Mais Jack se fatigua bien vite d'une existence aussi paisible et il déclara à sa mère qu'il voulait remonter là-haut. Sa mère eut beau dire, Jack ne voulut pas l'écouter. Il se déguisa donc de son mieux, afin de n'être pas reconnu et grimpa après la tige de haricot. Arrivé dans le ciel, il alla tout droit chez le géant, frappa à la porte de la maison, et demanda l'hospitalité. La femme du géant vint lui ouvrir et avant que son mari rentrât, elle fit cacher Jack dans le buffet. En arrivant, le monstre s'écria : « Je sens la chair fraîche ! — Ah ! dit la femme, c'est sans doute un morceau de viande que les corbeaux ont porté sur le toit de notre maison. » Puis elle lui servit à souper. Quand le géant eut bien mangé, il se fit apporter ses sacs d'or et s'amusa à compter et à empiler ses trésors ; après cela, il les remit dans les sacs et s'endormit. Jack s'avança à petits pas, s'empara des sacs et fit hâte vers la tige de haricots, le long de laquelle il descendit au plus vite, puis il alla trouver sa mère.

Jack eût bien pu rester tranquille désormais, mais malgré les instances de sa mère, il voulut remonter chez le géant.

Il grimpa donc une troisième fois après la tige de haricot et alla frapper à la porte du géant. La femme du monstre le fit cacher dans le chaudron. Quand le géant eut dîné, il demanda sa harpe. Dès que la harpe fut posée sur la table, le géant lui dit: « Harpe, joue ! » Et la harpe, d'elle-même, rendit des sons harmonieux. À cette musique le géant joignit bientôt ses ronflements. Alors Jack prit son moment, se saisit de la harpe et se sauva à toutes jambes. Mais la harpe cria : « Maître ! maître ! » Le géant se dressa sur ses jambes et s'élança après Jack. Heureusement, le monstre avait tellement mangé et bu que Jack eut le temps d'arriver à la tige de haricot, et vous jugez s'il fut longtemps à descendre. Le géant descendit aussi ; Jack se pressa tant qu'il put, et apercevant, sa mère tout en bas, il lui cria : « Mère, apporte une hache ! » et, à peine à terre, Jack se saisit de la hache et de toutes ses forces, il frappa sur les tiges de haricot. Bientôt les tiges furent tranchées, et le géant, en tombant de si haut, se fracassa la tête et mourut.

De ce jour, Jack et sa mère vécurent riches, heureux et honorés.

Loys Brueyre, *Contes populaires de la Grande-Bretagne*, 1875.

Les trois filles du roi de Lochlin

HIGHLANDS, ÉCOSSE

Il était une fois un roi de Lochlin qui avait trois filles. Étant sorties un jour pour se promener, elles rencontrèrent trois géants qui les enlevèrent, et on ne sut ce qu'elles étaient devenues. Alors le roi envoya chercher le devin et lui demanda s'il pouvait lui apprendre où étaient ses filles. Le devin répondit que trois géants les avaient entraînées dans les entrailles de la terre et qu'il fallait équiper un vaisseau qui pût voyager et sur terre et sur mer. Le roi proclama alors que celui qui construirait un vaisseau aussi merveilleux aurait la main de l'aînée de ses filles. Or une veuve avait trois fils et l'aîné lui dit : « Mère, cuisez un gâteau et faites rôtir un coq ; je vais aller couper du bois et construire le vaisseau avec lequel j'irai à la recherche des filles du roi. » La mère lui répondit : « Que préfères-tu, mon fils : un grand gâteau avec ma malédiction ou un petit avec ma bénédiction ? — Donne-moi, dit-il, un grand gâteau ; il diminuera bien assez vite avant que j'aie construit le vaisseau. » Puis il prit son gâteau et partit. Il arriva près d'un grand bois, sur le bord d'une rivière et s'assit sur la rive pour manger son gâteau. Une grande *uruisg* sortit de la rivière et réclama sa part. Il refusa en disant qu'il en avait à peine assez pour lui. Puis il se mit en demeure de couper le bois, mais chaque arbre qu'il abattait se relevait aussitôt, et il en fut ainsi jusqu'à la tombée de la nuit.

Alors il revint à la maison triste et pleurant. Sa mère lui demanda : « Mon fils, comment ton ouvrage a-t-il marché aujourd'hui ? — Mal, répondit-il ; tous les arbres que j'ai coupés se sont relevés aussitôt. »

Un ou deux jours après, le second fils voulut à son tour tenter la fortune et il pria sa mère de lui faire cuire un gâteau et rôtir un coq ; mais s'étant conduit comme son frère, il eut le même sort. Le dernier plus avisé ne prit que le petit gâteau. L'*uruisg* vint et il lui donna ce qu'elle demanda. Alors elle lui dit : « Je sais ce qui t'amène ici aussi bien que toi ; retourne chez ta mère et reviens dans un an et un jour, le vaisseau sera prêt. »

Au bout d'un an et un jour, le jeune fils revint et trouva flottant sur la rivière le vaisseau tout équipé. Il partit donc avec trois gentilshommes des plus grands du royaume qui se proposaient d'épouser les filles du roi. Bientôt ils aperçurent un homme buvant la rivière qui coulait à cet endroit.

« Que fais-tu là ? dit-il.

— Je bois cette rivière.

— Viens donc avec moi, je te nourrirai et te donnerai des gages.

— Volontiers, dit le buveur.

Plus loin ils rencontrèrent un homme qui dévorait une bête dans un parc.

— Que fais-tu là ? dit le jeune homme.

— Je suis en train de dévorer tous les animaux de ce parc.

— Viens avec moi, je te donnerai de l'ouvrage et des gages qui vaudront mieux que de la chair crue.

— Volontiers », dit le mangeur.

Plus loin ils rencontrèrent un autre homme l'oreille contre terre.

« Que fais-tu là ? dit le jeune homme.

— J'écoute pousser l'herbe.

— Viens avec moi, tu auras une nourriture et des gages tels que tu ne regretteras pas de ne plus écouter l'oreille contre terre.

Ils suivaient leur route depuis quelque temps, quand l'écouteur s'écria : « C'est ici que sont les filles du roi et les géants ! » Le fils de la veuve et ses trois compagnons descendirent dans l'abîme suspendus dans un panier. Ils arrivèrent à la demeure du grand géant. « Ah ! ah ! dit le géant je sais bien ce que vous cherchez ; vous cherchez la fille du roi, mais vous ne l'aurez pas avant que vous ne trouviez un homme capable de boire autant d'eau que moi. » Le buveur vint tenir tête au géant, et il n'avait pas bu encore la moitié de ce qu'il aurait pu boire que le géant éclata. Ils allèrent ensuite au second géant. « Oh ! oh ! ah ! ah ! dit le géant ; je sais bien ce que vous venez faire ici, vous cherchez la fille du roi. Vous ne l'aurez pas avant d'avoir trouvé un homme qui mange autant de viande que moi. » Le mangeur arriva pour tenir tête au géant, il n'avait pas encore à moitié satisfait son appétit quand le géant éclata. Puis le jeune homme alla trouver le troisième géant. « Oh! dit le géant, je sais ce qui vous amène; mais vous n'aurez pas la fille du roi à moins de rester chez moi comme esclave pendant un an et un jour.

— J'accepte, répondit le jeune homme », et il renvoya sur la terre, dans le panier, d'abord les trois gentilshommes, puis les trois filles du roi. Une fois là-haut, les trois gentilshommes emmenèrent les filles du roi chez leur père et déclarèrent au roi que c'étaient eux qui avaient accompli tous les hauts faits.

Au bout d'un an et un jour, le jeune homme dit au géant: « Je veux m'en aller. » Le géant lui répondit: « Voici un aigle qui te portera au haut de l'abîme. » Le jeune homme monta sur l'aigle, emportant pour leur nourriture à tous deux, jusqu'au moment ou ils atteindraient la terre, cinq jeunes bœufs pour lui et dix pour l'aigle; mais ils n'étaient pas à la moitié du chemin que l'aigle avait mangé sa part et qu'il redescendit.

Alors le géant dit au jeune homme: « Il te faut rester avec moi encore un an et un jour; après quoi je te renverrai. » Au bout de ce temps, on effet, il lâcha l'aigle avec dix animaux pour le jeune homme et vingt pour l'aigle. L'aigle monta beaucoup plus haut que la première fois, mais ayant mangé sa part, il redescendit. « Il faut, dit le géant, que tu restes encore avec moi une autre année, et je te renverrai. » L'année écoulée, le géant lâcha l'aigle avec vingt jeunes bœufs pour le jeune homme et soixante pour l'aigle. Quand ils atteignirent le haut du puits, l'aigle n'ayant plus rien à manger allait redescendre; mais le jeune homme coupa un morceau de sa cuisse, le donna à l'aigle, et d'un bond, il sauta à terre. Au moment de se séparer, l'aigle lui donna un sifflet en disant: « Si quelque danger t'assaille, siffle et je serai près de toi. » Le jeune homme ne laissa pas son pied s'arrêter, ni ne vida l'eau, qui remplissait ses souliers qu'il n'eût atteint la ville du roi. Il se rendit chez un forgeron et lui demanda s'il n'avait pas besoin d'un aide compagnon pour tirer les soufflets. Le forgeron l'agréa. À quelque temps de là, la fille aînée du roi envoya chercher le forgeron. « J'ai entendu dire, dit-elle, que tu étais le meilleur forgeron de la ville ; mais si tu ne me fais pas une couronne d'or semblable à celle que je portais chez le géant, je te ferai couper la tête. » Le forgeron revint à sa demeure triste et accablé. Sa femme lui demanda des nouvelles.

« Tristes nouvelles, dit le forgeron ; la fille du roi me demande une couronne d'or pareille à celle qu'elle avait quand elle était sous terre chez le géant, comme si je pouvais savoir comment était cette couronne ! » Tout en soufflant la forge, son garçon lui dit : « Ne vous tourmentez pas, maître ; donnez-moi seulement l'or nécessaire, et je ne serai pas longtemps à vous faire cette couronne. » Avec la permission du roi, le forgeron rapporta la quantité d'or nécessaire. Le compagnon alla à la forge, dont il ferma la porte, puis il commença à fondre l'or en petits éclats qu'il jetait par la fenêtre. Tous les passants ramassaient l'or que le compagnon lançait. « Allons ! en avant le sifflet ! » et en un clin d'œil l'aigle apparut. « Pars, dit le compagnon à l'aigle, et apporte-moi la couronne d'or qui est au-dessus de la porte du grand géant. » L'aigle partit, et revint bientôt avec la couronne. Le jeune homme la donna au forgeron. Celui-ci enchanté s'en alla retrouver la fille du roi. « C'est bien, dit-elle ; si je ne savais que c'est impossible, je croirais que voilà la couronne que j'avais chez le grand géant. »

La deuxième fille du roi dit au forgeron : « Ta tête tombera si tu ne m'apportes une couronne d'argent semblable à celle que j'avais chez le géant. » Le forgeron s'en retourna désolé, sa femme vint à sa rencontre, attendant de bonnes nouvelles et des caresses. Le compagnon dit à son maître qu'il se chargeait de faire la couronne si on lui donnait la quantité d'argent nécessaire. Le forgeron la rapporta par ordre du roi. Le compagnon fit comme avant, il siffla, l'aigle vint :

« Rapporte-moi, dit-il, la couronne d'argent que la seconde fille du roi avait chez le géant. »

L'aigle partit et revint bientôt avec la couronne d'argent. Le forgeron tout joyeux alla trouver la fille du roi. « C'est bien dit-elle, elle est merveilleusement semblable à celle que je portais jadis. »

Mais la plus jeune fille du roi réclama à son tour une couronne de cuivre pareille à celle qu'elle avait chez le géant. Le forgeron reprenant courage revint chez lui. Son compagnon brisa le cuivre en morceaux et le jeta par la porte et les fenêtres, et de tous les côtés on venait ramasser le cuivre comme on avait fait pour l'or et l'argent. Enfin il porta le sifflet à sa bouche, et l'aigle fut à son côté. « Rapporte-moi la couronne de cuivre de la plus jeune fille du roi. » L'aigle ne fut pas longtemps à revenir. Le compagnon remit la couronne au forgeron, qui gaiement la porta à la fille du roi. « C'est bien, dit-elle, je jurerais que c'est la couronne que j'avais chez le géant, si je ne savais qu'il est impossible de l'obtenir. »

Alors le roi dit au forgeron : « Dis-moi comment tu as appris à faire des couronnes, car je ne savais pas qu'il existât dans le royaume un ouvrier aussi habile que tu l'es. — Avec votre permission, roi, ce n'est pas moi qui ai fait les couronnes, mais le compagnon que j'ai pris pour tirer les soufflets. — Je veux le voir, dit le roi, afin qu'il me fabrique une couronne. »

Le roi fit atteler quatre chevaux à sa voiture et envoya chercher dans cet équipage le compagnon du forgeron. Quand la voiture arriva à la forge, le compagnon tirait les soufflets, tout noir et tout couvert de charbon. Les piqueurs entrèrent et demandèrent où était l'homme qu'attendait le roi. Le forgeron dit : « Le voici qui tire les soufflets. — Oh ! oh ! » dirent les piqueurs, et, s'emparant de lui, ils le jetèrent dans la voiture, la tête en avant comme si c'eût été un chien.

Au bout de quelques pas, le jeune homme porta le sifflet à sa bouche. L'aigle parut. « Si tu me veux du bien, emporte-moi d'ici, et remplis la voiture de pierres. » L'aigle obéit. Le roi était en dehors de son palais, attendant l'arrivée de son carrosse, et quand il en ouvrit la porte, il faillit être tué par les pierres qui tombaient sur lui. Alors on se saisit des piqueurs et on les pendit pour avoir fait un tel affront au roi. Le roi envoya d'autres valets avec le carrosse, et quand ils furent à la forge : « Oh ! oh ! c'est là l'homme noir que le roi nous envoie chercher ! » Puis, s'en emparant, ils le jetèrent dans la voiture comme ils eussent fait d'un morceau de tourbe. Mais à quelque distance, le jeune homme siffla, l'aigle parut, et il lui dit : « Emporte-moi d'ici, et remplis la voiture de toutes les ordures que tu pourras trouver. » Et quand le roi ouvrit la porte du carrosse, les ordures lui dégringolèrent sur la tête. Furieux, le roi fit pendre aussi ses valets. Enfin le roi envoya son serviteur de confiance, et quand celui-ci arriva à la forge, il prit par la main le compagnon qui tirait les soufflets. « Le roi, dit-il, m'envoie te chercher ; je crois que tu ferais bien d'enlever le charbon qui est sur ta figure. » Le compagnon se nettoya bien, très bien, et le serviteur du roi le prit par la main et le mit dans le carrosse. Au bout de quelques pas, le jeune homme siffla, l'aigle vint : « Apporte-moi, dit-il, les vêtements d'or et d'argent qui sont chez le grand géant. » Et l'aigle reparut bientôt avec les vêtements. Le jeune homme revêtit alors le costume du géant. Et quand ils arrivèrent au palais, le roi vint, ouvrit la porte du carrosse et vit le plus bel homme qu'il eût jamais vu. Le jeune homme raconta au roi toute son histoire d'un bout à l'autre. Les trois gentilshommes qui étaient sur le point d'épouser les princesses furent pendus, et le jeune homme prit pour lui la fille aînée du roi, et on lui fit une noce qui dura vingt jours et vingt nuits ; et je les ai laissés en train de danser, et je ne sais pas s'ils ne cabriolent pas encore sur le plancher.

F.J. Campbell,
West Highlands Popular Tales, 1860.

Le joueur de cornemuse et le lutin

IRLANDE

Dans l'ancien temps, il y avait un homme à moitié fou qui demeurait à Dunmore, dans le comté de Galway : bien que cet homme eût beaucoup de goût pour la musique, il n'avait pu apprendre qu'un seul et unique air : c'était le *Rôgaire Duv*[1].

Il recevait de l'argent des messieurs, parce que ceux-ci s'amusaient de lui.

Une nuit de Samhain[2], le joueur de cornemuse rentrait chez lui au sortir d'une salle de danse ; il était à moitié ivre. Quand il arriva à un petit pont près de la maison de sa mère, il pressa sa cornemuse et se mit à sonner le *Rôgaire Duv*.

Un lutin vint à l'ouest de lui et se jeta sur son dos. Le lutin avait de longues cornes, et le sonneur les empoigna fortement. Puis il dit :

« Destruction sur toi, horrible bête, laisse-moi rentrer chez moi, j'ai sur moi une pièce de dix *pence*, à ma mère, et elle a besoin de tabac à priser.

— Peu m'importe ta mère, dit le lutin, mais continue à me serrer ; si tu tombes, tu vas te briser le cou et ta cornemuse avec.»

Puis le lutin lui dit :

« Sonne-moi le *Shan van vocht*[3].

— Je ne le sais pas, dit le sonneur.

— Peu m'importe que tu le saches, dit le lutin, sonne, et je te donnerai la science. »

Le joueur de cornemuse gonfla d'air son sac, et sonna un air qui l'étonna lui-même.

---

1. Littéralement, « le coquin brun ».
2. Samhain, le premier novembre, est une fête païenne qui coïncide avec la Toussaint du christianisme. Dans la littérature irlandaise, la nuit de Samhain est pleine de prodiges et d'apparitions.
3. Littéralement, la « vieille femme pauvre », nom allégorique de l'Irlande.

« Sur ma parole, tu es un bon maître de musique, dit le sonneur, mais raconte-moi maintenant où tu me conduis.

— Il y a un grand festin chez les fées sur le sommet de Cruach Phâdraic[4], cette nuit, dit le lutin ; je t'y conduis pour que tu joues de la musique, et je te donne ma parole que tu seras récompensé de ton dérangement.

— Par ma foi, tu m'épargneras un voyage, dit le sonneur, l'abbé[5] Guillaume m'a imposé un pèlerinage à Cruach Phâdraic, pour lui avoir volé un jars à la Saint-Martin dernière. »

Le lutin le conduisit à travers collines et tourbières, jusqu'à ce qu'il atteignît le sommet de Cruach Phâdraic. Alors le lutin frappa trois coups avec le pied, et il s'ouvrit une grande porte. Ils entrèrent dans une belle salle. Le sonneur vit une table en or au milieu de la salle, et des centaines de vieilles femmes assises à l'entour. Quand le lutin et le joueur de cornemuse entrèrent, les vieilles se levèrent et elles dirent :

« Cent mille bienvenues sur toi[6], lutin de Samhain, qui est celui qui est avec toi ?

— Le meilleur sonneur de l'Irlande», dit le lutin.

Une des vieilles frappa un coup sur la terre, il s'ouvrit une porte dans un côté du mur, et le sonneur vit s'avancer quoi ?... le jars blanc qu'il avait volé à l'abbé Guillaume.

« Sur ma conscience, dit le sonneur, nous avons mangé moi-même et ma mère ce jars tout entier, sauf une aile que j'ai donnée à Marie la Rouge, et c'est elle qui a raconté au prêtre que c'était moi qui avais volé le jars.» Le jars enleva la table, et le lutin dit au joueur de cornemuse : « Sonne un air aux dames.» Le joueur de cornemuse sonna, et les vieilles se mirent à danser et dansèrent jusqu'à ce qu'elles fussent fatiguées. Puis le lutin dit : « Paye le sonneur.» Chacune des vieilles tira une pièce d'or et la donna au sonneur.

« Par la dent de saint Patrice, dit celui-ci, je suis aussi riche qu'un fils de seigneur.

— Viens avec moi, dit le lutin, et je te porterai chez toi.»

---

4. Montagne située au sud de la baie de Clew, comté de Mayo.
5. Littéralement, « le père ». Ce titre honorifique est donné en Irlande au clergé séculier comme au clergé régulier.
6. Formule de salutation que l'on adresse aux étrangers à leur arrivée dans un pays.

Ils partirent ; comme il chevauchait sur le lutin, le jars vint, et lui donna une nouvelle cornemuse.

Le lutin ne fut pas long à arriver à Dunmore et il laissa le sonneur sur le petit pont. Puis il lui dit :

« Va-t'en chez toi, maintenant tu possèdes deux choses que tu n'avais pas auparavant : l'esprit et la science musicale. »

Le sonneur alla à sa maison et frappa à la porte de sa mère en disant :

« Laisse-moi entrer, je suis aussi riche qu'un seigneur, et c'est moi le meilleur joueur de cornemuse de l'Irlande.

— Tu es gris, dit la mère.

— Je ne suis certainement pas gris, dit le sonneur, je n'ai pas bu une goutte. »

La mère le fit entrer et il lui donna les pièces d'or.

« Attends maintenant, que tu m'entendes jouer de la musique », dit-il.

Il pressa la nouvelle cornemuse, mais au lieu d'un air il se produisit un bruit, comme si toutes les oies et les jars d'Irlande s'étaient mis à crier. Il réveilla les voisins qui se moquèrent de lui, jusqu'à ce qu'il eût pris son ancienne cornemuse, et qu'il leur eût sonné un air harmonieux. Puis il leur raconta tout ce qui lui était arrivé cette nuit-là.

Le lendemain matin, quand la mère regarda les pièces, au lieu d'être en or, elles n'étaient formées que de feuilles de plomb.

Le sonneur alla trouver le curé et lui raconta son histoire, mais le curé n'en crut pas un mot, jusqu'à ce qu'il eût pris sa cornemuse et que se fît entendre le cri du jars et de l'oie. Alors le curé lui dit : « Retire-toi de ma vue. » Mais le sonneur ne fut content que quand il eut pris l'ancienne cornemuse, pour montrer au curé que l'histoire était vraie. Il pressa la cornemuse et joua un air harmonieux.

À partir de ce jour jusqu'à sa mort, il n'y eut pas dans le comté de Galway un aussi bon sonneur que lui.

Conte recueilli à Ballinrobe, comté de Mayo,
Annales de Bretagne, t. IX,
édition Plihon-Hervé, Rennes, 1893.

La nappe et la musette magiques

Irlande

Parrach (Patrick) MhacGhiolla Riabhaigh (MacAreavy), du comté de Dûn na nGall (Donegal), était allé pour la moisson dans le comté de Midhe (Meath). Ceux qui étaient avec lui retournèrent chez eux quand ils eurent terminé la moisson. « Je ne m'en irai pas chez moi, dit Parrach MhacGhiolla, que je n'aie gagné mon fermage. »

Il entra chez un grand fermier et lui demanda s'il pouvait avoir de l'ouvrage. Le maître de la maison dit qu'il en aurait. Il lui dit qu'il ne voulait pas s'en aller chez lui qu'il n'eût gagné son fermage. « Je te donnerai cinq livres, dit le fermier, si tu restes dans cette grande maison-là jusqu'au matin. — J'y resterai, dit Parrach. — Tu auras du feu, dit le fermier, tu auras de la lumière. »

On lui prépara du feu, de la lumière et un plat de pain, et on lui dit de faire attention au pain qui était sur le plat. Il n'était pas là depuis longtemps, qu'il, entendit des bruits étranges. Il vit un grand vieillard qui montait l'escalier. Il s'assit à côté de lui et alla retourner la miche. « Ne fais pas cela une seconde fois, ou ça ne te réussira pas; par le Livre, dit Parrach MhacGhiolla Riabhaigh, ta mine est affreuse! — Oh! cent bienvenues et santés à toi, Parrach MhacGhiolla Riabhaigh, du comté de Dûn na nGall! Tu diras à mon fils au matin que tu m'as parlé et qu'il donne la terre à une pauvre femme à qui je l'ai enlevée et je te ferai du bien, dit-il; je te donne une nappe et tout ce que tu demanderas viendra sur la nappe. »

Le matin arriva et Parrach MhacGhiolla Riabhaigh dit au fermier tout ce qu'il avait vu. Le fermier lui dit merci et lui donna cinq livres. Il partit chez lui avec ses cinq livres et sa nappe. Il marchait, lorsqu'il rencontra un sonneur de musette sur le bord du chemin.

« Je suis enchanté, dit Parrach MhacGhiolla Riabhaigh d'avoir trouvé de la compagnie. »

Ils partirent tous deux et firent route ensemble. Le sonneur emboucha sa musette et fit venir une troupe de soldats. « J'aimerais mieux que nous ayons un morceau à manger, » dit le sonneur. Parrach MhacGhiolla Riabhaigh étendit la nappe, et il leur arriva un choix de nourriture et de boisson. « Voudrais-tu changer avec moi ? dit le sonneur. — Cela m'est égal, » dit Parrach. Il donna la nappe au sonneur et Parrach MhacGhiolla Riabhaigh eut la musette.

Il n'était pas loin quand il eut du chagrin d'avoir donné sa nappe. Parrach MhacGhiolla Riabhaigh emboucha la musette et appela une troupe de soldats. Il leur demanda de lui rapporter la nappe. Les soldats partirent et ne tardèrent pas à revenir, et la nappe avec eux. Parrach MhacGhiolla Riabhaigh s'en alla et se rendit dans le comté de Dûn na nGall, avec la musette et la nappe. Quand il fut arrivé chez lui, il mit la nappe pour lui, sa femme et ses enfants. Il leur vint un choix de nourriture et de boisson. Ils furent très joyeux de ce qui leur arrivait et de ce que Paidî avait fait une bonne moisson.

Le seigneur ne tarda pas à entendre dire qu'il était revenu chez lui. Il envoya vers lui un de ses baillis pour lui dire qu'il avait affaire à lui. Parrach alla à la maison du seigneur. « Est-ce que tu ne vas pas payer ton fermage, dit le seigneur, après avoir été à la moisson ? — Je ne l'ai pas, dit Paidî, en vérité. — Tu ne l'as pas jusqu'à ce que je te mette dehors, dit le seigneur, puisque tu ne veux pas payer ton fermage. » Il ne tarda pas à venir, lui et ses baillis. Quand Parrach MhacGhiolla Riabbaigh les vit venir, il emboucha la musette, appela une troupe de soldats et leur dit de chasser ces gens-là d'auprès de la maison. Les soldats poursuivirent le seigneur jusque chez lui.

Le lendemain, le seigneur envoya chercher Parrach MhacGhiolla Riabhaigh. Il lui dit qu'il lui remettrait son fermage et qu'il ne lui en demanderait plus jamais, à condition qu'il tînt tranquilles ses soldats.

Parrach MhacGhiolla Riabhaigh fut dans une bonne situation jusqu'à sa mort et le seigneur ne lui demanda jamais de fermage.

Conté par Tomas O' Corragaîn
de Cairrge Machaire Rois,
Contes et légendes d'Irlande,
traduction de Georges Dottin,
édition La Province, 1901.

Le prix des belles pommes

BRETAGNE

On dit qu'il y avait autrefois un roi de France qui aimait tellement les belles pommes, qu'on l'avait surnommé le Roi des Pommes. Il n'avait qu'une fille, une princesse d'une beauté remarquable.

Il fit publier aux quatre coins de son royaume et même à l'étranger, qu'il accorderait la main de sa fille à l'homme, quel qu'il fût, prince ou fils de fermier, qui lui apporterait une douzaine des plus belles pommes. Aussi, ne voyait-on plus sur les chemins, de tous côtés, que des gens se rendant à la cour avec des pommes, rois, princes, ducs, comtes, marquis, chevaliers, et simples jardiniers et fermiers,

Un bon cultivateur aisé du pays de Tréguier, nommé Dagorn, avait dans ses vergers des pommes superbes. Nul, dans le pays, ne pouvait rivaliser avec lui pour les pommes.

Il avait aussi trois fils, dont deux bien venus, de bonne mine, pleins de santé et de force, et le troisième, bossu et maladif.

L'aîné, nommé Ervoan, demanda a son père de lui permettre d'aller aussi à Paris, avec une douzaine de ses plus belles pommes. Le bonhomme ne s'en souciait guère, mais Ervoan insista tant, qu'il finit par lui dire :

« Eh bien, vas-y ! puisque tu y tiens tant.»

Il choisit une douzaine de pommes et partit, à pied, et tout le long de la route, il ne fit que rêver de la princesse, et il comptait bien l'emporter sur tous les autres concurrents : ses pommes étaient si belles ! Il ne possédait que deux pièces de six livres, ce qui est peu, pour aller de Tréguier à Paris.

Un jour qu'il marchait avec son panier au bras, déjà loin de chez lui, il s'arrêta près d'une fontaine, au bord de la route, pour se reposer un peu et manger un morceau. Il vit bientôt se diriger vers lui une petite vieille, courbée sur un bâton et qui paraissait avoir beaucoup de peine à se traîner. Elle lui demanda un morceau de pain, pour l'amour de Dieu.

« Allez au diable, lui cria-t-il, je n'ai pas trop de pain ni d'argent, pour régaler des sorcières comme vous !

— C'est bien, mon garçon, répondit tranquillement la vieille, les couleuvres seront belles ! »

Et elle s'en alla.

Ervoan ne comprenait pas ce que signifiaient ces paroles, mais il l'apprit plus tard.

En arrivant à Paris, il se rendit tout droit au palais du roi.

« Que voulez-vous, mon brave homme ? lui demanda le portier du palais.

— Montrer mes pommes au roi, répondit-il.

— De quel pays êtes-vous ?

— De Tréguier.

— De Tréguier ?... Où est-ce cela ?

— En Basse-Bretagne.

— La Basse-Bretagne ?... Ce n'est pas de là, je pense, que nous viendront les pommes qui remporteront le prix ; entrez, tout de même, puisque le roi a dit qu'il fallait recevoir tous ceux qui se présenteraient avec des pommes.»

Et l'on introduisit Ervoan dans une grande salle, où beaucoup d'autres attendaient déjà, ayant chacun son panier de pommes au bras.

Peu après, le roi vint et se mit à examiner les pommes. Celles-ci étaient belles, celles-là plus belles, d'autres plus belles encore, et il avait un plaisir indicible à les voir et à les admirer. Arrivé devant Ervoan, il le reconnut, à son costume, pour un Bas-Breton et lui dit : « Comment ? de la Basse-Bretagne aussi ! Voyons tes pommes.» Il souleva la serviette blanche qui recouvrait les pommes, et aussitôt douze couleuvres s'élancèrent du panier, eu sifflant. Le pauvre garçon fut chassé par les valets, à coups de pied, et jeté en prison.

Il y avait trois mois qu'il était parti de la maison, et, comme il ne revenait pas et ne donnait pas de ses nouvelles, le vieux Dagorn était très inquiet. Son fils puîné, nommé Hervé, demanda à aller à la recherche de son frère aîné, avec l'intention de concourir aussi pour le prix des belles pommes.

Il part avec une douzaine de pommes, dans un panier, et deux pièces de six livres dans sa poche, comme Ervoan.

Il arrive à la fontaine où s'était arrêté son frère, au bord de la route, et s'y arrête aussi, pour se désaltérer et manger un morceau de pain. Une vieille femme, — la même sans doute, — vient aussi lui demander un morceau, pour l'amour de Dieu, et il lui dit durement :

« Allez-vous-en, vieille sorcière, je n'ai rien pour vous !

— C'est bien, mon garçon, répondit la vieille, les crapauds seront beaux !»

Et elle s'en alla.

Hervé reprit sa route et finit par arriver à Paris. Il se rendit tout droit au palais du roi, et, quand on visita son panier, on y trouva douze énormes crapauds au lieu de pommes.

« Que l'on jette en prison ce grossier manant !» s'écria le roi, en colère.

Et Hervé fut emprisonné avec son frère aîné, et ils se racontèrent l'un à l'autre leur aventure. Et ils se demandaient comment il avait pu se faire qu'étant partis de la maison avec de belles pommes, dans leurs paniers, ils y avaient trouvé des couleuvres et des crapauds, à Paris. À moins que ce ne soit, ajoutaient-ils, le fait de la vieille femme que nous avons rencontrée près de la fontaine, et qui devait être une sorcière ?

Un an et un jour se passent, et comme il n'arrivait au vieux Dagorn aucune nouvelle de ses deux aînés, il les crut morts et sa douleur était grande. Son troisième fils, le bossu, qui avait nom Tugdual, demanda à partir à leur recherche et aussi pour concourir pour le prix des belles pommes. « À quoi bon ? lui dit son père ; c'est pure folie de ta part que d'espérer réussir, là où tes frères ont échoué.» Mais, il insista tant, que le bonhomme lui dit de faire comme il voudrait.

Il se mit donc en route, plein d'espoir et emportant aussi un panier de douze belles pommes et un écu de six livres seulement.

Il s'arrêta, pour se rafraîchir et manger un morceau, à la même fontaine où s'étaient arrêtés ses deux aînés. La vieille femme vint aussi lui demander un morceau, au nom de Dieu. « Ma foi ! grand-mère, lui dit-il, le régal est maigre ; un peu de pain noir et de l'eau claire ! mais, le peu que j'ai, je le partagerai avec vous, de bon cœur.» Et il cassa son pain en deux et lui en donna une moitié.

« La bénédiction de Dieu soit sur toi, mon fils, dit la vieille, les pommes seront belles!»

Et elle s'en alla.

Tugdual continua sa route, de son côté, et finit par arriver à Paris, après beaucoup de mal. Il se rendit tout droit au palais du roi, On souriait, à voir sa tournure, on se moquait de lui; mais, il n'y prêtait aucune attention. Quand le roi souleva la serviette qui recouvrait ses pommes, dans le panier, il les admira et s'écria: « À toi le prix, mon garçon, et tu seras mon gendre!»

La princesse, qui était aussi présente, fit une singulière grimace, à la vue du mari qu'on lui destinait. « Cela! s'écria-t-elle avec dédain et colère, un être fait de la sorte! jamais! plutôt la mort!»

Le Prince-Bleu qui, jusqu'alors, avait montré les plus belles pommes et se croyait assuré de remporter sur tous les concurrents, n'était pas content non plus, et il dit:

« Si le Bossu obtient la princesse, je trouve qu'il serait juste d'exiger de lui quelque chose de plus que des autres, à cause de sa laideur.

— C'est vrai», répondirent tous les prétendants, d'une voix, et le roi aussi se rangea volontiers à leur avis.

Le lendemain matin, on envoya donc le pauvre garçon garder des écureuils, dans un grand bois, et on lui dit de les ramener à la maison, au coucher du soleil, et que s'il en manquait un seul, tout serait dit, et il ne lui resterait qu'à s'en retourner à la maison, comme il était venu.

Il s'en va vers le bois, triste, la tête basse, et portant deux douzaines d'écureuils dans un sac, sur son dos. Il rencontre en son chemin une vieille femme, toute cassée, qu'il reconnaît bientôt pour la vieille de la fontaine.

« Que t'est-il donc arrivé, mon garçon, que tu es si triste? lui demanda-t-elle; fais-moi part de ton chagrin.

— C'est que, grand-mère, bien que mes pommes aient été trouvées les plus belles, on me refuse le prix, à présent, et l'on m'envoie garder des écureuils au bois, avec ordre de les ramener à la maison, au coucher du soleil, après les avoir laissés libres, toute la journée. Je vous demande un peu si cela a le sens commun !

— Ce n'est rien, cela, mon enfant; ne t'en chagrine donc pas et aie confiance en moi. Voici un sifflet (et elle lui donna un petit sifflet d'argent), et il te suffira de souffler dedans, quand tu voudras réunir tes écureuils; ils arriveront aussitôt, en quelque lieu qu'ils puissent être, et te suivront partout où tu voudras les mener. Mais, garde-toi bien de siffler sans besoin.»

Tugdual remercia, et la vieille disparut aussitôt. Il avait des doutes, tant la chose lui paraissait invraisemblable, et il se disait: « Puisse-t-elle avoir dit vrai !»

Il continua sa route et, arrivé à un beau vallon fleuri, au milieu du bois, il ouvrit son sac et donna la liberté à ses écureuils. Et les voilà, flip ! flip ! flip ! de courir aux arbres, de grimper le long des troncs et de sauter de branche en branche, avec autant d'agilité et de légèreté que s'ils avaient eu des ailes.

— Dieu veuille, se dit-il encore, en soupirant, que la vieille ne m'ait pas trompé avec son sifflet !»

Le temps était beau, le ciel bleu, le soleil brillant, et il se mit à cueillir des mûres noires et des noisettes, dans les haies et les buissons.

Au coucher du soleil, il tira son sifflet de sa poche, le considéra quelque temps, et y souffla trois fois, avec émotion. Aussitôt les écureuils accoururent et se groupèrent autour de lui, doux et dociles comme des moutons. Et le voilà rassuré et tout joyeux. Et il retourna au palais du roi, en chantant et suivi de ses écureuils, qui sautaient et cabriolaient autour de lui. Grand fut l'étonnement de tous, à cette vue. On compta les écureuils : il n'en manquait pas un.

Le Prince-Bleu et la princesse étaient fort désappointés, et ils se regardaient et se demandaient : «Que faire ? Il doit y avoir de la sorcellerie là-dessous !»

« Il faudra, dit le prince, l'envoyer encore demain au bois, avec les écureuils, pour voir s'il les ramènera tous, comme aujourd'hui.»

Le lendemain matin, donc, Tugdual retourna au bois, avec ses écureuils, mais, en chantant et exempt de toute inquiétude, cette fois. À midi, la princesse envoya une de ses femmes lui porter à dîner, en lui recommandant d'acheter un écureuil, dût-elle le payer cinq cents écus, et de le lui apporter.

Quand la soubrette arriva dans le vallon où se tenait le bossu, elle le vit avec étonnement qui jouait avec ses écureuils, sur l'herbe, comme avec des petits chats. Il y en avait sur ses épaules, sur sa tête, et c'était un plaisir de voir leurs jeux et leurs ébats.

« Dieu ! les gentils animaux ! s'écria-t-elle ; je voudrais bien en avoir un ; vendez-m'en un, je vous prie.

— Nenni ! je veux garder tous mes écureuils, tous, tous !...

— Je vous en prie, un seul, celui que vous voudrez.

— Non, dussiez-vous m'en offrir deux cents écus.

— Eh bien soit ! je vous en donnerai deux cents écus !»

Deux cents écus, pour un écureuil ! pensait Tugdual, c'était bien de l'argent, et jamais de sa vie il n'avait vu tant d'argent à la fois.

« Eh bien, reprit-il, pour deux cents écus... et un baiser !

— Non, deux cents écus et pas de baiser.

— Alors, rien n'est fait.

— Eh bien, puisqu'il le faut... mais, vous ne le direz à personne, au moins!»

Et Tugdual céda un écureuil pour le prix convenu.

La soubrette le mit dans son tablier et partit. Mais, elle n'était pas encore loin qu'un coup de sifflet se fit entendre, et l'écureuil se démena si bien, dans le tablier, égratignant et mordant, qu'il finit par s'échapper et revint au possesseur du sifflet enchanté.

Quand la femme de chambre rentra au palais, le prince et la princesse, qui l'attendaient, lui demandèrent :

« Nous rapportez-vous un écureuil ?

— Non, répondit-elle, je n'ai pas pu.

— Et l'argent ?

— Ni l'argent non plus.

— Où donc est-il ?

— Je le lui ai donné.

— Sotte ! il ne fallait donner l'argent que lorsque vous auriez tenu l'écureuil.

— Je l'ai bien tenu, un instant, madame, mais...» Et elle raconta comment les choses s'étaient passées.

Au coucher du soleil, le bossu revint tranquillement et, comme la veille, pas un écureuil ne lui manquait.

« Il faut que cet homme soit un magicien ou un sorcier ! dit le Prince-Bleu.

— Demain, dit la princesse, on l'enverra encore au bois, avec les écureuils, et c'est moi-même qui irai lui en acheter un, coûte que coûte, et je ne le lâcherai pas, moi !»

Le lendemain matin, Tugdual retourna donc au bois. avec ses écureuils. À midi, la princesse accompagna la servante qui lui portait à manger. Elle marchanda un écureuil et finit par l'obtenir, pour cinq cents écus et un baiser. Après avoir reçu le prix convenu et promis le secret, le bossu le lui livra, et elle le mit dans son giron, et partit. Mais, un coup de sifflet se fit entendre presque aussitôt, et l'écureuil se démena tant et si bien, qu'il mit en sang la poitrine de la princesse et la força à le lâcher.

Le prince, au récit de ce qui lui était arrivé, se mit en colère et dit qu'il irait lui-même, le lendemain, trouver le gardeur d'écureuils, au bois, et viendrait à bout de lui, et quand il serait le diable lui-même.

Il alla donc au bois, à cheval, et déguisé en paysan. Mais Tugdual le reconnut facilement, et se garda de le lui faire sentir. Il obtint un écureuil, pour sept cents écus et sept coups d'alêne dans son derrière. Les sept coups d'alêne furent si violents et pénétrèrent si profondément, que, au dernier coup, l'alêne disparut et resta dans le derrière du prince. Celui-ci mit l'écureuil dans son chapeau, monta péniblement À cheval, et partit, pour retourner à la maison. Il souffrait beaucoup et avait de la peine à se tenir en selle. Comme il passait dans une lande, où l'on avait nouvellement coupé de l'ajonc, un coup de sifflet se fit entendre, et aussitôt l'écureuil fit sauter le chapeau du prince, lui égratigna. la figure et retourna au bois. Le prince tomba de cheval, et si malheureusement, qu'une tige d'ajonc, aiguë et longue, lui entra fort avant dans le derrière, et, ne pouvant se dégager, il lui fallut rester là, à moitié empalé.

Au coucher du soleil, le bossu rentra, comme d'ordinaire, avec ses écureuils.

« Et le Prince-Bleu, où est-il ? lui demanda la princesse, inquiète.

— Je n'en sais rien, princesse, répondit-il, je n'ai vu aucun prince aujourd'hui.

— Hélas ! dit-elle à son entourage, je vois clairement que nous ne pouvons rien contre cet homme, qui, certainement, est magicien ou sorcier.

— À quand la noce, princesse ? lui demanda Tugdual ; j'ai rempli toutes les conditions exigées, et je vous ai gagnée, deux fois, au lieu d'une.

— J'ai encore une chose à vous demander, une seule, et si vous la faites, je n'aurai plus aucune objection à vous opposer, et notre mariage aura lieu quand vous voudrez.

— Parlez, princesse.

— Voici un sac, que je vous demande de remplir de vérités.»

Et elle lui présenta un grand sac.

« Rien de plus facile, princesse, répondit-il, sans embarras, et je vais vous satisfaire, à l'instant même.»

Et, se tournant vers la femme de chambre, qui était venue la première lui acheter un écureuil :

« N'est-il pas vrai, mademoiselle, qu'étant venue me voir au bois, où j'étais avec mes écureuils, vous m'avez donné deux cents écus et un baiser, en échange d'un écureuil, que je vous ai livré, mais, qui m'est revenu presque aussitôt ?»

La fille rougit et détourna la tête en disant :

« Taisez-vous, démon !...

— Dites-moi oui ou non ; c'est une vérité ou un mensonge.

— Je ne le puis nier, mais...

— Cela suffit : entrez dans mon sac. Et d'une !»

Puis, se tournant vers la princesse, qui déjà ne se trouvait pas à son aise :

« Et vous, princesse, ne vous rappelez-vous pas aussi... ?

— Assez ! pas un mot de plus ! interrompit vivement la princesse ; je consens à vous épouser...

— À quand les noces, alors ?

— Demain.»

Et, en effet, les noces eurent lieu, dès le lendemain, des noces magnifiques.

Les frères de Tugdual, qui étaient en prison, furent mis en liberté et lui servirent de garçons d'honneur.

Comme le cortège se rendait à l'église, en grande cérémonie et musique en tête, on vit dans le porche une petite vieille, que personne ne connaissait et qui avait à la main une baguette blanche. Elle s'approcha du nouveau marié, toucha sa bosse, du bout de sa baguette, et la bosse disparut aussitôt, et Tugdual devint un beau jeune homme, aussi droit et aussi bien tourné qu'on peut l'être.

Les fêtes, les danses et les festins durèrent quinze jours entiers.

Et le Prince-Bleu, que devint-il ?

Le malheureux prince était resté empalé, sur la lande, et les bruits des fêtes et des jeux, et l'odeur des festins, arrivant jusqu'à lui, augmentaient son supplice, et il mourut là, tristement et misérablement.

François-Marie Luzel,
Contes et légendes de Basse-Bretagne,
t. II, édition Maisonneuve-Leclerc, 1887.

CHAPITRE TROISIÈME

Symphonie celtique

On peut vivre sans musique, mais pas si bien, dit un adage célèbre, que connaissent bien les passeurs d'histoires. Dans le *Tir na Nog* – Terre de la jeunesse dans la radieuse conception celtique de l'« autre monde » –, hommes et dames de beauté vivent dans des palais étincelants de pierreries et d'escarboucles, bercés par le ramage d'innombrables oiseaux chanteurs et par la mélodie du rameau de pommier aux fleurs de cristal. Maître des hauteurs harmonieuses, le barde Taliésin évoque une ville sacrée où coule à foison l'hydromel et où sont douces les incantations de ses fêtes.

C'est dans des palais enchantés que de nombreux *pipers* et autres ménétriers irlandais allaient – et vont peut-être encore ? – parfaire leur éducation artistique. Ils revenaient toujours comme les plus merveilleux instrumentistes. Assis sur un de ces tertres – partie visible de l'autre monde – comme il le faisait souvent à la vieille manière irlandaise, saint Patrick entendit un joueur *fée* de tympanon, qui le subjugua. Maîtresse en enchantements, l'ondine de la mer Rouge conduit Aodh, fils du roi d'Ulster, en un incomparable palais musical où se trouvent plus de deux fois vingt joueurs d'instruments et jongleurs maniant la viole et la harpe, qui modulent la plus charmante musique qu'ait jamais ouïe une oreille humaine !

Parmi les prodiges qui confèrent aux contes leur merveilleux, les moins étonnants ne sont pas les métamorphoses d'êtres humains en animaux, plus rarement en végétaux. Survivances du culte des arbres, ces transformations se déploient sur un étonnant registre sonore. Il n'est jusqu'aux amants qui ne deviennent musique pure dans une légende écossaise où l'héroïne est métamorphosée en arbre-harpe avec son compagnon, selon l'intuition celtique de l'immortalité par le végétal.

« Ne forçons point notre talent, nous ne ferions rien avec grâce », semble dire, de sa cachette dans l'oreille d'un cheval, une princesse-souris, qui transforme, grâce à sa voix mélodieuse, des soldats en troubadours et fait arrêter la guerre. Comme Fionn MacCûmhaill acquiert un savoir sans limite et l'illumination par le chant grâce au saumon de la connaissance, la belle aveugle Nôirîn Dubh recouvre la vue grâce au fiel providentiel procuré par le roi des saumons charmé par ses mélismes. Susceptible d'agir sur les héros et les saints, l'art des muses répond à la même symbolique chez les humains, témoin la légende des cloches de Limerick, qui seront les derniers ménétriers de leur fondeur Francesco de Florence.

Dans les pays celtiques, où le musicien a longtemps gardé une place au front des troupes, les harpes prises à l'ennemi au cours d'une bataille étaient considérées par les détenteurs comme trophées pour se déclarer vainqueurs. Mais quel ménestrel pourrait accepter un tel sort pour la harpe qu'il porte sur son dos quand les coups de sabre tombent et qui partage sa gloire et ses peines ?

Il est fréquent, dans les contes, qu'un instrument dise la vérité, fût-elle cruelle aux oreilles du chevalier de Manann, véritable roi Marc'h irlandais. C'est après avoir puisé une fiole à la fontaine de l'eau qui danse qu'une princesse obtient de précieuses révélations par le bec de l'oiseau de vérité. Mêlé au chant des rouets et aux cadences des fuseaux, le doux babil des conteuses imprègne notre imaginaire.

La musique des grands espaces suscite la poésie et donne naissance à bien des légendes. Au pays de Galles, la harpe d'Arthur est placée au sein de la voûte céleste, où elle forme une constellation appelée également constellation de la Lyre. Appelée la grotte harmonieuse, la célèbre grotte de Fingal est située sur la côte de l'île de Staffa, l'une des Hébrides. En effet, le fracas de la mer et les murmures du vent, qui vont se perdre en tourbillonnant au fond de la grotte à travers les colonnes disposées en buffets d'orgues, produisent des sons d'une merveilleuse beauté. « Ce sont les plaintes des harpes éoliennes de Fionn », disent poétiquement les Gaëls, qui ne manquent jamais de rattacher à l'idée de ce héros – initiateur des druidesses sorcières – tout ce qui leur paraît surnaturel. Le jour de la Saint-Jean, en Irlande et au pays de Galles, les gens montaient sur les collines pour voir « danser le soleil » à l'horizon. Selon les traditions galloises, les pierres colossales de la Danse des Géants à Stonehenge, auraient été transportées par Merlin depuis l'Irlande, où des géants les avaient placées.

La légende ne s'arrête pas au seuil de la mythologie. Les grandes familles avaient aussi la leur. Liée à Cormac – le plus célèbre des rois d'Irlande –, la maison de Buchet s'enorgueillissait de posséder cinquante ménestrels pour égayer les festins et autant pour bercer le sommeil de ses hôtes ! Excellent sonneur et luthiste, le roi Jacques Ier d'Écosse reconnut, dès le XVe siècle, la nécessité d'adoucir le caractère de ses sujets en les intéressant à la musique et à la poésie. Avec la Bretagne, les conservatoires du patrimoine celtique sont le pays de Galles et l'Écosse, où, dans les Highlands, la pratique de la grande cornemuse à trois bourdons, ou *bagpipe*, ne s'est jamais interrompue. La tradition écossaise est riche en duels musicaux de virtuoses. Le défi porté à son maître par le jeune joueur de *pibroch* Iain n'évoque-t-il pas l'offense faite à son père par un fils désireux de s'emparer de ses attributs ?

L'arbre-harpe

ÉCOSSE

Il était une fois un fermier et une fermière qui vivaient dans un charmant vallon verdoyant, avec un chien affectueux, un gentil chat, un cheval vigoureux, quatre vaches dans l'écurie, des poules dans le poulailler et quelques canards barbotant sur la mare. c'était un couple travailleur qui, sans être riche, avait de quoi vivre à son aise. Ils étaient très heureux ensemble, très épris l'un de l'autre et, depuis fort longtemps, auraient voulu partager leu bonheur avec un enfant, mais leur vœu n'avait jamais exaucé.

Par un beau soir d'été, tandis que les fermiers terminaient leur labeur aux champs, leur attention fut attirée par un jeune homme qui descendait de la montagne. Quand l'inconnu se rapprocha, ils virent là le plus beau jouvenceau qu'ils eurent jamais vu. Grand, mince et bien bâti, il arborait une chevelure drue et ondulée, noire comme de la prunelle. Ses yeux bleus reflétaient le ciel d'été, sa peau était blanche et fraîche. Malgré sa beauté, il n'était pas effeminé, mais plutôt robuste d'allure. Il avait la grâce d'une danseuse et chantait la plus belle ballade qu'ait jamais entendue le couple. Il accompagnait sa chanson sur une petite harpe portative dont les accords étaient d'une infinie douceur.

Lorsqu'il arriva près des gens, il les salua avec courtoisie et leur dit que, venant de loin, il serait reconnaissant d'un peu d'eau à boire. Enchantés par l'étranger, le fermier et la fermière l'invitèrent à dîner et lui offrirent le gîte pour la nuit. L'inconnu accepta de bonne grâce l'invitation et promit de récompenser leur gentillesse en chantant et en jouant de la musique.

Pendant le repas, le jeune homme souligna le bonheur du fermier et de la fermière de vivre dans un si merveilleux vallon, entourés de tant d'animaux et d'oiseaux. Le couple répondit qu'en effet leur bonheur était immense, mais que l'un comme l'autre regrettait de n'avoir pas eu d'enfant pour partager leur vie. Maintenant il était trop tard; jamais ils ne connaîtraient le plaisir et la joie de voir grandir un bambin et de le rendre heureux, protégé dans ce magnifique vallon.

Choses promises, choses dues: le repas terminé et la table débarassée, le bel inconnu prit sa harpe, joua et chanta pour l'agrément de ses hôtes. C'était un tel enchantement qu'ils auraient pu écouter sa musique une éternité durant. Enfin, le ménestrel posa sa harpe et chacun se retira pour la nuit.

Lorsqu'arriva le matin et qu'ils se levèrent, le musicien était parti. Par terre, là où il avait posé sa harpe, ils trouvèrent un berceau avec un petit bébé à l'intérieur et, près de sa tête, un papier contenant un message. Le mot disait que ce bébé était le leur et qu'il s'appelait Maïre; l'inconnu ajoutait encore qu'un jour il viendrait reprendre l'enfant...

Le fermier et la fermière étaient comblés par cet enfant et l'aimèrent de tout leur cœur. Plus Maïre grandissait, plus elle devenait douce et belle comme l'églantine fraîche. Ses parents lui témoignaient autant d'égards qu'ils en avaient l'un pour l'autre. Les habitants des vallées alentour aimaient Maïre pour sa bonté, sa gentillesse et sa douceur.

Et Maïre chantait! Déjà toute petite Maïre chantait! Elle chantait pour les vaches quand elle tirait leur lait, et les vaches l'adoraient. Elle chantait pour le chat et le chien, et le chat et le chien adoraient Maïre. Elle chantait pour le cheval, et le cheval adorait Maïre. Elle chantait pour les poules et les canards, et les poules et les canards adoraient Maïre. Elle chantait pour les oiseaux et les fleurs, les abeilles et les arbres, la mer et la montagne, et tous ils adoraient Maïre.

Ainsi se passèrent dix-sept étés. Les parents de Maïre l'aimaient tant qu'ils avaient oublié le bel inconnu venu autrefois leur rendre visite dans le vallon. Mais un beau jour de printemps, Maïre se mit à chanter une nouvelle chanson, une chanson que ses parents n'avaient jamais entendue – ou plutôt si! C'était la chanson que le harpeur avait modulé jadis – cette chanson merveilleuse qui parlait de l'espoir, de l'amour, de la fidélité, du grand bonheur; et Maïre la chanta alors souvent.

Par une belle journée de l'été qui suivit, tandis que tous trois marchaient dans les champs, Maïre se mit à chanter sa ballade enchanteresse. Aussitôt, une autre voix se mit à l'unisson de celle de Maïre. Alors ses parents se souvinrent avoir déjà entendue cette vois jadis, dix-sept années auparavant. Ils surent aussi que l'inconnu était venu rechercher Maïre, comme c'était écrit dans le message. Ils eurent très peur et voulurent la cacher à l'inconnu, mais Maïre, en entendant cette voix s'unir à la sienne, éprouva soudain une immense sensation de joie, telle qu'elle n'aurait pu l'imaginer – elle qui pourtant n'avait connu que le bonheur ! Elle n'avait jamais eu le cœur si léger et gai, et, au premier regard de l'inconu, elle en tomba follement amoureuse. Alors elle sut qu'elle quiterrait sans regrets son foyer, ses amis, ses parents, tout pour suivre cet homme et être à lui à jamais.

Ses parents furent évidemment très malheureux à l'idée de la perdre, mais l'inconnu les avait prévenus que ce jour fatal arriverait. Son père et sa mère savaient, quand ils regardaient Maïre, qu'elle ne pourrait plus jamais connaître le bonheur séparée de cet homme. Alors, ils l'embrassèrent tendrement et, en lui disant adieu, son père mit la main de sa fille dans celle du visiteur.

L'inconnu prit doucement Maïre dans ses bras ; à cet instant, elle devint cette harpe au son si doux, la même qu'il portait jadis. L'homme caressa les cordes et tissa son chant merveilleux. Tout en chantant, avec la harpe dans ses bras, si près de son cœur, ils se métarmophosèrent tous les deux en un bel arbre.

De nos jours, l'arbre vit toujours. Les harpistes et les bardes de toute l'Écosse viennent s'instruire sous ses branches et chanter la ballade de Maïre et du bel inconnu. On appelle cet arbre l'arbre-harpe.

Conté par Norrey Love, harpiste,
d'après un récit de son grand-père,
Chales Dempster, de Banff
(nord-est de l'Écosse).
Traduction de Mike James,
adaptation de l'auteur.

Les ménestrels du *sidh*

IRLANDE

Les fées des temps anciens connaissaient non seulement une vie d'éternelle jeunesse, habitaient de merveilleux palais parés de mille trésors et richesses, mais jouissaient aussi comme maintenant du jeu des ménestrels et d'une musique sublime. Cette musique incomparable n'avait pas sa pareille au monde, car même saint Patrick avouait qu'elle n'aurait guère différé de l'harmonie céleste, si toutefois un petit son de magie n'était venu la profaner.

Et voici comment Patrick a pu entendre la musique des fées : comme le saint voyageait à travers l'Irlande, un jour il s'assit sur un tertre couvert d'herbe, comme il le faisait souvent à la vieille manière irlandaise. Il avait pour compagnons le roi et les nobles d'Ulidia, et aussi Caeilte. Ils n'y étaient guère depuis bien longtemps quand ils virent s'approcher d'eux un *scolog* – autrement dit un non-guerrier – qui était paré d'un beau manteau vert fermé sur la poitrine par une fibule d'argent ; une chemise de soie jaune à même la peau et une tunique de satin doux complétaient sa vêture. L'homme portait en bandoulière un tympanon[1] de la meilleure facture.

« D'où viens-tu, *scolog* ? lui demande le roi.

— J'arrive du *sidh* de Bodhb Derg, le fils de Dagda, dans le sud de l'Irlande.

— Qu'est-ce qui t'a fait quitter le sud et qui es-tu donc ?

— Je suis Cascorach, fils de Cainchinn qui est *ollave*[2] au Thuatha de Danann, et je suis moi-même bachelier en arts

1. Instrument à cordes frappées.
2. Maître-poète qui, dans l'Irlande ancienne, s'asseyait à table près du roi et avait le privilège de porter des vêtements de six couleurs différentes.

poétiques. Ce qui a motivé mon départ est le désir d'être l'élève de Caeilte, fils de Ronan, pour bénéficier de ses connaissances et suivre son enseignement des traditions et des hauts faits de Fianna.

Alors il prit son tympanon, joua et chanta pour eux, jusqu'à les plonger dans un profond sommeil. Et la musique de Cascorach plaisait tant à saint Patrick qu'il en disait : « C'était en vérité très agréable, hormis le petit écho de la magie des fées qui la trouble, sans quoi rien ne pourrait autant ressembler à l'harmonie des cieux. »

Et la nuit même où l'aspirant au Thuatha de Danann leur apparut était la veille de la fête de *Samhain*.

Il y avait encore un autre joueur-*fée* de tympanon, à savoir Aillèn MacMidhna, du Thuatha de Danann, venant du *sidh* Finnachaid vers le Nord. Il venait souvent à Tara, et son arrivée se faisait toujours au son du tympanon dont la musique endormait immédiatement toute personne qui l'entendait. Par la suite, tous étaient en sommeil, et de sa bouche même Aillèn vomissait le feu. C'était tous les ans, durant la journée solennelle de Samhain, qu'il revenait en frappant les cordes de son tympanon, et tous les auditeurs tombaient dans la plus grande léthargie. Avec son souffle, il faisait vivre la flamme, et ainsi pendant vingt-trois ans, brûlait entièrement Tara et tout aux alentours. À la fin, on raconte que Finn, ayant enfin vaincu la magie de Aillèn, le tua.

Il se peut que Cascorach, le premier de ces musiciens, ait été quelque mortel comme l'un de ces nombreux *pipers* ou autres musiciens irlandais qui allaient – et vont peut-être encore – au pays des fées pour parfaire leur éducation musicale et en reviennent toujours comme les plus merveilleux joueurs jamais entendus en Irlande. Toutefois, si Cascorach fut autrefois un mortel, il semble avoir été tellement transformé quant à sa nature corporelle qu'il fait réellement partie du Thuatha de Danann. Mais Aillèn MacMidhna est lui sans doute l'un de ces puissants nobles qui pourraient détruire à leur gré la moitié de l'espèce humaine. Aillèn visite régulièrement Tara, le vieux centre psychique pour les hauts rois et pour les druides. Il vient, semble-t-il, s'opposer aux conquérants de sa race qui, dans leur négligence, ne rendent plus le sacrifice et le respect dus aux Thuatha de Danann, les dieux des Morts, en ce moment suprême qu'est la fête de Samhain. C'est à ce moment qu'il s'adonne à la magie contre les palais royaux des rois et des druides de la colline de Tara. Et pour parvenir à conjurer la magie de Aillèn, c'est-à-dire l'empêcher de visiter Tara chaque année, il faut recourir à la puissance du grand héros Finn. Ne disait-on pas qu'il était lui-même de la famille des gens du *sidh* puisque la mère de son fameux fils Osîsîn était une femme des Thuatha de Danann ?

Evans-Wentz (Walter Yeeling),
The Fairy Faith in Celtic Countries,
imprimerie Oberthur, Rennes, 1909,
traduction de Mike James,
adaptation de l'auteur.

Le roi des saumons

IRLANDE

Dans le bon vieux temps, il y a de cela longtemps, il y avait un homme nommé Domhnall Dubh (le Noir) qui demeurait près de Lochrî. Il était marié depuis vingt ans sans avoir d'enfant, sauf une fille qui était aveugle de naissance ; les gens l'appelaient Nôirîn Dubh l'aveugle. Elle avait une belle voix mélodieuse et il n'y avait pas de vieille chanson dans le pays qu'elle ne sût par cœur.

Un soir, Nôirîn demanda à son père de la conduire au bord du lac, car la soirée était très belle. Son père l'y conduisit et elle lui dit : « Attends ici, ou poursuis ta route vers la maison. » Quand son père fut parti, elle s'assit sur un monticule sec et elle se mit à chanter une chanson, comme il suit :

Ô mai jaunissant, c'est toi le mois
Où les hannetons revêtent leur jolie couleur,
Où la femme a l'enfant, la vache le veau
Et où la jument a le poulain.

Il n'y avait pas longtemps qu'elle était à chanter cette chanson quand il vint un grand saumon à la surface de l'eau et celui-ci tendit l'oreille pour l'écouter. Quand elle eut fini le couplet, elle entendit une voix qui disait : « C'est grande pitié que tu sois aveugle. Si tu avais du fiel de saumon pour t'en frotter les yeux, tu recouvrerais la vue. » Quand le soleil se coucha, Domhnall arriva et la ramena à la maison. Elle lui raconta les paroles qu'elle avait entendues. « C'est très bien, j'irai pêcher demain matin, dit Domhnall, et s'il y a un saumon dans le lac, je le prendrai. »

Le lendemain, au matin, de bonne heure, avant le soleil, Domhnall se leva et descendit vers le lac. Il prit un bateau et le voilà parti à la pêche. Quand il arriva au milieu du lac, il entendit crier un courlis ; au même moment, il se trouva que la ligne était entraînée et que la gaule commença à plier. « Ma parole, dit Domhnall, il y a un gros saumon à mon hameçon. » Là-dessus, il se mit à tirer du mieux qu'il put, mais, hélas ! ses pieds glissèrent et il tomba la tête la première dans le lac, puis au fond, au fond de l'eau, en sorte qu'il crut qu'il était à la fin du monde. Quand il ouvrit les yeux, il se trouva dans une belle chambre, en présence d'un homme grand dont la peau était comme de la peau de poisson. L'homme lui parla : « Domhnall le noir, dit-il, qu'est-ce qui t'a mené ici ? — Je ne le sais pas, dit Domhnall ; j'étais à pêcher sur le lac ; j'ai cru que j'avais pris un gros saumon ; j'étais en train de l'attirer quand mes pieds glissèrent, et je tombai la tête la première dans le lac. Je n'aurais pas été à la pêche si je n'avais une fille aveugle et elle a entendu dire que si elle avait du fiel de saumon pour se frotter les yeux, elle recouvrerait la vue. Voilà la cause pour laquelle je suis ici. — Tu es maintenant en présence du roi du lac, dit l'homme, et il y a longtemps que je t'attends. Écoute-moi. As-tu jamais entendu dire comment il est arrivé que le lac fût ici, à l'endroit où il est ? — Je ne l'ai, certes, jamais entendu dire, dit Domhnall, bien que je demeure près du lac depuis que je suis né et que sept de mes ancêtres y aient demeuré avant moi. — Tu ne seras pas longtemps ainsi, dit l'homme grand. Mon père était roi et ma mère mourut la nuit de ma naissance, mais mon père ne tarda pas à épouser une autre femme, et ma belle-mère avait un grand pouvoir magique. Quand j'eus sept ans, je la mis en colère ; elle tira une baguette magique, elle causa un tremblement de terre dans le pays de mon père et en fit un lac. Mon père se noya, et elle me changea en saumon, comme tu le vois. Toutes les nuits, ma belle-mère vient me tourmenter ; mais puisque te voilà avec moi, il est probable que j'aurai maintenant l'avantage sur elle. Maintenant, viens avec moi et je te laisserai sur le bord du lac ; puis va au pied du grand arbre rouge dépouillé qui pousse derrière ta maison et creuse jusqu'à ce que tu rencontres une grande pierre. Soulève la pierre et tu trouveras un matou noir endormi dessous. Conduis le chat au bord du lac et je serai là devant toi. Si tu fais comme je te dis, tu seras heureux, riche, tu auras une longue vie ; mais si tu ne fais pas comme je te dis, tu seras un pauvre misérable mendiant aussi longtemps qu'il y aura de l'eau à couler ou de l'herbe à croître. — Ma parole, je ferai comme tu dis, dit Domhnall, et je suis prêt à aller avec toi. »

Alors il frappa un coup de baguette magique sur Domhnall et en fit un courlis, et celui-ci ne tarda pas à se trouver nageant sur le lac. Quand il arriva au bord, le grand saumon lui donna un coup de baguette magique et en un tour de main, il fut à terre et se mit en route pour chez lui. Quand il arriva au grand arbre rouge dépouillé, il commença à creuser ; il ne fut pas long à rencontrer la grande pierre et quand il eut levé la pierre, il vit le chat noir endormi. Il mit le chat dans son sein et le voilà parti au bord du lac. Le grand saumon était là devant lui et les conduisit, lui, et le chat noir, jusqu'à sa chambre sous le lac. Puis il dit à Domhnall : « Tu es un bon héros ; maintenant, prends un couteau, enlève le cœur du chat et donne-le-moi. »

Domhnall prit le couteau, enleva le cœur du chat et il allait le donner au saumon, quand il entendit un grand bruit. « Hâte-toi, hâte-toi, dit le saumon ; la vieille vient. Prends mon épée aiguisée qui est au mur et montre que tu es un guerrier, quand la vieille va entrer avec ses chats. » La porte de la chambre ne tarda pas à s'ouvrir et il entra une vieille sorcière horrible et plus de soixante chats à sa suite. Domhnall tira son épée, il la frappa au milieu du front et la jeta par terre. Alors les chats sautèrent sur lui, et ils l'égratignèrent tant qu'il y eut une boue de sang autour de lui. La vieille se leva rapidement et elle allait lui donner la mort d'un coup de baguette lorsque le grand saumon la frappa entre les deux yeux avec le cœur du grand chat noir et elle tomba morte au milieu des chats. Domhnall vint rapidement a bout des chats et les tua tous.

« Donne-moi la main, dit le grand saumon, tu es le meilleur guerrier d'Irlande. Tu n'auras besoin de rien, aussi longtemps que tu seras en vie. Je sais où il y a un trésor d'or jaune et il ne t'est pas difficile de le trouver. Il y a un grand et beau château sur le territoire de la Terre blanche et tu peux y emmener demeurer ta femme et ta fille. — Je te remercie, dit Domhnall, mais j'aime mieux demeurer en Érin, ma terre chérie, que dans tout autre pays sous le soleil, et si tu me laisses chez moi, je t'en serai très reconnaissant. — Je ne puis me séparer de toi ainsi, dit le grand saumon, et je crois que tu es déraisonnable, mais puisque tu désires ne demeurer qu'en Érin, qu'il en soit ainsi ! Tu sais où est Dûn-na-Righ (la forteresse des Rois) auprès du lac ? — Je le sais certes, dit Domhnall ; j'y ai coupé plus d'un bâton. — Si tu es dans le fort cette nuit à l'heure de minuit, je serai devant toi et je te mettrai en voie de devenir riche ; voici pour toi du fiel pour enduire les yeux de ta fille ; elle recouvrera la vue, et à quiconque est aveugle dans ton voisinage, fais la même chose. Mais ne prends ni or ni argent à un pauvre, et quand tu iras chez toi, sur ta vie, ne raconte à aucun homme vivant où tu as été, ni une seule des choses qui te sont arrivées depuis que tu as quitté ta maison. — Je suivrai ton conseil et je ferai comme tu dis », dit Domhnall.

Là-dessus, il frappa un coup sur lui, en fit un courlis, et lui dit : « Suis-moi. » Domhnall le suivit et il ne fut pas long à se trouver nageant sur le lac, avec le Grand Saumon à son côté. Quand ils arrivèrent au bord, il jeta Domhnall sur la terre là où il était avant d'aller à la pêche.

Quand Domhnall arriva chez lui, il trouva la maison pleine de gens de sa famille et de voisins, et sa femme et sa fille étaient en train de pleurer et de se lamenter, parce qu'elles le croyaient noyé. Il entra, ils se tournèrent vers lui avec étonnement et lui serrèrent la main. « Laissez-moi passer, dit Domhnall, que je voie ma fille. » Il tira le fiel du saumon, il en frotta les yeux de Nôirîn, et elle eut une vue aussi bonne que Domhnall lui-même. Elle cria, battit les mains de joie et rendit grâces à Dieu. Il y avait beaucoup de gens aveugles dans la paroisse ; il les envoya chercher et leur rendit la vue. La renommée de Domhnall ne tarda pas à se répandre dans le pays et tous les jours des aveugles venaient le trouver.

Quand arriva l'heure de minuit, ou un peu avant, Domhnall alla à Dûn-na-Righ ; au bout de quelque temps, il entendit un roulement sourd et le bruit du pas d'un cheval, et voilà qu'entre l'armée des fées avec le grand saumon à leur tête. Quand ils furent tous dans la forteresse, le grand saumon prit la parole : « Nous avons une partie de ballon à jouer cette nuit contre les fées de Laigheann (Leinster) ; j'ai pour y assister le guerrier le plus courageux qu'il y ait au monde. Avance, Domhnall Dubh, que ces messieurs te voient. »

Domhnall s'avança et les hommes fées lui serrèrent la main, et dans la main de chacun d'eux il y avait une bourse d'or. Le saumon vint à lui le dernier ; il lui donna un grand sac pour y mettre l'or et lui dit de le mettre sous un arbre quand il reviendrait, et de ne raconter à personne son secret. Puis il vint une grande tempête de vent qui les enleva tous dans l'air et ils s'arrêtèrent dans une grande prairie. L'armée des fées de Laigheann était sur la prairie et ils ne tardèrent pas à commencer la partie.

La lune était dans le ciel, la nuit était presque aussi claire que le jour ; ils couraient de-ci de-là, tra, tra, tra et il y en eut plus d'un qui tomba à la suite d'un croc-en-jambe. À la fin, les fées de Connacht remportèrent la victoire et gagnèrent la partie. Il vint une nouvelle tempête de vent et ils furent reportés à Dûn-na-Righ près de Lochrî. Alors le grand saumon dit à Domhnall : « Prends ton sac et va-t'en chez toi, tu as maintenant autant que tu dépenseras toi-même, ta femme et ta fille, mais ne laisse pas échapper ton secret, ou tu perdras tout. Adieu. »

Domhnall alla chez lui et cacha le sac d'or sous une grande pierre dans le sol de la maison avant que Nôirîn et sa femme ne fussent levées et elles ne surent pas du tout qu'il était sorti. Quand elles se levèrent, il leur montra plein sa main d'or et cela leur causa une grande joie ; elles coururent à lui et il crut qu'elles l'étoufferaient de baisers. Il acheta une grande étendue de terre et il bâtit une belle maison. Peu de temps après, Nôirîn épousa un riche fermier.

Le grand saumon est dans le château sous le lac et n'importe qui peut le voir chaque jour de Bealtaine (premier mai) nager à la surface du lac. Domhnall, sa femme et sa fille demeurèrent heureux et prospères et eurent une longue vie et tel puisse être notre sort à tous !

Contes et légendes d'Irlande,
traduction de Georges Dottin,
édition de La Province, 1901.

Le roi aux oreilles de cheval

IRLANDE

Il y avait une fois un roi en Manann, dont le nom était Ridire Ruadh (Chevalier Rouge) fils de Labhraidh Lorc. Il avait une armée grande et forte pour le servir et chaque année on lui envoyait à un moment déterminé un homme et on n'arrivait jamais à avoir des nouvelles de ceux qui étaient partis.

Il y avait une femme tout près de Manann. Elle avait un jeune et joli fils et elle n'avait pas d'autre fils que lui. Son tour vint, et le roi l'envoya chercher ; sa mère alla trouver le roi, se jeta à ses pieds pour le supplier, et lui dit qu'elle n'avait qu'un fils et qu'elle avait peur de le perdre. Le roi lui dit qu'il ne mourrait pas. Le fils alla chez le roi et le roi lui fit jurer de ne dire à aucun homme vivant au monde ce qu'il avait vu.

Le garçon retourna à la maison chez sa mère et il dépérit au point que personne ne le reconnaissait, et il avait la mort peinte sur le visage. Tous les médecins lui disaient qu'ils ne pouvaient rien lui faire, et sa mère alla trouver un vieil aveugle qui était dans le pays. Celui-ci dit qu'il n'avait rien au monde qu'une seule chose : un grand secret dans l'esprit, et que s'il ne le racontait pas, il mourrait. Le garçon lui dit que, quand il devrait mourir, il ne raconterait son secret à aucun homme vivant. Le vieil aveugle lui dit d'aller au bois, de livrer son secret à un arbre, et qu'il s'en trouverait bien. Le garçon alla au bois et livra son secret à un arbre.

Peu après cela, la harpe qui était au château de Manann fut à réparer, et le fabricant dit qu'il fallait un nouvel arbre. Ils allèrent au bois et coupèrent l'arbre auquel le garçon avait livré son secret.

Quand la harpe fut réparée et quand un harpiste en joua, elle dit : « Le Chevalier fils de Labraidh Lorc a deux oreilles de cheval. » Les musiciens essayèrent toutes les cordes qu'il y avait dans le château sur la harpe et celle-ci dit que le Chevalier fils de Labraidh Lorc avait deux oreilles de cheval. Le roi vint lui-même ; il ôta son chapeau, il laissa tomber ses deux oreilles de cheval et ne les attacha plus jamais en haut à la suite de cela. Il ne mit plus jamais personne à mort.

Conté par Thomas MacGroder
de Culloville, comté de Monaghan.
Contes et légendes d'Irlande,
traduction de Georges Dottin,
édition de La Province, 1901.

L'ondine de la mer Rouge

IRLANDE

Il y avait une fois un roi vieux. Il vivait depuis longtemps dans la province d'Ulster. Il n'avait qu'un fils unique. La reine était morte à la naissance du jeune prince. Le roi aimait au-delà de toute mesure son jeune héritier, et, quand ce dernier grandit, il le laissa agir, en toutes choses, selon son caprice. Il devint gâté et était d'une malice extrême. Il jouait souvent de méchants tours aux serviteurs et aux ouvriers. Mais il ne servait à rien de se plaindre au roi : celui-ci ne donnait satisfaction à personne.

Le prince royal s'appelait Aodh[1]. Lorsqu'il eut quinze ans, il se passionna pour la pêche. Mais il ne lui suffisait pas de pêcher à la ligne dans le fleuve. Il souhaitait naviguer sur la mer. Le roi lui donna un joli bateau léger, avec voile et avirons, avec lequel il pouvait gagner la mer.

Et voici qu'un matin, il se leva de bonne heure sans que ni le roi, ni personne d'autre le remarquât. Il monta dans son bateau, hissa la voile et s'en alla jusqu'à ce qu'il arrivât près du cap de l'île Eoghan. Voici qu'une tempête s'éleva et le bateau fut poussé vers un gros écueil. Lorsque Aodh leva les yeux, il aperçut sur le rocher une gracieuse jeune fille. Elle était assise, avec un miroir d'or dans une main, et, dans l'autre, un peigne, et elle peignait sa chevelure jaune comme l'or. Le fils du roi se dit qu'il n'avait jamais vu une jeune fille aussi belle que celle-là. Il s'adressa donc à elle en disant :

« Es-tu Vénus ou l'étoile du matin ? ou bien, dis-moi pourquoi tu es ici toute seule, au matin, sur un écueil stérile ?

— Non, dit-elle, je ne suis rien de tout cela, je ne suis qu'une fille sans père, sans mère, sans personne sur la terre.

— Si, dit-il, tu viens avec moi dans le château de mon père, tu vivras toute la vie dans la joie, la richesse et le bien-être. »

---

1. Aodh : Hugues, Huon, Hue.

Elle se leva sans rien dire et vint le rejoindre à bord du bateau. Il hissa la voile et gouverna pour sortir de l'anse et rentrer au port. Mais il n'alla pas loin. Il s'éleva une grande tempête, le petit bateau fut balancé sur le sommet des vagues, de haut en bas, comme un fétu de paille et était en danger de couler.

« Je t'assure que j'ai regret de t'avoir prise dans le bateau, dit Aodh, car il est impossible que nous sortions vivants d'ici. Les vagues sont absolument furieuses et le vent est trop violent.

— N'aie pas peur, dit-elle, nous ne courons nul risque de nous noyer. Je suis une ondine, j'ai un château sous la mer Rouge et, puisque le sort veut que tu ne puisses revenir au château de ton père, je te conduirai dans le mien. »

À peine eut-elle ainsi parlé que le bateau s'éleva sur la pointe d'une grosse vague, et, lorsqu'il en descendit l'ondine tira une petite baguette de son sein et en toucha Aodh. Au même moment, il devint un gros poisson, et voici qu'il nageait dans les vagues. Mais il ne perdit pas conscience. Le bateau fut englouti par les flots. Alors Aodh vit que l'ondine glissait près de lui. Mais à peine avait-il remarqué cela qu'une grosse baleine arriva et voulut l'avaler. Elle ouvrit la gueule et Aodh se crut perdu. Mais l'ondine frappa le monstre et lui arracha un œil. Il s'enfuit. Ils continuèrent à nager. Ils allèrent ainsi un certain temps et ils parvinrent dans un autre pays. Ce pays se trouvait sous la mer. L'ondine toucha Aodh qui reprit sa forme. La terre était belle et verte tout autour d'eux. On y voyait le soleil, la lune et les étoiles comme chez nous. Elle conduisit Aodh dans le château. Quand celui-ci regarda autour de lui, il vit les objets et les meubles les plus beaux que l'œil d'un homme ait jamais vus. Auprès de cela, le château du père d'Aodh n'était qu'une cabane.

Le mobilier était d'or jaune antique et il n'y avait pas un pouce des meubles où ne fût enchâssée une grosse pierre de grande valeur. L'île de Fodhla[2] tout entière n'aurait pu payer le château et tout ce qui s'y trouvait.

« Sois ici absolument sans crainte, ni soucis, lui dit l'ondine. Personne ne s'opposera à tes volontés. Tu vas rester ici sept ans, et, après ce temps, je te ferai reconduire dans ta patrie, dans le port d'où tu es parti. Et tu arriveras à temps pour revoir ton père avant qu'il meure. »

2. Vieux nom de l'Irlande.

Elle souffla dans une petite flûte. Une foule de serviteurs parut avec de grands plats dans les mains. Ils les placèrent sur la table. Il s'y trouvait des mets, tous meilleurs les uns que les autres. Elle souffla une deuxième fois dans la flûte. Aussitôt entra un groupe de sept preux qui s'assirent à table sans prononcer une parole. Ils se mirent à manger et à boire.

« Assieds-toi avec ces hommes, dit l'ondine à Aodh. Ils sont tous de très bonne noblesse. »

Aodh s'assit, mais il lui fut impossible de manger tant il était étonné et troublé.

Quand les preux eurent bu et mangé tout leur content, elle leur dit :

« C'est un fils du roi du Nord de l'Irlande. Son nom est Aodh.

— Il est le bienvenu », dirent-ils tous.

Là-dessus, ils se levèrent et sortirent.

« Tu es plein d'étonnement, dit l'ondine, à propos de ce que tu as vu ici ; tu n'as pas vu la moitié, ni le quart de toutes les merveilles de ce lieu. Il y a beaucoup de choses plus étranges à voir. Viens maintenant avec moi. Tu verras quelque chose des prouesses de mes champions, aussi bien hommes que femmes. »

Elle l'emmena sur une belle pelouse près du château. Il y avait là sept hommes et sept femmes. Elle leur dit :

« Montrez au fils du roi qui se trouve ici quelques-unes de vos prouesses. »

L'un d'eux se rendit au château et revint avec une lance longue, forte, à la pointe acérée. Il planta dans le sol le talon de la lance. Puis il recula, sauta à vingt pieds de haut et retomba, la poitrine posée sur la pointe aiguë de la lance. Il resta ainsi quelques instants, puis fit un saut et atteignit le sol sans une blessure. Un autre sauta alors dans les airs et se laissa retomber, la bouche en bas, de telle façon que la lance pénétrât dans sa bouche et ressortît derrière sa tête. Il resta ainsi quelques minutes, puis il s'élança à terre sans blessure. Un autre homme s'élança à son tour, et redescendit le dos en bas, la lance pénétra à travers sa poitrine et sortit derrière le sommet de sa tête. Il resta ainsi quelques instants puis sauta sans avoir une blessure.

Un autre sauta et retomba, la bouche sur la pointe de la lance. Il arracha l'arme du sol avec ses dents et la planta à un autre endroit.

Un homme saisit l'une des femmes qui se trouvaient là, s'élança en l'air avec elle, redescendit et se tint sur un pied, debout sur la pointe de la lance. Il resta ainsi un moment et sauta ensuite en bas sans blessure, sans égratignure. Alors, ils apportèrent une autre lance et la plantèrent dans le sol, près de la première.

Deux hommes s'élancèrent en l'air et redescendirent, de façon que chacun se trouvât debout sur la pointe d'une lance. Ils tirèrent leurs glaives et commencèrent à combattre de telle façon qu'une pluie d'étincelles jaillissait de leurs armes. Après qu'ils eurent combattu ainsi pendant un certain temps, ils sautèrent à terre sans une égratignure.

Alors vint le tour des femmes, et elles firent exactement la même chose que les hommes.

Aodh était dans un profond étonnement de tout ce qu'il voyait.

« Que penses-tu de ma troupe d'hommes et de femmes ? » dit l'ondine.

— J'avais bien souvent entendu parler des "fenians[3]" d'Irlande, dit Aodh, mais jamais ils n'ont accompli de pareilles prouesses. Et les femmes sont aussi habiles que les hommes. »

Elle conduisit alors Aodh dans le château, dans un splendide appartement ensoleillé, et lui montra une foule de choses, toutes plus belles et plus étonnantes les unes que les autres. Elle lui demanda s'il aimait la musique.

« Mais, certainement, dit-il, et chez moi, j'ai une belle harpe.

— Si tu sais jouer de la harpe, dit-elle, je vais t'en donner une, ou, si tu préfères, je vais envoyer chercher la tienne.

— Vraiment, je préférerais la mienne, dit-il, je ne sais pas, en effet, si je pourrais tirer une musique harmonieuse d'une harpe à laquelle je ne suis pas habitué. Mais comment feras-tu chercher la mienne ?

— Attends un instant », dit-elle. Et elle fit sonner une petite clochette. À l'instant, un petit homme apparut devant eux.

3. Troupe légendaire de preux.

« Va, lui commanda-t-elle, et rapporte-nous la harpe qui se trouve dans le château du roi d'Ulster, dans la chambre du fils du roi. »

Elle ouvrit la fenêtre et le regarda s'éloigner aussi vite que souffle le vent de mars. Au bout d'une heure et demie, il était déjà revenu avec la harpe.

« Sur mon âme, voilà un bon messager, dit Aodh.

— Puisque tu as maintenant ta harpe, dit-elle, allons dans la salle de musique. »

Elle sortit et Aodh la suivit. Elle le conduisit dans une belle et vaste salle où il y avait plus de deux fois vingt joueurs d'instruments.

Ils avaient tous les instruments de musique qu'une oreille ait jamais entendus et qu'un œil ait jamais vus. Il y avait des harpistes, des joueurs de viole, des joueurs de fifre et une foule d'autres musiciens. Le chef d'orchestre s'inclina profondément devant l'ondine.

« Voici le fils du roi d'Ulster, lui dit-elle. Il aime beaucoup la musique. Jouez-lui quelque chose. »

Ils commencèrent à jouer la musique la plus charmante qu'une oreille ail jamais entendue. Aodh pensait en lui-même que, même au ciel, il n'y avait pas de musique pareille.

Quand ils eurent fini de jouer, l'ondine dit à Aodh :

« Que penses-tu de mes musiciens ?

— Ce sont les meilleurs du monde, répliqua-t-il.

— Maintenant, je voudrais t'entendre, dit-elle.

— Vraiment, je ne ferais que me rendre ridicule en jouant devant toi ma pauvre musique, après des sons aussi délicieux que ceux que l'on vient d'écouter. Mais, puisque tu le désires, et que tu as envoyé chercher ma harpe, je veux faire de mon mieux. »

Il commença à jouer, mais sa musique n'était qu'un bruit informe, comparé au jeu des autres musiciens.

Quand il s'arrêta, elle lui dit :

« Tu joues bien, mon ami, mais tu joueras mieux avant que tu prennes le chemin du retour. »

Alors, elle le conduisit dans un splendide jardin. Les rameaux des arbres baisaient le sol sous le poids des fruits. Il y avait là aussi des fleurs telles qu'Aodh n'en avait jamais vu de pareilles. Il fut rempli d'admiration et fit l'éloge du jardin, mais il ne dit rien d'autre.

Un soir, tous les héros étaient assis à table, et l'ondine, au milieu d'eux, sur son siège d'or. Alors un champion noir entra et commença à dire :

« Noble dame, je suis un héraut de l'ondine de la mer Noire. Elle t'adresse, par ma voix, un défi. Elle te somme de fixer avec combien de paladins tu viendras la combattre, où et quand aura lieu le combat.

— Je combats avec sept preux ; que le lieu du combat soit Leithbhior, au pays d'Eoghan, clans l'Irlande du Nord, et la date, demain soir. Porte ce message à ta reine. »

L'ondine ne laissa rien voir de ses sentiments aussi longtemps que le héraut fut devant elle. Mais, dès qu'il fut parti, une profonde tristesse grandit en elle.

« Les preux de l'ondine de la mer Noire ne sont jamais vaincus, dit-elle, et je crains que, demain, ma troupe de paladins et moi-même tombions au cours du combat. Mais il n'y a nul moyen d'y échapper.

— Je connais fort bien, dit Aodh, l'endroit où le combat doit avoir lieu et je voudrais y assister si tu y consens. Mais que Dieu ne permette pas qu'il t'arrive aucun malheur !

— Trouve-toi là-bas, dit-elle. Et si nous tombons au cours du carnage, prends ton bateau qui est à l'ombre du rocher où tu me vis pour la première fois. »

Et voici comment les preux passèrent la nuit. Un tiers de la nuit à chanter, un tiers occupé avec des histoires de fenians, un tiers à se reposer tranquillement, à sommeiller ou à dormir profondément, jusqu'à ce que le soleil se levât le lendemain. Ils passèrent la journée à aiguiser leurs armes et à préparer leur équipement pour le combat.

Puis ils se mirent en route et ils emmenèrent le fils du roi. Personne ne peut dire quel chemin ils prirent, mais tout d'un coup, ils se trouvèrent tous réunis près de Leithbhior, une demi-heure avant minuit.

L'ondine de la mer Noire les attendait déjà avec ses sept preux. Ils ne se saluèrent pas et ne prononcèrent pas une parole. Ils tirèrent leurs armes. Trois heures durant, ils se livrèrent un combat terrible. À la fin, l'ondine de la mer Noire et les siens prirent le dessus et tuèrent les sept paladins qui leur étaient opposés et, avec eux, l'ondine. Ils jetèrent alors les cadavres dans la rivière voisine. Puis ils s'en allèrent, laissant Aodh seul. Et lui pleurait amèrement sur ses amis.

Lorsqu'il revint à lui, il se mit en route et ne s'arrêta pas avant d'avoir atteint l'île d'Eoghan, l'endroit où, tout au début, il avait rencontré l'ondine. Il y trouva son bateau à l'ombre de la falaise comme l'ondine le lui avait dit. Il hissa la voile et mit le cap sur le port natal.

Lorsque son fils fut revenu, le roi fut dans la plus grande joie, car il avait, comme tout le monde, pensé que son fils était mort.

Ils organisèrent une grande fête au château. Elle dura sept jours et sept nuits. Depuis ce temps-là, Aodh n'approcha plus jamais de la mer. Jamais un pêcheur ou un navigateur ne passa à proximité de la falaise de l'Ondine dans l'île d'Eoghan, jamais, depuis ce temps-là jusque maintenant. Et jamais ils n'iraient là-bas, ni pour or, ni pour argent.

Et voilà mon histoire.

« C'est une bonne histoire, dirent-ils tous !

— Et une histoire vraie », dit quelqu'un.

Tous se levèrent. Le mur de côté s'ouvrit. Ils sortirent comme ils étaient entrés, chacun ayant sa femme à côté de lui.

Alors le portier entra et la noble dame quitta la pièce.

Le portier emmena Diarmuid et lui donna à manger et à boire. Puis Diarmuid alla se coucher.

Il passa le jour suivant comme ceux qui avaient précédé. Lorsque vint le soir, il fut appelé dans la grande salle. La noble dame porta sa flûte d'or à ses lèvres et siffla. Le mur de côté s'ouvrit une fois encore et les mêmes personnes entrèrent, chaque homme ayant à son côté sa femme, et chaque femme portant un petit enfant sur sa poitrine.

Ils s'assirent et la noble dame dit à Diarmuid de commencer une autre histoire.

Traduction de H. Huerre (droits réservés)
Annales de Bretagne,
t. XLIV, édition Pilhon-Champion, 1937.

La princesse métamorphosée en souris

BRETAGNE

Selaouit holl, mar oc'h eûs c'hoant,
Hag e clewfet eur gaozic koant,
Ha na eûs en-hi netra gaou,
Mès, marteze, eur gir pe daou.

Écoutez-tous, si vous voulez,
Et vous entendrez un joli petit conte,
Où il n'y a pas de mensonge,
Si ce n'est, peut-être, un mot ou deux,

Il y avait, une fois, un roi de France, déjà âgé, et qui n'avait pas d'enfants, ce qui le chagrinait beaucoup.

Enfin, la reine donna le jour à une fille, alors qu'ils commençaient à désespérer, et sa naissance fut célébrée par des festins et des fêtes.

Mais une vieille sorcière, qui habitait un bois voisin, et qui n'avait pas été invitée aux fêtes, résolut de s'en venger, en métamorphosant la princesse en souris et en la maintenant sous cette forme, jusqu'à ce qu'on vît rire une sœur à elle qu'on n'avait jamais vue rire.

Un jour que la nourrice venait de donner à téter à l'enfant, dans le palais, on l'entendit tout à coup s'écrier :

« Ah ! mon Dieu ! voilà que la princesse vient de s'échapper de mes bras, sous la forme d'une souris !...

— Quel malheur ! s'écria le roi, mais, c'est la volonté de Dieu, et il faut s'y résigner. »

Peu de temps après, une guerre survint entre le roi de France et le roi d'Espagne. Le roi de France était à cheval, dans la cour du palais, prêt à partir, lorsqu'il vit sa fille, devenue souris (car on ne l'avait pas perdue de vue et on en prenait le plus grand soin), accourir vers lui et dire :

« Je veux aller avec vous à la guerre, mon père.

— Qu'y veux-tu faire, ma pauvre enfant, dans l'état où tu es ?

— Ne craignez rien et emmenez-moi avec vous, vous dis-je ; mettez-moi dans l'oreille de votre cheval et partons. »

Le roi mit la souris dans l'oreille de son cheval, et ils partirent.

Quand on fut sur le champ de bataille, en présence de l'ennemi, on entendit soudain une musique ravissante, et, des deux côtés, on resta silencieux et immobile pour l'écouter.

« Oh ! la charmante musique ! s'écria le fils du roi d'Espagne ; mais d'où vient-elle ? Il faut que je le sache. »

Les soldats des deux camps, en entendant cette mélodie, étaient plus tentés de s'embrasser que de se battre.

Le fils du roi d'Espagne alla trouver le roi de France et lui demanda :

« Que signifie, sire, cette musique et d'où vient-elle ?

— C'est ma fille qui chante, répondit le roi.

— Votre fille !... mais où donc est-elle ?

— Ici, près de moi, dans l'oreille gauche de mon cheval.

— Vous vous moquez de moi ?

— Nullement, je vous dis la vérité.

— Eh bien, si vous voulez m'accorder sa main, la guerre est terminée entre nous.

— Quoi ! vous épouseriez une souris ?

— Une souris ?... Eh bien ! oui, si elle veut de moi !

— Je le veux bien, mon père », s'empressa de répondre la souris.

La guerre en resta donc là, on célébra le mariage, et les deux armées, au lieu d'en venir aux mains, prirent part aux réjouissances et aux festins qui eurent lieu, pendant huit jours entiers, et fraternisèrent, le verre en main.

Le roi d'Espagne avait deux autres fils, qui étaient aussi mariés : l'un à la fille du roi de Portugal, et l'autre à la fille du roi de Turquie. Leur père les appela un jour tous les trois auprès de lui et leur dit que son intention était de céder sa couronne à son fils aîné et de finir ses jours dans le repos et la tranquillité.

« Je pense, mon père, lui dit le puîné, qu'il serait plus juste de céder votre couronne à celui de nous qui accomplira le plus bel exploit, car nous sommes tous les trois vos enfants, au même titre.

— Eh bien ! répondit le vieux monarque, je vais vous mettre à l'épreuve : ma couronne sera à celui qui m'apportera la plus belle pièce de toile.

— C'est cela », répondirent les trois frères.

Et ils s'en retournèrent chacun chez soi, pour faire part à leurs femmes de la volonté de leur père.

Quand le cadet, le mari de la souris, arriva chez lui, sa femme l'attendait au soleil, sur une des fenêtres du palais, et chantait de sa voix la plus mélodieuse.

« Assez de musique comme cela ! lui dit-il, je préférerais que vous fussiez une habile filandière.

— Pourquoi donc ? Qu'y a-t-il de nouveau ? demanda-t-elle.

— Eh bien ! il y a de nouveau que mon père a promis de céder sa couronne à celui de ses trois fils qui lui apportera la plus belle pièce de toile.

— Bast ! la couronne de mon père à moi vaut cent fois celle du vôtre ; ne vous en inquiétez donc pas et laissez vos deux frères se disputer la couronne d'Espagne avec de la toile.

— Non, car, quelque belle que puisse être la couronne de votre père, je ne veux pas renoncer ainsi à celle du mien. »

La veille du jour fixé pour présenter les toiles au vieux roi, notre prince se plaignait de la sorte à sa femme :

« C'est demain que l'on doit présenter les toiles à mon père, et je n'ai rien à lui montrer : comment faire ?

— Rassurez-vous et ne vous inquiétez pas pour si peu, lui dit la souris : prenez cette boîte (et elle lui donna une jolie petite boîte, bien fermée), et quand vos deux frères auront montré leurs toiles, ouvrez-la, et vous y trouverez de quoi leur faire honte.

— Comment voulez-vous que cette petite boîte puisse contenir une pièce de toile propre à me faire gagner ? »

Le prince partit en emportant la boîte, mais peu rassuré.

Quand il arriva au palais de son père, il vit, en entrant dans la cour, plusieurs mulets chargés de ballots contenant les toiles que ses frères rapportaient de différents pays lointains.

On présenta les toiles au roi. Il les examina minutieusement et vanta fort la beauté, la finesse et le moelleux de certaines d'entre elles.

« Et toi, mon jeune fils, qu'apportes-tu ? » demanda-t-il au cadet, quand son tour fut venu.

Celui-ci, pour toute réponse, présenta sa boîte en disant :

« Ouvrez-la, mon père. »

Ses deux frères partirent d'un grand éclat de rire. Mais le roi ouvrit la boîte, et aussitôt il s'en élança un bout de toile fine et luisante comme de la soie ; les toiles des deux autres étaient comme un grossier tissu de chanvre, comparées à celle-là ; et ce qu'il y avait de plus merveilleux, c'est qu'elle paraissait inépuisable, car on avait beau en tirer de la boîte, on n'en trouvait pas la fin.

Les deux princes aînés ne riaient plus.

« C'est à mon fils cadet que sera ma couronne, dit le vieux roi, émerveillé.

— Holà ! se récrièrent les deux autres, dépités, il ne faut pas se hâter de juger ainsi, sur une première épreuve ; exigez-en une seconde, sire, et nous verrons après.

— Je le veux bien, dit le roi ; mais, que demanderais-je bien pour la seconde épreuve ?

— Promettez votre couronne à celui de nous qui vous amènera la plus belle femme, dit l'aîné, qui était marié à la fille de l'empereur de Turquie, princesse d'une beauté merveilleuse.

— C'est cela ! répondit le vieux roi, à celui qui amènera la plus belle femme. »

Et les trois frères partirent encore, chacun de son côté.

Le cadet s'en retourna tout triste, et convaincu qu'il ne pouvait concourir, cette fois, sa femme étant une souris.

« Pourquoi êtes-vous si triste, prince ? lui demanda celle-ci, en voyant sa mine piteuse ; est-ce que ma boîte n'a pas fait son devoir ?

— La boîte s'est merveilleusement conduite.

— La couronne d'Espagne est à vous, alors ?

— La couronne d'Espagne ! Ah ! je ne suis pas près de l'obtenir.

— Et pourquoi cela ?

— C'est que mon père demande une seconde épreuve.

— Quelle est-elle ? Dites-moi, je vous prie.

— À quoi bon ?

— Dites toujours, pour voir.

— Eh bien ! sur la demande de mon frère aîné, qui est marié à la fille de l'empereur de Turquie, mon père a dit que sa couronne appartiendra à celui de ses trois fils qui lui présentera la plus belle femme, et vous comprenez…

— Si ce n'est que cela, rassurez-vous et ayez confiance en moi. »

Quand le jour fut venu où l'on devait présenter les femmes au roi, la souris dit au prince son mari :

« J'irai avec vous chez votre père.

— Ce n'est pas une souris qu'il me faut pour me présenter devant mon père, répondit-il, mais bien une femme, une belle femme.

— Ne vous inquiétez de rien, vous dis-je, et emmenez-moi avec vous.

— Pour me faire honte ?… »

Et aussitôt il monta dans son carrosse et partit, laissant la souris à la maison. Mais celle-ci dit à un jeune pâtre, qui s'apprêtait à partir avec ses moutons :

« Pâtre, attrape-moi ce grand coq rouge, que tu vois là-bas, au milieu de ses poules, et mets-lui à la bouche une bride d'écorce de saule, afin que je monte sur son dos, pour aller rejoindre mon mari, chez mon beau-père. »

Le pâtre fit ce qu'on lui commandait, et la souris monta sur le dos du coq, prit entre ses pattes de devant la bride en écorce de saule et partit pour la cour d'Espagne. Elle passa, dans cet équipage, devant le château de la sorcière qui l'avait métamorphosée en souris. Il y avait là une mare bourbeuse, et le coq ne voulait pas y entrer. La souris avait beau lui crier : « Hop ! hop ! »… en avant !... quand il avait fait un pas en avant, il en faisait deux en arrière. La sœur de la sorcière était à sa fenêtre, et, en voyant ce manège, elle partit d'un grand éclat de rire, qui fit retentir tous les échos du château. La sorcière accourut et, voyant ce qui avait fait rire sa sœur, elle dit à la souris :

« Le charme est rompu ! Je t'avais métamorphosée en souris, jusqu'à ce que j'entendisse rire ma sœur. Elle a ri, et te voilà délivrée. Dès à présent, tu deviens la plus belle princesse qui soit sous le regard du soleil, et ta bride se change en un beau carrosse doré et le coq rouge devient un cheval superbe. »

Et, en effet, tout ce changement s'opéra, en un clin d'œil.

« Va maintenant, ajouta la sorcière, va à la cour du roi ton beau-père, et ne crains pas qu'il y arrive une autre plus belle que toi. »

La princesse continua sa route, dans ce brillant équipage, et eut bientôt atteint son mari, qui ne se pressait pas.

« Comment, vous n'en êtes encore que là ! » lui dit-elle.

Le prince, étonné et ne reconnaissant pas sa femme dans une si belle princesse, ne répondit pas.

« Allons! reprit-elle, venez dans mon carrosse, à côté de moi, et laissez là votre vilaine charrette et la rosse qui vous traîne.

— Ne vous moquez pas de moi, princesse, répondit-il enfin, parce que votre carrosse est plus beau et votre cheval meilleur que le mien.

— Mais regardez-moi donc bien et reconnaissez votre femme.

— Non, vous n'êtes pas ma femme, malheureusement; ma femme est la fille du roi de France, et elle a été métamorphosée en souris par une méchante sorcière: quoi qu'il en soit, je l'aime comme elle est. »

La princesse lui conta alors comment les choses s'étaient passées, et finit par le convaincre, bien qu'avec peine, qu'elle était réellement la fille du roi de France, sa femme.

Ils continuèrent ensuite la route, dans le carrosse doré, tout resplendissant de lumière, et arrivèrent bientôt à la cour du roi d'Espagne. Leur arrivée fit sensation, et on ne pouvait se lasser d'admirer et la princesse et son carrosse et son cheval. La cour du palais était tout illuminée de leur éclat et de leur beauté. Les deux princes aînés avaient de belles femmes, assurément, mais, quand ils virent celle de leur cadet, ils en furent tout confus et troublés. Le vieux roi, tout joyeux et ragaillardi, à la vue d'une beauté si parfaite, lui présenta la main, pour descendre de son carrosse, et lui dit:

« Vous êtes la plus belle princesse que mes yeux aient jamais vue, et la plus digne de vous asseoir sur le trône d'Espagne, à côté de mon fils cadet. »

Le soir, il y eut un grand festin, où le roi voulut avoir la princesse à côté de lui, à table. Celle-ci, à chaque plat qu'on lui présentait, à chaque liqueur qu'on lui versait, en mettait un morceau et répandait une goutte dans son giron, ce qui étonnait tous les convives.

Après le repas, il y eut des danses, et quand la princesse dansait, elle semait sur ses pas des perles et des fleurs, qui tombaient, sans s'épuiser, des plis de sa robe. Ses deux belles-sœurs étaient toutes pâles de dépit.

Le lendemain, les fêtes et les festins recommencèrent, et les femmes des deux princes aînés mirent aussi dans leur giron un morceau et une goutte de tout ce qu'on leur présenta à table, dans l'espoir de les voir se changer également en perles et en fleurs. Mais, hélas ! quand commencèrent les danses, ce n'est pas des perles et des fleurs qu'elles semaient sur leurs pas, comme leur belle-sœur, mais bien des rogatons et des sauces, dont leurs belles robes étaient toutes tachées et souillées, si bien que leurs danseurs avaient honte d'elles et s'éloignaient. Bien plus, les chiens et les chats, attirés sur leurs traces, de tous les points du palais, envahirent la salle de bal, aboyant et miaulant, et mirent partout le désordre.

Le vieux roi, voyant cela, entra dans une belle colère, et chassa de son palais ses deux fils aînés et leurs femmes. Puis, il abdiqua en faveur de son fils cadet.

Jusqu'à présent, j'ai pu les suivre et vous raconter fidèlement leur histoire ; mais, j'ignore ce qu'ils devinrent, dans la suite et, comme je ne veux rien inventer, je ne vous en dirai pas plus long.

Conté par Catherine Doz,
femme Colcanab, maçon,
Plouaret, janvier 1869,
recueilli par François-MarieLuzel,
Littératures populaires, t. II, 1887.

Whuppity stoorie

ÉCOSSE

Il y avait une fois un riche *gentleman* qui possédait une grande maison : il épousa une jeune dame qui avait été élevée très douillettement. Celle-ci trouva tout à souhait dans la demeure de son mari : de beaux meubles, de beaux miroirs, de beaux rideaux, mais son mari aurait voulu qu'en dehors des soins du ménage elle filât par jour douze poignées de fil. À dire vrai, la dame n'était pas capable d'en filer une. Le mari en conçut de l'humeur, et la dame n'avait pas un mois de mariage que déjà elle se trouva très malheureuse.

Un jour, le mari partit en voyage, après avoir dit à sa femme qu'il espérait non seulement que pendant son absence elle apprendrait à filer, mais qu'elle lui présenterait dès son retour cent poignées faites par elle. Toute chagrine, elle alla se promener le long de la colline et arriva près d'une large pierre, sur laquelle elle s'assit et pleura. Bientôt elle entendit une douce musique qui semblait venir de dessous la pierre ; elle la souleva et vit une grotte où elle trouva six petites dames vêtues de vert, chacune filant à un petit rouet et chantant :

Peu de gens, madame, savent, à la maison,
Que Whuppity Stoorie est mon nom.

La dame entra dans la grotte et les petits êtres, sans cesser de filer, l'invitèrent à prendre une chaise et à s'asseoir.

Elle remarqua bien que les petites dames avaient la bouche de travers, mais elle n'osa pas leur en demander la raison. Celles-ci voulant savoir pourquoi elle avait tant de chagrin, elle leur conta que son mari avait cru qu'elle était bonne fileuse, tandis qu'en réalité elle ne savait pas filer du tout, parce que ses parents l'avaient élevée à faire toutes ses volontés, que d'ailleurs elle n'avait nul besoin de travailler, car son mari était riche. « N'est-ce que cela ? dirent les petites femmes, en parlant la bouche toute tournée. — Mais c'est bien suffisant comme cela, répondit la dame, le cœur brisé de douleur. — Vous verrez ce que nous ferons. Nous pouvons facilement calmer votre ennui, dirent les petites femmes. Invitez-nous à dîner le jour où votre mari reviendra. »

Quand le *gentleman* revint, il trouva la maison si affairée par la préparation du dîner qu'il n'eut pas le temps de questionner sa femme ; avant qu'il eût pu ouvrir la bouche sur le sujet qui la préoccupait tant, on annonça l'arrivée des invités à la porte du château. Les six petites dames descendirent d'une voiture à six chevaux, belles comme des princesses, mais toujours avec leurs robes vertes. Le *gentleman* les accueillit très poliment et leur éclaira l'escalier en tenant à la main une paire de chandelles de cire. On se mit à dîner, la conversation fut charmante, mais à la fin le mari, se familiarisant avec elles, leur dit :

« Mesdames, si je ne suis pas indiscret, permettez-moi de vous demander pourquoi vous avez toutes la bouche de travers ?

— Oh ! dit l'une d'elles, c'est parce que nous ne cessons de filer, filer, filer et de passer les fils dans notre bouche pour les mouiller.

— Ah ! vraiment, s'écria le *gentleman*, c'est comme cela ! John ! Tom ! Dick ! faites-moi le plaisir de jeter au feu tous les rouets et toutes les bobines que vous trouverez dans la maison, car je ne me soucie pas que ma femme abîme sa jolie figure en filant, filant, filant ! »

Et depuis lors la dame vécut heureuse avec son mari le reste de ses jours.

M. Chambers, *Popular Rhymes of Scotland*,
traduction de Loys Brueyre, 1875.

Les cloches de Limerick

Irlande

La vieille ville de Limerick est bâtie sur une île formée par une branche du Shannon, appelée rivière de l'Abbaye. Une tradition raconte que cette rivière est une œuvre d'art, faite sous les auspices et la direction des moines d'une des abbayes de cette partie de la ville. C'est dans le lit de cette rivière que, d'après les récits populaires, demeurent ensevelies les cloches d'argent de la cathédrale de Sainte-Marie, disparues pendant les guerres religieuses. L'endroit exact où elles se trouvent est, dit-on, connu d'une famille qui perpétue son secret de génération en génération, et ne doit le révéler que lorsque le protestantisme n'existera plus en Irlande. Le fait est qu'on les a cherchées partout sur terre et dans la rivière et qu'on ne les a trouvées nulle part.

Une légende nous dit que ces cloches furent fondues près de Florence par un Italien, du nom de Francesco, qui dépensa plusieurs années à composer le métal avec lequel il les fondit ; ce métal se composait en grande partie d'argent. Ces cloches avaient des sons harmonieux si doux et si puissants tout à la fois, qu'on venait de très loin pour les entendre. Le fondeur se passionna tellement pour son œuvre qu'il ne voulut point s'en dessaisir. Néanmoins la misère le força plus tard à vendre ses cloches au prieur d'un monastère voisin, et Francesco, avec le produit de cette vente, s'acheta dans les environs du couvent une jolie petite villa, de laquelle il pouvait entendre sonner ses cloches chéries.

Le bonheur domestique vint augmenter la joie du fondeur florentin. Il aimait passer les longues heures des soirées d'automne sous les treilles élevées devant la porte de sa villa, auprès de sa chère Marie, si belle, si bonne et si tendrement aimée. Il regardait ses beaux petits enfants jouer sous les orangers et les grenadiers ; il écoutait dans une douce extase les suaves accents de ses cloches sonnant l'angélus, et dont les mélodieuses vibrations enchantaient l'âme de tous ceux qui les entendaient.

Le bonheur de Francesco fut long, très long, mais un jour il dut acquitter aussi cette dette de douleur que tous les hommes contractent en entrant dans la vie, et qu'ils doivent payer tôt ou tard d'une manière ou d'une autre. Une révolution civile vint brûler bien des couvents, des propriétés particulières, et répandre bien du sang. Quand l'orage fut passé, le couvent n'existait plus; les cloches avaient été vendues; Marie et ses enfants étaient allés au ciel, et Francesco restait seul, pauvre et sans autre consolation que le souvenir de son bonheur passé. Ses cheveux se blanchirent; son cœur, meurtri, desséché, ne battait plus qu'en se rappelant les sons harmonieux de ses cloches pour lesquelles il avait dépensé tant d'argent et de génie. N'aimant plus rien au monde et ne pouvant plus rien aimer, il résolut de parcourir toute l'Europe pour retrouver les chefs-d'œuvre de son talent merveilleux, et de mourir auprès de ses cloches favorites.

Il visita d'abord l'Italie, puis la Suisse, l'Allemagne, la France et l'Espagne, et ne les trouvant nulle part, il s'embarqua pour l'Angleterre. Après de longues et minutieuses recherches sans succès, il partit pour l'Irlande sur un navire qui devait remonter le Shannon jusqu'à Limerick. En approchant de la ville il alla s'accouder à tribord vers la proue, afin de mieux contempler les édifices publics ayant des clochers; pour lui, c'étaient les seuls monuments ayant de l'intérêt. Le soleil se couchait derrière les montagnes du comté de Clare; le ciel était légèrement moutonné de petits nuages rosés; l'air tiède, pur et calme laissait entendre de très loin les moindres bruits qui s'élevaient au-dessus de la ville. Tout à coup les cloches de la cathédrale sonnèrent l'angélus; Francesco jeta ses regards sur les vieilles tours de Sainte-Marie, il croisa ses bras sur sa poitrine, ses yeux s'illuminèrent et se remplirent de larmes; jeunesse, bonheur, patrie, doux souvenirs, il retrouvait tout cela dans les voix argentées des cloches, car c'étaient les siennes. Quand les marins s'approchèrent de lui pour le faire débarquer, ils le virent la figure tournée vers la cathédrale de Sainte-Marie, les yeux fermés et le corps froid. Francesco s'était endormi du sommeil de la mort.

Abbé Domenech, *Voyages légendaires en Irlande*, édition Emmanuel Vitte, 1894.

Les cornemuseux

Bretagne

« Mes amis, disait le père Blanchet en essuyant du revers de sa manche son large front où ruisselait la sueur, vrai ! si monsieur saint Jean n'est pas satisfait de sa fête cette année, il faut convenir qu'il est difficile à contenter. Avez-vous vu le superbe feu qu'on a allumé hier soir sur les hauteurs ? Voilà qui devait s'apercevoir de loin ! Et les fusées, et les artifices de toutes sortes !... Voilà qui s'appelle une surprise délicate ! Puis, aujourd'hui, hein quelle foule ! quel tumulte ! Ajoutez à cela un soleil capable de fondre du granit, tout comme si nous étions dans la canicule ! Tenez, moi qui vous parle, et qui compte soixante-cinq ans bien sonnés, je ne me rappelle pas d'avoir été rôti par un soleil plus chaud, ni d'avoir vu à Daoulas une fête plus brillante. Une fois pourtant, il y a longtemps de cela… c'était en… ah ! parbleu ! j'étais jeune alors, et je tenais rudement ma place à la danse, croyez-moi ! C'était en… Bah ! l'année d'une si magnifique récolte ! »

Et le riche fermier, dont la mémoire était un peu plus paresseuse que la langue, fit deux pas vers une longue table dressée tout près sous les arbres. Il y prit une cruche et se versa posément une large rasade de petit vin violet.

Quand le père Blanchet parlait — et c'était souvent son tour —, on l'écoutait volontiers. Pour quelques-uns, c'était par respect pour son âge ; pour le plus grand nombre, c'était par déférence pour son argent. De bons écus sonnants, de belles terres au soleil, cela pose singulièrement un homme. Pour les badauds, qui mesurent le mérite à l'aune, il n'en faut guère davantage. On acquiert avec cela le droit de parler haut et le privilège d'être ennuyeux, tout en étant écouté quand même.

On s'accordait pourtant à dire beaucoup de bien du père Blanchet. Somme toute, les histoires qu'il racontait étaient, quoique longues, quelquefois divertissantes; puis il était si affable, si obligeant par caractère qu'on lui eût passé bien des choses, voire même d'être légèrement épris de sa grosse personne. Quant à son entêtement qui était devenu proverbial, pour un Breton ce n'est point vice.

Dans son temps, il avait été chantre au lutrin, et ce n'était pas la moindre plume de son aile: on le voyait alors, le dimanche, en chape moirée, entonner d'une voix ronde et solennelle les Kyrie de la messe, et le lundi surveiller lui-même ses attelages, activer son monde, pousser ses bœufs, diriger ses cultures, sur lesquelles il semblait que les bénédictions du ciel s'épanchaient à plaisir chaque année.

Ce n'étaient point là ses seuls mérites: en nommant le père Blanchet, on ne pouvait s'empêcher de penser aussi à sa fille, la gentille Gervaise, qui allait avoir vingt ans, et dont plus d'un jeune gars se serait fort arrangé d'obtenir la main.

« Donc, reprit le fermier après avoir savouré en gourmet la rasade qu'il s'était versée et avoir posé lentement son verre sur la table, donc c'était en... je vous disais l'année d'une superbe récolte..., j'étais premier chantre à la paroisse... »

Mais un jour comme le jour de la fête de Daoulas, au beau milieu des jeux, des courses, des luttes et des danses, on avait bien autre chose à faire que de suivre le bonhomme dans les interminables narrations qu'il affectionnait. Aussi, quand il reprit sa phrase, le cercle qui l'entourait se trouvait composé de nouveaux visages, qui passaient, regardaient familièrement ou souriaient avec niaiserie, puis allaient se perdre comme les premiers dans le courant de la foule.

Rien ne présente un coup d'œil joyeux, coloré et pittoresque comme ces pardons de Basse-Bretagne qui sont le prétexte à mille divertissements. Aussi y vient-on de fort loin. La matinée est exclusivement consacrée à la partie sérieuse de la fête; on se rend en pèlerinage à l'église, on assiste dévotement à la messe, et l'on suit, le rosaire à la main, à l'ombre des riches bannières, quelque procession où l'on porte de saintes reliques dans leur châsse dorée. Plus tard, le caractère de la fête change complètement: de tous côtés, on arrive en costume d'apparat; tous les âges et toutes les conditions se coudoient; l'on va, l'on vient, on se salue, on s'aborde, tout le monde est en liesse; l'animation et le plaisir règnent partout.

Cependant le père Blanchet s'aperçut qu'il n'avait rien de mieux à faire que de se confier, aussi lui, au courant qui refluait aux abords de la place; ce courant l'amena bientôt, tant bien que mal, sans trop de froissements, sans trop de coups d'épaule, vers un groupe où était engagée une partie de quilles. Les curieux ne manquaient pas: rangés sur deux lignes serrées, ils suivaient chaque coup avec intérêt, critiquaient ou louaient les joueurs et hasardaient quelques paris.

« Voyons, qui veut me tenir tête? » s'écriait un jeune homme dont le teint était enluminé par l'ardeur qu'il avait déployée au jeu. Sa taille avantageuse et bien prise se dessinait dans un habit fin de drap vert garni de liserets rouges. À voir l'ornementation prétentieuse de son chapeau et son air satisfait de lui, on devinait tout de suite un des « beaux » de sa paroisse.

« Qui veut me tenir tête? répéta-t-il en se cambrant en arrière, tandis qu'il balançait dans sa main une énorme boule. En avant, les amateurs! À un écu la partie!

— Oh! oh! Jean-Claude, fit un des spectateurs, le succès te brouille la cervelle. Un écu! Y penses-tu?

— Un écu! ajouta un autre, sans ôter de sa bouche une petite pipe noire qui paraissait rivée entre ses dents; il faut donc que tu sois devenu bien riche, Jean-Claude.

— Ou que tu aies grand désir de le paraître! »

Jean-Claude montra le poing d'un air menaçant vers celui qui venait de parler; puis se retournant avec intention du côté où il avait aperçu le triple menton et le visage empourpré du père Blanchet:

« Allons! dit-il, une dernière partie. À un écu et demi... »

L'armée des quilles, rangée en bataillon carré, avait un aspect des plus tentants et paraissait n'attendre que l'attaque. Mais nul ne s'empressait de venir rendre raison à Jean-Claude.

Cependant un gros rire se fit entendre, et le vieux chantre fendit la foule.

« Eh! eh! pardonnez-moi, mon cher Claude, dit-il; il me semble que cela languit. Aussi vos enjeux effarouchent-ils tout le monde. Venez; j'aperçois là-bas quelqu'un dont je ne serai pas fâché de connaître l'adresse. À nous, Mériadec, une partie pour *daou gwenneck*[1]. Nous ne sommes pas fiers, nous. »

À cette invitation, un jeune homme d'une physionomie expressive se détacha lentement du groupe des curieux et entra dans l'espace réservé aux joueurs.

Jean-Claude disparut en se mordant les lèvres.

Tous les yeux s'étaient portés sur ce nouveau joueur qui venait d'être désigné sous le nom de Mériadec. Il n'était point de Daoulas, comme on pouvait le reconnaître à son costume et aux liserets de son chapeau, d'où s'échappait un flot de chevelure blonde. Mais son air simple, son regard sympathique et franc prévenaient de suite en sa faveur ; on savait vaguement encore qu'il était un des meilleurs cornemuseux de son endroit, et l'on supposait qu'il devait en cette qualité prendre part au tournoi musical auquel avaient été convoqués tous les sonneurs de biniou et de cornemuse des environs. D'ailleurs, le père Blanchet l'avait appelé par son nom, le père Blanchet l'avait choisi pour faire sa partie : c'était une présentation qui en valait bien une autre.

« Je commence, fit le fermier. C'est le privilège de l'âge. »

Et d'une main ferme il balança la boule qui partit comme un trait et alla bruyamment bondir à l'autre bout de l'espace réservé, dans le jeu de quilles.

Tout le rang du milieu, le maître compris, roula dans la poussière. Un tonnerre d'applaudissements éclata dans la foule.

Blanchet releva fièrement la tête, haussa le col de sa chemise et s'épongea le front à plusieurs reprises.

« Parbleu ! dit-il, cela me rappelle un superbe coup que je fis… il y a de cela bien des années ; c'était en… bah ! tandis que j'étais chantre… »

Mériadec l'interrompit en lui rapportant la boule, et la partie si brillamment inaugurée continua son cours.

Jean-Claude, les poings crispés par le dépit, s'était éloigné des joueurs de quilles.

« Ce Mériadec sera donc toujours sur mon chemin ! murmurait-il en lui-même. À Poullaouen, au Huelgoat, je le rencontre

1. Deux gwenneck. Le gwenneck est la pièce de cinq centimes.

partout. Je viens à Daoulas pour la fête, il y est encore, et qui plus est, assez bien coté, paraît-il, sur les papiers du père Blanchet. Se pourrait-il ?…mais non, le vieux chantre n'a qu'une parole, sa tête est dure comme une roche : or il a dit que ce serait le meilleur cornemuseux du pays qui serait le mari de la petite Gervaise. Tenons-nous donc pour averti, et à nous deux, mon beau sonneur ! »

En effet, Blanchet, qui logeait parfois dans sa tête des idées assez originales, avait jusqu'alors nettement refusé tous ceux qui lui avaient demandé la Gervaise. Il voulait un gendre qui fût digne de lui. Dans sa jeunesse, on l'avait cité pour un sonneur de biniou émérite. Aucune dérobée n'enlevait le pied mieux que celles qu'il jouait ; ce qui n'avait pas peu contribué à le mettre en renom, c'est aussi qu'il savait lire de jolis airs sur des papiers où les autres ne voyaient tout au plus que des points noirs et des pattes de mouche.

Encore maintenant il se faisait gloriole d'être consulté sur la musique ; en cette matière il tranchait comme un maître.

« Eh bien ! avait-il dit à ceux qui le pressaient de choisir enfin un parti pour sa fille, eh bien ! nous verrons à la fête de Daoulas. Les sonneurs de la contrée doivent s'y rendre pour concourir entre eux. Je suis assez riche pour trois, je puis me passer la fantaisie de choisir mon gendre ; celui qui remportera le prix aura ma voix. »

Jean-Claude s'était aussitôt mis sur les rangs.

Il repassait tout bas dans sa mémoire tous les éloges flatteurs que son talent lui avait déjà attirés cent fois. Nul, disait-on, ne savait comme Jean-Claude manier délicatement ses doigts sur le chalumeau troué d'une cornemuse ; c'était merveille de l'entendre prodiguer des crochetées de notes, à rendre jaloux les rossignols eux-mêmes. D'ailleurs ce qui le rassurait pleinement sur l'issue de l'épreuve annoncée, c'est qu'il possédait l'instrument le plus parfait qu'on eût vu dans les pardons ; il l'avait payé fort cher ; tandis que Mériadec, dont la modeste fortune n'eût point permis une pareille dépense, n'avait qu'une vieille cornemuse usée qui lui venait de l'héritage paternel.

« À nous deux ! Mériadec, répétait-il, à tantôt. C'est là que je t'attends… »

Et, ce disant, Jean-Claude continuait d'errer dans la foule entre les échoppes des marchands d'étoffes, de bijoux en verroterie, et les éventaires pliant sous des montagnes de fruits et de gâteaux aux amandes. Tandis que les jeunes filles se faisaient à bon compte des écrins de rubis, de topazes et d'émeraudes, les enfants jetaient sur la perspective appétissante et sucrée des éventaires, de longs regards qu'ils n'en pouvaient plus détacher. Plus loin, des charlatans en costume de pachas en déconfiture, s'efforçaient d'attirer les acheteurs, en piquant sans cesse la curiosité par l'annonce de quelque objet nouveau. Plus loin encore, à l'ombre de grands acacias, on dansait des rondes et des passe-pieds ; d'autres, tranquillement assis, festoyaient en plein air ; des héros de douze ans se lançaient à la poursuite d'un coq effaré que le plus agile à la course rapportait en triomphe ; les anciens, attablés sous les tentes, buvaient en fumant, sans s'inquiéter ni du tumulte qui les environnait, ni du bruit cadencé des dérobées, ni des annonces des vendeurs vantant à qui mieux mieux leur marchandise.

« Venez, criait l'un, voilà le spécifique universel guérissant toutes les maladies du corps ! Le spécifique universel à un sou !

— Achetez l'eau qui guérit la folie, ajoutait un autre.

— La poudre qui détruit la vermine et fait couper les couteaux ! mugissait un troisième.

— L'avenir ! l'avenir ! qui veut savoir l'avenir ? glapissait une petite vieille en agitant sa baguette divinatoire. »

Soulever le voile qui couvre l'avenir, toujours et partout cela a tenté les sots : autour de la petite vieille il y avait affluence.

Jean-Claude se mit à regarder comme les autres.

Devant la magicienne en guenilles était dressée une petite table couverte d'objets clinquants, destinés à frapper les yeux ; mais l'attention des badauds se portait particulièrement parmi tout cela sur trois carafes de cristal, remplies d'une eau claire dans laquelle montaient et descendaient alternativement de petites figurines coloriées.

« L'avenir, l'avenir à bon marché ! qui veut savoir l'avenir !

— Ma foi ! va pour l'avenir, fit Jean-Claude. Dites-moi, bonne femme, si mon projet réussira !

— Votre projet, jeune homme, répondit-elle en le regardant

dans les yeux, en effet rien qu'à vous voir j'aurais deviné que vous aviez un projet. Mais n'allons pas trop vite : dans la science que je possède, on ne marche pas comme dans un grand chemin en plein jour. Donnez-moi votre main et dites-moi si vous voulez que je tire les cartes ou que je consulte l'eau de mes carafes.

— Va pour les carafes ! »

La vieille mégère prit dans ses doigts la main gauche de Jean-Claude et se mit à en examiner toutes les lignes avec soin. De temps en temps, elle s'interrompait, saisissait sa baguette blanche et décrivait des ronds inégaux dans l'air en récitant à voix basse des paroles magiques, puis elle se rapprocha des carafes et se mit à faire dans leur direction des passes de magnétisme.

Autour d'elle, on regardait bouche béante.

Quand la vieille eut longtemps examiné l'eau des carafes et les globules d'air qui venaient expirer à la surface, elle releva la tête et fixa de nouveau sur Jean-Claude ses deux yeux de hibou.

« Jeune homme, dit-elle, je sais votre projet. Mes carafes me l'ont appris. »

Et elle lui murmura dans l'oreille quelques mots qu'on ne put entendre.

« C'est merveilleux ! fit Claude en passant la main sur son front. Cela est la stricte vérité.

— Regardez-moi encore, jeune homme ; avez-vous cueilli le *louzou*[2] ?

— Oui.

— Le premier samedi du mois ?

— Oui. À minuit.

— Bien. Cela vous portera bonheur. Maintenant écoutez-moi, voici ce que m'ont dit ces globules d'air qui viennent mourir à la surface de cette eau et qui sont la respiration des esprits auxquels l'avenir est connu : "Celui-là sera agréé entre tous, qui possédera la cornemuse la plus belle."

— Bravo ! la vieille, s'écria Jean-Claude qui lança en l'air son chapeau à larges bords, tenez, voilà ma bourse ; payez-vous

2. Le louzou est une herbe à laquelle on prête des pouvoirs imaginaires.

triple. Je suis content de votre horoscope. Et vous, mes amis, suivez-moi : je paie à qui veut boire ! »

Le pardon de Daoulas tirait à sa fin. Du côté du couchant le soleil teintant l'horizon de nuances rosées atteignait la cime des arbres : on n'attendait plus que la fête des cornemuses qu'on avait réservée pour le soir. Déjà on se portait en foule vers les estrades élevées pour la circonstance.

Le jury qui devait apprécier le mérite des musiciens était composé des plus anciens ménétriers des paroisses environnantes : plusieurs d'entre eux occupaient déjà leurs places sous la tente décorée de verdure et de banderoles. En face de cet aréopage rustique, plus d'un des concurrents inscrits sentait battre son cœur. D'autres avaient amplement puisé au fond des bouteilles la dose d'assurance dont ils avaient besoin.

Enfin un long roulement de tambour annonça le cortège des autorités.

Lorsque tous les gros bonnets de l'endroit eurent défilé et pris place sur les tréteaux, l'épreuve commença.

Douze sonneurs s'étaient présentés pour y prendre part. On fixa par le sort l'ordre dans lequel chacun devait se faire entendre ; puis la foule attendit dans un religieux silence.

Les premiers qui jouèrent furent également applaudis. Parmi l'assemblée, où l'on voulait comme toujours devancer l'opinion des juges, les discussions commençaient cependant à poindre, car chaque émule avait ses tenants. Divers camps se formaient, on exaltait son protégé et l'on faisait tout haut des vœux pour sa réussite. Mais de toutes parts il n'y avait qu'une voix pour reconnaître que la partie était noblement débattue, que les concurrents étaient sérieux et qu'il y avait si peu de différence entre eux, qu'on aurait voulu les couronner tous.

On appela bientôt Jean-Claude qui, la tête haute, la démarche assurée, franchit les degrés de l'estrade. Il portait sous son bras cette fameuse cornemuse, la plus belle qu'on eût encore vue, et dont les malins disaient qu'elle jouait toute seule.

Dès qu'il eut enflé l'outre et fait entendre quelques notes, un murmure d'approbation s'éleva autour de lui. Depuis longtemps tous connaissaient le talent de Jean-Claude, il n'était point homme à se démentir en un moment si solennel.

« Hum! disait Méloir le maréchal à son voisin Cadet, voici leur maître à tous; je parierais ma tête contre un oignon qu'il aura le prix. Dites-moi, avez-vous jamais ouï flûterie si savante? »

Le meunier Cadet tendait l'oreille, mais écarquillait surtout les yeux; car ce qui le frappait plus encore que ce qu'il entendait, c'était la richesse de l'instrument, tout ornementé de pendeloques de plomb fin qui reluisaient si bien qu'on les eût prises pour de l'argent.

« Celui-ci sera le gendre au père Blanchet, poursuivit Méloir; on dit que la magicienne le lui a prédit.

— Et qu'elle a ensorcelé ses doigts, ajouta Cadet.

— C'est sûr! Il y a là-dedans du sortilège!

— Père, dis-moi un peu ce que c'est qu'un sortilège? demanda le petit Méloir en tirant le bras du maréchal.

— Tais-toi, petit, et écoute!... Un sortilège, ça ne peut pas se comprendre. »

On eût pu croire que Jean-Claude eût entendu le meunier et qu'il eût eu à cœur de prouver ce que ce dernier avançait, tant l'air qu'il jouait était rondement enlevé, tant il menait vivement la mesure en faisant courir ses doigts, et en lançant çà et là de folles kyrielles de notes.

Le tour de Mériadec vint ensuite. Quand Jean-Claude le vit, il lui adressa un regard de défi. Le geste de pitié qu'il ajouta à l'aspect de sa cornemuse signifiait: « Avec cela? Y penses-tu? »

Pour Cadet, il eut beau ouvrir encore de grands yeux, l'instrument du nouveau venu n'était qu'un instrument tout simple, à demi détraqué, sans enjolivements ni cuivreries.

Mais il ne faut point juger sur l'écorce: malgré la simplicité de l'artiste et la triste apparence de l'instrument, l'étonnement fut grand autour de l'estrade, quand on eut entendu le début du morceau de Mériadec. Sans doute il ne déployait point cette merveilleuse agilité de doigts, dont Claude se complaisait à faire parade; en revanche, il y avait dans le chant tranquille qu'il faisait entendre je ne sais quoi de si doux, de si rêveur et de si pénétrant qu'on ne se lassait point d'écouter cette mélodie.

La vieille cornemuse que lui avait léguée son père avait retrouvé tout à coup ses accents de jeunesse.

« Tiens, dit Cadet en dressant l'oreille, la gourde n'est pas brillante, mais la musique qui en sort me va droit au cœur. Croiriez-vous que tout à l'heure en l'écoutant, là, comme une bête, je me croyais transporté par enchantement auprès de mon logis ; je pensais que j'étais accoudé sur la rampe du petit pont, en face des peupliers, à regarder l'eau et la verdure des champs, tandis que dans la maison ma ménagère chantait aux enfants quelque chose de doux pour les endormir. »

Quand Mériadec eut fini, le père Blanchet quitta sa place pour aller lui frapper amicalement sur l'épaule, ce qui ne passa point inaperçu. Pour les marguilliers et les anciens, ils furent si fort enchantés du talent du jeune sonneur que force lui fut de recommencer son morceau, qui fut accueilli par une double salve d'applaudissements.

Après de tels témoignages, l'hésitation n'était plus possible ; Mériadec fut donc acclamé. Le père Blanchet, délégué par ses pairs, se leva de son siège et s'avança d'un pas magistral sur le devant de l'estrade, tenant entre les mains quelque chose que cachait aux regards une serge de couleur foncée.

« Mes chers amis, dit-il d'une voix sonore en s'adressant à la foule, l'opinion du jury et celle de l'assemblée viennent de se réunir dans un seul et même choix. C'est pour nous l'assurance qu'il est bon. Mériadec a fait preuve d'un vrai et solide talent. Dieu merci, la race des cornemuseux n'est pas éteinte ; la vieille souche pousse encore des rejetons. Nous prenons un véritable plaisir à le constater. Quant à moi, cette fête si brillamment organisée me rappelle qu'il y a déjà bien longtemps… j'étais chantre à cette époque… c'était en… en… »

À ce moment, l'orateur ayant fait un geste inattendu, la serge qui enveloppait ce qu'il tenait entre ses mains tomba à terre et mit à découvert ce qu'elle cachait. Un cri d'admiration s'échappa de toutes les poitrines, quand on aperçut une cornemuse toute neuve, dix fois plus belle que celle de Jean-Claude. Elle avait un double bourdon en merisier noir finement sculpté, dont l'un avait au moins trois pieds de longueur ; l'outre qui contenait le vent était recouverte d'une peau de mouton ; toutes les jointures de l'instrument disparaissaient sous des nœuds de rubans et sous mille enjolivements de cuivre poli qui brillaient comme de l'or.

Alors, l'ancien chantre, dont l'attention avait été inopinément détournée, oublia la phrase qu'il avait commencée et s'adressant à Mériadec :

« Tenez, dit-il, en lui remettant le magnifique instrument, voilà ce que je suis chargé de vous offrir, vous l'avez dignement mérité ! »

C'est un coup d'œil qui n'est point dépourvu d'intérêt, que celui de la fin d'une fête.

La nuit était tout à fait close ; les dernières rumeurs du pardon de Daoulas s'éteignaient peu à peu ; un grand nombre de paysans étaient déjà repartis, d'autres quittaient à regret les tables où les heures passent vite, et où le soir était venu les surprendre. Sur le seuil des auberges, les hôteliers, le falot à la main, présidaient aux départs ; on s'empressait, on s'appelait, les chevaux hennissaient ; à chaque minute s'éloignaient dans toutes les directions des voiturins surchargés et bruyants.

Jean-Claude, après l'éclatant dessous qu'il venait d'avoir, avait d'abord cherché à s'étourdir avec ses camarades. Il s'efforçait de se donner un air gaillard, mais c'était en vain ; la nature parlait plus haut. Son amour-propre avait été trop vivement froissé. La jalousie, comme un reptile venimeux, l'avait mordu au cœur.

Il se hâta d'accepter une place dans la carriole d'un petit colporteur qui prenait la route de Carhaix. Il était désireux de quitter au plus tôt le lieu qui avait été témoin du triomphe de son rival.

À peine était-il installé, que Mériadec y vint aussi prendre place, chargé de sa cornemuse qui avait été le point de mire de toutes les admirations pendant la soirée. Il retournait à Poullaouen.

Dans l'obscurité, Jean-Claude, dont l'esprit était préoccupé, ne l'aperçut pas d'abord ; mais, au bout d'un instant, il le devina plutôt qu'il ne le reconnut. Les amis du jeune sonneur l'acclamèrent de nouveau.

« Ainsi, dit le colporteur en se rengorgeant, j'aurai la gloire de ramener dans ma voiture le héros de la journée… »

À ces mots, Claude fit un brusque mouvement pour quitter sa place, son œil étincelait ; il voulut parler, la colère lui serrait les dents, il fut sur le point de descendre ; mais, au même instant, la carriole s'ébranla et partit comme une flèche.

Une conversation animée ne tarda pas à s'établir entre les voyageurs. On parlait familièrement des événements de la journée, des achats que l'on avait faits, des nouvelles que l'on avait apprises. Le nom de Mériadec revenait sans cesse sur toutes les bouches ; naturellement on se rappelait la promesse du père Blanchet, on vantait la petite Gervaise, et tout le monde adressait à Mériadec mille félicitations, auxquelles il répondait avec une grâce mêlée d'embarras. Seul, Jean-Claude gardait le silence ; calme en apparence, la tête entre ses deux mains, il dévorait son dépit ; les pulsations de la fièvre battaient dans ses tempes ; il sentait la colère de l'orgueil froissé lui monter à la tête ; au-dedans de lui, il emportait la passion, semblable à un flot orageux qui ne veut qu'un prétexte pour rompre ses digues.

Deux fois Mériadec, qui le voyait absorbé et songeur, lui avait adressé affectueusement la parole. Jean-Claude n'avait pas semblé l'entendre.

Au milieu de cette lutte de sentiments mauvais, il n'y avait pas jusqu'au souvenir de l'horoscope de la vieille magicienne qui ne fût un tourment pour lui.

« Oui, se disait-il, voilà le présage ! Celui qui possédera la cornemuse la plus belle… la plus belle… la sorcière l'a dit. Il aura donc la petite Gervaise… lui !... car les sorcières disent vrai. Et penser que tout le monde a entendu l'horoscope de la vieille ! Penser que cet instrument plus beau que le mien, tout le monde a pu le voir et faire la comparaison ! Penser qu'il est là, là, cet instrument maudit, tout près de moi, et qu'en une seconde je pourrais… le broyer dans mes mains ! »

C'est dans ce tête-à-tête de pensées sombres que se passa la soirée de Jean-Claude. Enfin, vers minuit, l'on arriva à Sizun : la première étape était terminée.

À l'auberge des Trois-Mages, beaucoup de voyageurs, revenant de la fête, s'étaient déjà arrêtés ; la maison était plus qu'encombrée. L'hôte, réveillé en sursaut, se contenta donc d'indiquer aux nouveaux arrivants quelques places restées libres dans une sorte de grange disposée à la hâte en vaste dortoir. Après quoi il alla reprendre son somme.

Au bout d'une heure, tout était redevenu silencieux : dans la salle, que n'éclairait plus qu'une antique lanterne suspendue aux solives du plafond, Jean-Claude seul ne pouvait fermer l'œil. Sous la lueur fumeuse de la lanterne, à trois pas, de lui, il apercevait Mériadec.

Mériadec dormait. La cornemuse était près de son chevet. Parfois, dans son sommeil, un sourire léger passait sur ses lèvres, comme s'il eût doucement rêvé des souvenirs de la journée.

« Il est pourtant vrai que c'est là un instrument magnifique », pensa Jean-Claude.

Et il se mit sur son séant pour le mieux examiner.

« Près de lui, continua-t-il, le mien n'est qu'un petit jouet d'enfant ! »

Les paroles de la magicienne lui revinrent immédiatement à l'esprit.

« Celui qui possédera la plus belle ! répéta-t-il en se frappant le front. Ah ! l'avoir, l'avoir dans ses mains, la posséder !... Celui qui la possédera ? Eh bien ! ce sera moi ! Et nous verrons si l'horoscope dit vrai ! »

Il se leva sans bruit et s'approcha tout près de Mériadec.

— Mais non, reprit-il après un instant de réflexion ; non, cela est impossible. On l'a vue, on l'a admirée, on la reconnaîtra. C'est vouloir joindre à ma honte celle d'être arrêté comme un voleur. »

Soudain, par un mouvement fébrile, il releva la tête.

« Eh bien! dit-il, puisqu'elle ne peut être à moi, au moins n'aurai-je pas l'affront de te la voir posséder ! Après cela, je ne craindrai plus l'accomplissement de l'horoscope de la sorcière ! »

Et, dans un accès de rage, il mit en pièces le merveilleux instrument.

Ce fut un triste réveil que celui de Mériadec. Son premier regard, une de ses premières pensées avaient été pour sa chère cornemuse : quels beaux projets n'avait-il pas caressés dans ses rêves ! comme il allait reprendre maintenant ses travaux avec courage, comme à ses moments de loisir il allait consacrer de nouveaux efforts à étudier l'art qui faisait son bonheur ! Hélas ! toutes ces pensées s'envolèrent en même temps. L'instrument était là, gisant, en morceaux, près du chevet, sur le sol. Le grand bourdon couvert de sculptures était broyé, comme si quelqu'un l'eût écrasé à plaisir sous ses pieds, le sac à vent était percé dans plusieurs endroits, les jointures étaient disloquées, la peau de mouton avait une large déchirure, et les jolies pendeloques de cuivre poli traînaient tristement çà et là.

À ce spectacle, Mériadec ne put contenir ses larmes ; il prit une à une toutes les pièces de la cornemuse, en se demandant ce qui avait pu causer un si grand malheur. Comment penser que quelqu'un eût pu se faire une maligne joie d'une telle œuvre de destruction ? Malgré certaines traces qui semblaient l'attester, il ne pouvait s'arrêter à un pareil soupçon. Il ignorait qu'il y a des âmes petitement nées, dont c'est l'instinct de faire le mal froidement, pour le seul plaisir de nuire.

La nouvelle de l'infortune de Mériadec ne tarda pas à se répandre dans l'hôtellerie ; chacun vint, donna son avis ; en somme, on ne doutait point qu'il n'y eût là un acte de méchanceté, mais on ne savait quel en était l'auteur. Plus de quarante voyageurs avaient pris gîte cette nuit-là à l'auberge des Trois-Mages : beaucoup, qu'on ne connaissait point, étaient repartis dès la petite pointe du jour. L'hôte, en homme perspicace, se hâta de faire remarquer qu'il avait justement reçu la veille au soir deux mendiants vagabonds d'assez mauvaise mine, qui avaient couché dans la grange.

« C'est indigne ! répétait chacun autour de lui. Une si belle cornemuse ! »

Il n'y eut pas jusqu'à Jean-Claude qui ne vînt placer son mot.

« Il me semble, fit-il, qu'on se désole trop tôt. Peut-être le mal est-il réparable ?

— Oh ! que non, répondit Mériadec en secouant tristement la tête. Regardez plutôt... Cela est sans remède !

— Quant à mes vagabonds, ajouta l'hôte, je leur ai ouvert la porte moi-même, ce matin de bonne heure. Le plus grand des deux surtout m'avait l'air d'un vrai gibier de potence ; je ne l'ai logé que parce que je craignais quelque mauvais coup, si je lui avais refusé ma maison. Il a beaucoup discuté sur son écot, et n'a consenti à payer que la moitié du prix que je lui demandais. Ils ont pris en toute hâte la route de Landivisiau. »

Là se bornèrent toutes les consolations que l'on put offrir au pauvre Mériadec. Il serra donc mélancoliquement dans le morceau de serge toutes les pièces de sa cornemuse. On eût dit qu'il voulait recueillir, débris par débris, les restes d'un beau rêve envolé… Ensuite on quitta Sizun.

La route ne présenta guère d'incidents. Jean-Claude était aussi songeur que la veille ; on finit par ne plus s'en préoccuper. De temps en temps, un voyageur se détachait de la petite troupe pour gagner les chemins de traverse qui devaient le conduire chez lui. Le voiturier s'en allégeait d'autant ; alors le petit cheval breton secouait gaiement ses grelots, humait à pleins naseaux cet air vif des montagnes d'Arez, et reprenait quelque ardeur à mesure qu'il s'approchait du terme de sa course.

Au Huelgoat, Jean-Claude et Mériadec prirent eux-mêmes congé du petit colporteur : leur plus court chemin était de suivre cet admirable sentier qui traverse la vallée dans toute sa longueur pour aller rejoindre les mines.

Ils eurent bientôt perdu de vue les toits pointus de la ville, derrière laquelle se cachait déjà le soleil, et ils s'enfoncèrent tous deux sous les grands arbres qui boisent la route à profusion.

Tout ce ravin du Huelgoat n'est qu'un perpétuel enchantement : on ne saurait imaginer un plus splendide agencement de verdure, de montagnes, de blocs suspendus, de gouffres, de roches humide et d'eaux courantes.

Mériadec avait suivi cent fois cette route ; jamais pourtant il n'en avait senti si intimement les beautés que ce soir-là, par ce crépuscule bleuâtre qui dessinait vaguement le contour de chaque objet.

Il ne put s'empêcher de le faire remarquer à Jean-Claude.

« Qu'à cela ne tienne ! répondit celui-ci. Désormais, nous avons tout notre temps : asseyons-nous ici une minute. »

Ils étaient sur le bord d'une plate-forme tapissée de mousses ; tout auprès, sous les plantes parasites, s'ouvre une sorte de précipice en forme d'entonnoir. Quelques arbres venus au hasard dans les fissures du rocher regardent hardiment au fond du gouffre.

« Comme cet endroit est sauvage ! dit Mériadec.

— Ne t'en étais-tu donc jamais aperçu ? répondit brusquement Jean-Claude.

— N'est-ce pas ici, continua Mériadec, sans prendre garde au ton brutal de son camarade, n'est-ce pas ici que disparut la mystérieuse dame blanche ? Une jeune fiancée, à ce que dit la légende. »

Jean-Claude paraissait rêver profondément. Il ne répondit pas. Au loin on entendait le bruit régulier des moulins à pilons, et le grincement des poulies, qui venait du côté de la mine.

« N'assure-t-on pas qu'elle revient quelquefois, la jeune fiancée ? » poursuivit Mériadec.

De sinistres pensées surgirent tout à coup dans le cœur de Jean-Claude ; un souvenir en avait éveillé d'autres ; sa poitrine était haletante, une sombre lueur éclaira son visage.

« Oui, dit-il d'une voix sourde, en s'approchant près de Mériadec, comme s'il eût voulu le serrer contre lui-même ; oui, on assure qu'elle revient... Mais on assure aussi que parmi ceux qui viennent ici... tous ne reviennent pas ! »

Mériadec, surpris à la fois de ces étranges paroles et de cette étreinte, fit un mouvement pour se mettre debout ; ce mouvement ne fut pas assez prompt ; sur son épaule pesait déjà une main de fer, un bras nerveux comme un étau l'enlaçait de telle sorte qu'il ne pouvait lui résister ; il sentait sur son front l'haleine brûlante de son agresseur, il sentait ses pieds glisser sur les mousses humides, il sentait la roche qui fléchissait... qui fléchissait insensiblement sous lui.

Mériadec poussa un cri. Tout à coup la roche mal assurée bascula vers le gouffre : les deux hommes roulèrent en même temps.

« Malédiction ! » s'écria Jean-Claude qui avait subitement lâché son adversaire.

Par bonheur, le mouvement qu'avait fait la pierre en basculant avait mis à la portée de Mériadec une forte tige de genévrier, à laquelle il se cramponna des deux mains.

Quant à Jean-Claude, il s'était aussi accroché à quelques arbustes qui amortirent sa chute ; mais ces arbustes, légèrement enracinés entre les pierres, cédèrent sous son poids ; il chercha en vain à se retenir aux parois de l'abîme, il fit des efforts désespérés, ses ongles se déchiraient, ses mains et ses genoux s'ensanglantaient contre la pierre; enfin, ses forces le trahirent, il lâcha prise et retomba lourdement plus bas.

Le silence seul succéda au bruit de sa chute.

À cette heure, dans cet endroit désert, c'en était finit de lui. Un seul homme pouvait le sauver; et cet homme, c'était son rival.

Cependant Jean-Claude ne voulait pas encore avoir recours à lui. Il se releva, et ce ne fut qu'après avoir tenté de nouveaux, mais infructueux efforts, qu'il se décida à appeler Mériadec à son secours.

Sur le bord de l'abîme, personne ne répondit: Mériadec était parti en courant dans la direction de la mine.

« Mériadec! Mériadec! quelqu'un! au secours! » criait l'infortuné.

Mais il n'entendait plus que le torrent qui roulait sourdement au-dessous de lui.

Quelques minutes se passèrent dans cette attente terrible.

Dans le ravin, la nuit était tout à fait tombée. Enfin, il crut entendre des voix qui semblaient se rapprocher de plus en plus. Il avait repris quelque espoir. Puis il n'avait plus rien entendu.

« Je me serai trompé », pensa-t-il.

Puis il avait encore entendu les mêmes voix.

Un instant après, quelques ouvriers de la mine, munis de fortes cordes, étaient à l'ouverture du gouffre. Mériadec les accompagnait.

« Par ici, disait-il, par ici! Hâtez-vous, nous n'avons pas une minute à perdre! »

Ce ne fut qu'après beaucoup d'efforts qu'on parvint à arracher Jean-Claude.

Malgré de nombreuses contusions, le malheureux voulut à toute force reprendre sa route. On fit tout pour le retenir aux mines, mais ce fut inutile. En face de cette volonté obstinée, Mériadec déclara qu'il ne le laisserait pas partir seul, et qu'il le reconduirait jusque chez lui.

Les ouvriers que Mériadec était allé chercher quittèrent donc les deux jeunes gens.

Ceux-ci n'avaient pas fait vingt pas que Jean-Claude s'arrêta subitement et serra silencieusement son compagnon sur sa poitrine. Mais cette fois c'était l'étreinte de la reconnaissance.

« Tiens ! dit-il ensuite d'une voix dominée par l'émotion, tiens, je te connais maintenant, Mériadec ; je te connais et je te remercie. Tu mérites mieux que moi d'être heureux avec la petite Gervaise... Je sais quel est celui qui a mis en pièces la belle cornemuse... mais je te donne la mienne en souvenir de ce que tu as fait ce soir... Je ne crois pas que je l'eusse fait à ta place ! »

Le père Blanchet a tenu sa promesse. L'horoscope de la magicienne de Daoulas s'est aussi accompli : il s'est trouvé par hasard que la vieille sibylle avait dit vrai. Il n'y a pourtant point de miracle à cela... ou bien, s'il en est un, c'est le bon cœur de Mériadec qui l'a fait.

Loïc Petit, *Revue de Bretagne et de Vendée*,
t. XVIII, Nantes, 1865.

Le ménestrel

IRLANDE

Il était une fois un jeune ménestrel qui vivait dans la bonne ville d'Armagh. Il ne songeait à autre chose que de chanter et pincer les cordes de sa harpe pour la danse lors des fêtes dans le pays.

Une nuit, l'alarme s'était répandue dans toute la cité : les gens du guet avaient aperçu au loin de lourdes volutes de fumée que traversaient çà et là des traînées flamboyantes.

Nul doute, c'était la terre d'Emain Macha qu'on brûlait ; un héraut annonça à cor et à cri que la trêve avait été rompue. Il n'était château qui fût assuré du lendemain, il n'était manoir ou monastère qui pût se dire à l'abri des Anglais.

À quelque temps de là, les trompettes de guerre se firent entendre et les pas des soldats martelaient le sol de la contrée. On brûlait, on éventrait, on saccageait, on violentait aux quatre coins du pays. Alors, comme tous les hommes en âge de se battre, le jouvenceau troqua son bliaud de ménestrel pour une cotte de mailles. Il prit l'épée de son père et la mit à son ceinturon. Le troubadour-soldat n'oublia pas sa fidèle harpe qu'il suspendit sur son dos à un baudrier. Il voulait l'emporter au combat pour qu'elle résonnât quand les coups de sabre tomberaient et, embrassant sa tendre mère, partit en disant : « Pays de musique, je vais te défendre par mon épée et te louer sur ma harpe. »

Des chroniques dignes de foi rapportent que le ménestrel-soldat opposa à l'ennemi une lutte sans merci. Avec lui, les guerriers allaient au combat en musique et en chantant pour se donner du courage. Le sonneur jouait sur sa harpe le fameux *Caisneachd*, air destiné à la marche des braves. Mais la terre d'Irlande était devenue une sorte de vestibule de l'enfer et l'ennemi était en nombre. Un jour, au cours d'une mêlée, un escogriffe lui lança sa pertuisane à travers les côtes, et le jeune homme ne put esquiver le coup. Ce n'était point un combat, c'était une tuerie. Ses compagnons avaient bien ébauché une tentative de résistance, mais, assaillis de tous côtés, ils succombèrent presque aussitôt. De guerre lasse et se sentant perdu, le jouvenceau poussa ce cri du cœur resté célèbre dans le pays qui a fait de la harpe son emblème :

« Avec ta musique faite pour la liberté et la bravoure, jamais je ne chanterai sous le joug de l'esclavage et de l'oppression. »

Alors il prit sa harpe et en joua une dernière fois du mieux qu'il le savait, tant que les cordes du dessus s'accordèrent à celles du dessous, par douce harmonie de musique. Puis, de l'instrument qui au cou lui pendait, le ménestrel tira rageusement les cordes de métal et brisa sa belle harpe aux chevilles d'ivoire, décorée d'une tête d'angelot aux yeux recouverts d'un bandeau.

Conté par Norrey Love, harpiste,
d'après un récit de son arrière-grand-mère,
Catherine Barbour (Irlande),
adaptation libre de l'auteur.

Le joueur de *pibroch*

Écosse

Il était une fois, quelque part en haute terre d'Écosse, deux garçons du même âge, appelés John et Donald, amis depuis la plus tendre enfance. Tous deux apprirent la cornemuse avec leurs pères respectifs considérés comme les meilleurs joueurs de *pibroch*[1], nom donné à la grande musique pour le *bagpipe*, d'un apprentissage long et difficile.

John et Donald aimaient beaucoup cet instrument transmis par leurs pères, deux maîtres-sonneurs aussi exigeants que justes. Ils étudièrent et travaillèrent avec une telle application que bientôt ils savaient jouer le *ceol beag*, petite musique qui comprend les *jigs*, *strathspeys*[2], *reels* et autres. Ils connaissaient même les marches, lamentations et saluts aux chefs de clans. Un jour, leurs pères pensèrent que John et Donald pouvaient enfin apprendre le *pibroch*. Ils jouaient avec art et participaient aux concours de grande musique pour la cornemuse. De temps en temps, ils remportaient le premier prix. Bientôt, John et Donald sonnaient si parfaitement que l'un d'eux repartait toujours avec les lauriers[3]. Mais John était, sans conteste, meilleur joueur que Donald; il fut sacré champion des champions. Donald était très heureux des performances de son ami de toujours, alors que John voyait en lui son meilleur compétiteur. Et ils étaient heureux qu'il en soit ainsi.

Un jour, alors que les deux compagnons sonnaient ensemble de la cornemuse, John se mit à jouer un *pibroch* qui captiva tant l'oreille de Donald que celui-ci voulut le mettre à son répertoire. Désirant aussi s'enquérir de celui qui avait composé cette mélodie jamais entendue, Donald ne fut pas étonné d'apprendre qu'elle

---

1. *Piobearrachd*, en gaélique d'Écosse.
2. Danses écossaises fort élégantes.
3. Comme au Moyen Âge, les musiciens se voyaient attribuer des lauriers comme récompense dans les concours.

était l'œuvre de John. Plusieurs années durant, les deux amis jouèrent ensemble ce *pibroch*, pour leur plus grand plaisir. Le temps passant, tous deux rencontrèrent des jeunes filles à leur goût et se marièrent. John eut un fils appelé Iain[4] pour qui Donald, resté sans enfant, éprouvait une véritable tendresse paternelle. Lorsque Iain grandit, il se mit à son tour à jouer de la cornemuse. Élève doué et attentif, n'avait-il pas la chance de bénéficier des conseils avertis de deux grands maîtres-sonneurs ? Au nombre des airs et mélodies de son répertoire figurait le *pibroch* de son père, qu'il jouait toujours avec la plus grande fidélité.

Au fil des ans, le jeune Iain était devenu le champion des champions ; il cueillait les lauriers jadis remportés par ses aînés, à la grande joie de ceux-ci, devenus vieux à présent. Ce fut un jour triste quand John le sonneur mourut. Son fils et son fidèle ami étaient là, devant la tombe, pour lui jouer son *pibroch*. À la fin de l'enterrement, Donald demanda au jeune Iain de lui jouer cet air quand, à son tour, sa dernière heure sonnerait. Iain lui en fit la promesse.

Quelques semaines s'étaient à peine écoulées, que le jeune homme dut reprendre sa cornemuse pour honorer sa parole. Tandis qu'il jouait le *pibroch* devant la tombe du vieux Donald, Iain se prit à modifier légèrement l'air sur le *bagpipe*. Il vit alors arriver un sonneur modulant le *pibroch* à la perfection. Grande fut sa surprise d'entendre un autre musicien capable d'une telle virtuosité ; plus grand fut encore son étonnement de reconnaître là son père, John le sonneur, jouant son propre air pour son ami de toujours. Dès que Iain reprit note à note la mélodie, sans y ajouter de variations, John le sonneur s'éloigna puis disparut.

À compter de ce jour là, Iain comprit que ni lui, ni quiconque, ne devait modifier un air composé par un autre. Il réalisa alors qu'une mélodie, une histoire, une danse ou un tableau sont le reflet de l'âme, et que Dieu seul peut comprendre ce que l'art représente pour l'artiste.

Conté par Norrey Love, harpiste,
d'après son grand-père, Charles Dempster,
de Banff (Écosse), adaptation de l'auteur.

---

4. John, en gaélique.

Chapitre quatrième

Les trilles du diable

D'intimidantes légendes couraient jadis sur les lèvres des conteurs populaires. Dans les veillées de Cornouailles, on tremblait à l'évocation des jeunes filles trop frivoles de la paroisse de Buruyan, qui, au lieu de se rendre aux vêpres un dimanche, préférèrent aller se promener à travers champs. Deux esprits malins, sous l'aspect de ménétriers, vinrent à leur rencontre en jouant des airs de danse. Les jeunes filles, oublieuses du jour consacré, se mirent à danser et à tourbillonner. À mesure qu'elles virevoltaient, leur ardeur redoublaitet bientôt, musique et danse devinrent extrêmement frénétiques. Tout à coup, bien que le ciel fût sans nuages, retentit un violent coup de tonnerre. Les danseuses furent changées en cercle de pierres – le cromlech de Dawns Myin – et deux menhirs du voisinage sont les joueurs de cornemuse, qui éprouvèrent le même sort.

Comme partout, lorsque le temps enveloppe d'oubli la fonction d'un monument, les récits populaires se l'accaparent inévitablement. Cambry rapporte qu'à Pont-Aven, toute une noce païenne fut changée en pierres. En effet, où il y a danse, il y a diable. Lors d'un dîner donné au célèbre château de Dunluce en Irlande, un *reel* mené par une cornemuse satanique mena tout droit en enfer les hôtes de la noble dame Marguerite M. Donnel. Les jeunes gens de Kerlouan, en Bas-Léon, sauront ce qu'il en coûte de continuer à danser la gavotte au moment où retentit la sonnette du recteur de Plounéour-Trez.

Avec la danse, la musique est l'autre passion du diable. À sa palette sonore renvoie l'histoire de Macaneiry, condamné à des accords infernaux en raison de son avidité et de son égoïsme. Chanter la nuit en faisant trois fois le tour d'une église serait funeste. Des oiseaux au doux ramage peuvent servir d'appâts au satyre cornu. Mais celui-ci se trouve parfois ravalé au rang de gringalet de l'empire infernal à cause d'un instrument. Un lutin maléfique, désireux d'entendre la harpe d'une gente dame qu'il courtisait, fut incapable de la faire accorder, même par les meilleurs harpistes du pays de Galles. Satan pointe parfois le bout de l'archet dans les soirées, où il s'offre aux parties en quête d'un violon. Rien que d'ambigu autour de cet instrument à cordes frottées. En Irlande, le seigneur de Clare sera en grand danger à rencontrer l'invisible ménestrelle dont les trilles l'ont subjugué.

À damnés conviennent instruments de perdition. À minuit, on entend, dans les monts d'Arrée et sur les îles désertes de la côte une cornemuse dont les sons n'ont rien de terrestre. Il ne faut pas, dans un esprit de fanfaronnade, porter une santé au diable ni aux sorciers sous peine de déchaîner tous les tintamares et charivaris du royaume de Pluton. De toute façon, il faut éviter de siffler la nuit: ce serait appeler Satan – ou tout au moins les galants, pour une jeune fille. Les pêcheurs de Cornouailles anglaise croient qu'il est malséant et dangereux de moduler des sifflements après le coucher du soleil, de peur de faire la navigation du diable. Les forêts sont hantées par des revenants et des esprits crieurs, *hopers* ou *houpou* – sans compter la *skrignerez-noz,* funeste crieuse de nuit, qui pousse des cris plaintifs – et autres lutins qui appellent et qui provoquent un mauvais sort. Les *kannerezed-noz* étaient pires. Ces chanteuses nocturnes de Haute-Bretagne invitaient les voyageurs attardés à tordre leurs linceuls et les noyaient s'ils refusaient. Tout aussi redoutés étaient les *dullahan*. Irlandais et Gallois se figent à l'évocation de ces personnes décapitées et autres fantômes condamnés à des pénitences posthumes. Ce sont parfois d'inquiétantes femmes qui entraînent les noctambules à la danse à travers les cimetières, aussi gaiement que s'il s'agissait de salles de bal. Mais leur étrange musique n'est qu'un glas de mort, sonné par un spectre et rythmé par des timbales d'ossements desséchés.

Le diable aussi cause bien des frayeurs aux téméraires en quête de l'herbe d'or la nuit de la Saint-Jean, et ceux qui s'y sont hasardés disent que des esprits frôlaient continuellement leurs oreilles et sifflaient comme des balles. Une simple coquille peut révéler de terribles secrets et un livre magique appeler Belzébuth. Mais le destin de tout diable n'est-il pas d'être combattu ?

La nuit voit se faufiler l'ombre des sorcières malaimées quand elles s'imaginent être portées à travers les airs aux banquets, aux danses et aux ébattements des plus beaux princes qu'elles désirent. À leurs fêtes de nuit ne manquent jamais la bombarde ni les ménétriers, même si quelquefois elles se contentent de chanter à la voix. Mais le bon Fionn ne s'y trompe pas ; pour éviter à ses compagnons les sortilèges d'une avenante sorcière, il porte à ses lèvres sa corne magique et les soustrait à son charme. Les gémissements de la *banshee*, sinistre messagère nocturne, avaient de quoi affoler les esprits les plus sereins. Quant à l'aubade qu'offrent à leurs hôtes débauchés les sorcières de Polnain, dans les Highlands, elle est menée par des instruments aux sons si affreux qu'aucune oreille humaine ne pourrait la supporter.

La dame de Glasgoëd

Pays de Galles

Einion, fils de Gwalmaï, de Trefilir en Anglesey, avait pour femme Angharad, fille d'Enyfed le petit. Un jour, par une belle matinée d'été, en se promenant dans le bois de Trefilir, il vit devant lui tout à coup paraître une dame svelte et gracieuse, à la taille élégante, aux traits les plus délicats, au teint blanc et rosé, d'un rosé plus vif que l'aurore, d'un blanc plus pur que la neige, si bien que nulle fleur des bois, de la plaine ou de la montagne n'avait d'aussi belles couleurs. Il sentit aussitôt dans son cœur un mouvement d'affection irrésistible pour cette belle personne ; il s'approcha d'elle très courtoisement, et elle de lui ; il la salua, elle lui rendit son salut ; et par ces mutuelles salutations Einion comprit que sa société n'était pas désagréable à la dame. Ses yeux étant tombés par hasard sur les pieds de cette merveille, il vit qu'ils étaient faits comme ceux d'un cheval, ce qui lui déplut beaucoup. Mais elle lui dit de n'y pas prendre garde et que, malgré cette singularité, il lui faudrait bien la suivre partout tant qu'elle serait belle, parce que c'était la suite forcée de leur mutuelle affection. Alors il lui demanda seulement la permission de retourner chez lui prendre congé de sa femme Angharad et lui faire ses adieux, ainsi qu'à son fils Einion :

« Soit, dit-elle, allez donc voir votre femme et votre fils ; je serai avec vous, mais, sauf vous, nul ne me verra. »

Il y alla, et le lutin[1] – car c'en était un – l'accompagna. Quand Einion vit Angharad, elle lui fit l'effet d'une vieille sorcière ; néanmoins, gardant au cœur le souvenir des jours passés, il sentait encore pour elle une extrême affection. Mais n'ayant pas

1. En gallois *ellyll* (ici, *ellyles*, au féminin), lutin, gobelin, esprit follet.

la force de briser le lien auquel il s'était enchaîné :

« Ma chère Angharad, dit-il, et toi aussi, mon cher fils, il est indispensable que je vous quitte pour un temps, et je ne puis même pas fixer la durée de mon absence. »

Alors ils pleurèrent ensemble ; ils rompirent un anneau d'or, dont Angharad garda une moitié, son mari l'autre. Puis prenant définitivement congé de sa femme et de son fils, Einion partit, s'en allant avec la dame de Glasgoëd[2] – c'est le nom que se donnait le lutin – mais où allait-il ? Il n'en savait rien. Car il était le jouet d'une puissante illusion : rien de ce qu'il voyait, ni lieux, ni choses, ni personnes, ne se montrait à lui sous sa vraie forme, – si ce n'est toutefois la moitié de l'anneau qu'il avait rompu avec Angharad.

Après être resté ainsi longtemps – sans même pouvoir mesurer ce temps – en proie à cette illusion, toujours en compagnie du lutin ou, si l'on veut, de la dame de Glasgoëd, il regardait un matin avec attention la moitié de l'anneau qui brillait sous les rayons du soleil levant, et il songeait en quel lieu bien sûr il pourrait serrer ce précieux bijou. L'idée lui vint de le cacher sous sa paupière, et comme il s'efforçait de l'y faire entrer, il vit paraître devant lui un homme tout vêtu de blanc, monté sur un coursier blanc comme neige, et qui lui demanda ce qu'il faisait là :

« Je pense, répondit Einion, avec un profond soupir, je pense à ma chère femme Angharad.

— Est-ce que tu désires la revoir ? dit l'homme en blanc.

— Oui, certes, je le désire sur toutes choses, sur tous les bonheurs du monde !

— S'il en est ainsi, reprit l'homme en blanc, saute sur mon cheval, monte en croupe derrière moi. »

Einion monta, et regardant autour de lui il ne vit plus aucune trace de la dame de Glasgoëd, si ce n'est une suite d'empreintes de sabots de cheval d'une prodigieuse grandeur, paraissant se diriger vers le nord.

« Tu as l'air d'un halluciné, lui dit l'homme en blanc, quel est le genre de ton hallucination ? »

---

2. *Rian y Glascoëd*, dans Iolo Ms ; *Glas*, vert, *coët*, *coëd*, bois.)

Einion conta ce qui s'était passé entre lui et le lutin.

« Prends en main cette baguette blanche, fit l'autre, et forme tel souhait que tu voudras. »

Einion prit la baguette et souhaita de voir la dame de Glasgoëd, car il n'était pas encore complètement délivré de son illusion. Alors elle lui apparut sous la forme d'une énorme et hideuse sorcière, mille fois plus horrible que tout ce qu'il y a de plus effrayant sur terre. Einion poussa un cri de terreur; l'homme en blanc le couvrit de son manteau, et en un clin d'œil Einion mit pied à terre, comme il le désirait, sur la colline de Trefilir, près de sa propre maison, où il ne reconnut presque personne et personne ne le reconnut.

Quant au lutin, dès qu'il eût quitté Einion, fils de Gwalmaï, il alla s'établir à Trefilir, sous la forme d'un honorable et puissant seigneur, en riche et élégant équipage, possesseur d'une masse incalculable d'or et d'argent, encore au printemps de la vie, trente ans au plus. Il fit tenir à Angharad une lettre, où on l'informait de la mort de son mari, survenue, lui disait-on, en Norwège neuf ans plus tôt. Alors le prétendu seigneur étala devant Angharad son or et sa fortune, et comme le cours du temps avait en grande partie effacé les regrets de la femme d'Einion, elle prêta bientôt l'oreille à la recherche passionnée de son voisin. L'illusion s'empara d'elle a son tour; voyant qu'elle pouvait devenir une noble dame, la plus puissante de tout le pays de Galles, elle fixa une date pour son mariage avec le riche seigneur.

Dès lors, au logis d'Angharad, on ne songea plus qu'aux préparatifs de ce grand jour. Mets de choix, boissons exquises, convives de la première distinction, chants et musique excellente, on voulut tout réunir pour faire du banquet de noces une fête splendide. Pendant qu'on ne pensait qu'à cela, le futur époux aperçut un jour dans la chambre d'Angharad une harpe particulièrement belle et exprima le désir d'entendre cet instrument. Il y avait là les meilleurs harpistes du pays de Galles, ils s'efforcèrent d'accorder la harpe sans y pouvoir réussir.

Cependant tout était prêt pour la cérémonie du mariage. Einion, qui jusque-là n'avait point paru, entra à ce moment dans sa maison. Angharad le vit, mais il lui fit l'effet d'un pauvre vieux, décrépit, desséché, courbé par l'âge, en cheveux gris et en haillons. Elle lui demanda s'il voulait tourner la broche pour faire cuire le rôti.

« Volontiers », répondit-il, et il alla à sa besogne en s'appuyant sur sa baguette blanche comme un pèlerin sur son bourdon.

Le dîner étant préparé et tous les ménestrels renouvelant leurs vains efforts pour accorder la harpe d'Angharad, Einion se présenta, la prit, l'accorda sans peine et joua dessus l'air favori de la dame, à la grande stupéfaction de celle-ci. Elle lui demanda alors qui il était.

« Einion au cœur d'or, le fils de Gwalmaï, ainsi m'appellent mes voisins, répondit-il. J'ai été longtemps le jouet d'une folle illusion, ma longue absence a donné lieu à de mauvais bruits sur mon compte.

— Mais où êtes-vous allé ? reprit Angharad.

— Je suis allé dans les pays de Kent et de Gwent, dans les bois de Ménévie, dans la vallée de Gwen le fils de Nuz, j'en ai rapporté ce bijou d'or : voyez ! »

En même temps il lui donna la moitié de l'anneau rompu entre eux, à son départ, et il continua :

« Le malheur a longtemps pesé sur moi ; il n'est point étonnant qu'il ait altéré mon visage. Mais il n'a pas eu de prise sur mon cœur, le souvenir d'Angharad y est toujours resté ; et toi, hélas ! Angharad, tu as oublié Einion… »

En effet, malgré tous ses efforts, elle ne pouvait parvenir à le reconnaître. Alors Einion lui mit dans la main sa baguette blanche. Aussitôt le lutin, qui jusque-là lui avait semblé un beau et honorable seigneur, lui apparut enfin sous sa vraie forme, et Angharad ne vit plus devant elle qu'un monstre épouvantablement laid.

À cette vue, pâmée d'effroi, elle tombe en défaillance. Einion la reçoit dans ses bras et la soutient jusqu'à ce qu'elle revienne à elle.

En rouvrant les yeux, elle ne voit plus ni lutin, ni convives, ni ménestrels, ni aucun apprêt de fête et de mariage. Elle ne voit plus rien autre chose qu'Einion son mari et Einion son fils, et sa harpe et son logis, où tout est calme, rangé dans l'ordre habituel, et enfin le dîner servi sur la table, répandant une odeur appétissante.

Tous trois alors, Einion et Angharad et Einon leur fils, s'asseyent pour prendre leur repas. Le bonheur remplit leur cœur, ils ne peuvent assez se réjouir d'avoir échappé aux pièges du lutin diabolique.

Traduction de Iltyd Caerléon,
Revue de Bretagne et Vendée, 1887.

Macaneiry

IRLANDE

Il y avait jadis un nommé Macaneiry, qui vivait au pied du Cnoc-Firinn. Cet homme avait eu d'heureux jours et beaucoup d'amis. Puis tout changea ; les amis disparurent ; et lui qu'on nommait jadis M. Macaneiry était devenu le « pauvre Macaneiry ». Un jour vint où il n'avait ni pain ni argent. Macaneiry songea alors à sa harpe, dont il avait jadis joué assez bien. Il la prit, l'essaya et erra sur les routes comme un pauvre musicien. À un carrefour un étranger le salua et le pria de jouer. Macaneiry, dont les doigts étaient engourdis par le froid d'un jour d'hiver, joua médiocrement. Alors, l'étranger lui prit les mains, les réchauffa dans les siennes, et Macaneiry, étonné, joua mélodieusement. L'étranger s'offrit à l'accompagner comme second à une foire du voisinage. Macaneiry, naturellement égoïste et soupçonneux, accepta pourtant. À la foire, la foule applaudit, le cuivre fût jeté en quantité, et à la fin au château on demanda le musicien. Il laissa en dehors son compagnon. Macaneiry commença de jouer, mais ses accords étaient infernaux, il n'avait plus de talent, et on le jeta dehors avec sa harpe. Son ami du carrefour le prévint que seul, il ne ferait rien de bon ; il lui frotta de nouveau les mains et le renvoya au château. Macaneiry charma alors les gens du château. Le grand homme qui y vivait le paya grassement. « Dites-lui, lui souffla son compagnon, que vous pouvez faire mieux encore ; que vous pouvez mettre une belle tête sur le corps d'un homme laid. » Le *gentleman*, qui se savait laid, accepta tout de suite. Macaneiry opérait, mais son compagnon l'aidait. On plaça sur la table un grand vase ; le châtelain s'y assit sur une chaise. L'homme de Macaneiry coupa la tête tout autour du cou, la dévissa comme à un poulet, et la plaça dans le bassin. Puis, ayant l'air d'être sous les ordres de Macaneiry, il saupoudra les bords du cou comme d'une farine, enleva la tête, la lava, puis la replaça, ensuite lui donnant une tape entre les épaules, il cria : « Soyez content, vous avez une belle tête ! » Le *gentleman* alla à la glace, et il s'y mira grandement. « Jamais dans vos voyages vous n'en vîtes d'aussi beau. »

Comme honoraires, il donna soixante vaches, trois bourses d'or, deux chevaux avec leurs selles, et pour mener les vaches, deux vachers à qui on laissa un mois pour aller au Cnoc-Firinn et revenir. Les deux musiciens prirent congé, s'éloignèrent avec leurs bêtes et, les autres présents, et parvinrent enfin au carrefour en vue du Cnoc-Firinn. Là, le second de Macaneiry congédia les bouviers, leur donnant dix vaches à chacun et une bourse d'or à se partager. Macaneiry fut mécontent, et sa mauvaise humeur s'accrût quand l'étranger lui demanda de faire les parts. Macaneiry répondit en grognant : « Quoi ? partager ce qui reste ? Je suis le maître, vous le valet ; tout est à moi. — Non, dit l'étranger, mais prenez vingt-cinq vaches, moi quinze ; gardez une bourse et les deux tiers de l'autre. » Macaneiry refusa, voulant tout.

L'étranger reprit : « Que ce passant soit notre arbitre. » Macaneiry tourna la tête, ne vit personne, et quand il se retourna, étranger, vaches, argent, tout avait disparu, même le cheval et la selle sur laquelle il était assis. Macaneiry chercha partout, mais le chemin était désert et, comme à l'ordinaire, le Cnoc-Firinn était là silencieux et bruineux. À la fin, tête basse, les mains dans les poches, il rentra chez lui. Mais quand sa femme apprit qu'il ne rapportait pas un *penny* de son voyage, elle lui dit de retourner là où il avait dépensé son argent, et le frappant avec son battoir, elle le chassa de la maison.

Macaneiry, dans cette triste occurrence, songea au *gentleman* qu'il avait embelli et, après beaucoup de pas et de démarches, il parvint à le retrouver. Le seigneur lui donna une lettre pour un frère qu'il avait dans le Nord et Macaneiry s'éloigna. Au bout d'un long voyage, il fut bien reçu par ce grand seigneur, qui lui demanda s'il était vrai, comme l'annonçait la lettre, qu'il savait donner la beauté. Macaneiry s'en vanta hardiment.

Or, bien qu'en général on puisse reconnaître à leur belle prestance les descendants des vieilles familles irlandaises, ce seigneur ultonien ne le témoignait pas par son exemple, et il était heureux que Macaneiry pût lui rendre le même service qu'à son frère. Macaneiry se mit aussitôt à l'œuvre. Mais pourquoi détailler son désastre ? La tête, vraiment, fut habilement coupée, mais le difficile, c'était de la remettre. Le sang inondait le plancher ; Macaneiry avait assassiné un grand seigneur irlandais, et il comprenait que sa vie tenait à un fil. Au désespoir, il se jeta par la fenêtre, au moment où les serviteurs, inquiets de ces délais, s'élançaient dans la chambre. Macaneiry, le gibet devant ses yeux, se sauva à toutes jambes, jusqu'à ce que n'en pouvant plus, et entendant ceux qui le poursuivaient, il se jetât par terre, enfonçant sa tête dans une touffe de genêts. De cette retraite, il se sentit tirer par les pieds. En regardant autour de lui, résigné à être pendu, quelle fut sa surprise de voir l'homme du carrefour. « Revenez avec moi », dit-il.

Les serviteurs étant dispersés de tous côtés à la recherche de Macaneiry, les deux hommes parvinrent sans peine dans la chambre du seigneur. Le compagnon de Macaneiry ne s'étonna pas de voir le seigneur sans tête assis à la table. Il reprit la tête, la baigna dans le bassin, la saupoudra d'une espèce de farine, la remit sur le cou, et donnant au patient une tape, il lui cria : « Et maintenant, vous avez une belle tête ! »

Le seigneur se dressa comme sortant d'un long sommeil bien portant, mais plus beau qu'avant, et alla s'admirer dans une glace. Le seigneur ultonien doubla les honoraires de son frère et leur donna cent vingt vaches à se partager, six bourses d'or, un cheval avec selle et bride pour chacun, avec trois hommes pour conduire le bétail et deux mois pour aller et revenir.

Arrivés enfin, après avoir traversé maints ponts et frontières, au mont de Cnoc-Firinn, le second de Macaneiny renvova les trois bouviers avec une forte récompense. Il leur donna vingt vaches à chacun, et leur distribua deux bourses d'or. Puis au carrefour, se tournant vers Macaneiry, spectateur muet de celle libéralité, il lui demanda de partager le reste entre eux. « Comment partager quand vous laissez si peu ? Je suis le maître, vous le valet ; tout ceci est à moi. »

L'étranger offrit de lui laisser quarante vaches et une part proportionnelle d'or. Macaneiry en colère maintenait son droit, quand il entendit un grand bruit derrière lui, et il tourna la tête. À l'instant, étranger, cheval, argent, tout avait fui comme un rêve, et Macaneiry se retrouva seul au carrefour. Que faire ? rentrer chez lui, jamais ; il s'assit sur un tas de pierres, arrangeant ses ongles avec un vieux rasoir rouillé qui lui restait. Ainsi occupé et pleurant, il aperçut un vieillard monté sur un cheval gris. « Que voulez-vous de ce rasoir ? » cria le vieux. Je ne sais ce que répondit Macaneiry, mais quand le vieux lui offrit le cheval gris, Macaneiry accepta tout de suite. Macaneiry donna le rasoir, l'autre descendit et Macaneiry monta.

Il était à peine en selle que le cheval gris bondit hors du chemin, l'emporta comme le vent de mars par-dessus les haies et les fossés, je devrais plutôt dire à travers haies et fossés, fondrières et ronces, mares et rivières, si bien que Macaneiry se croyait sur le dos du diable, il était inondé d'eau, noir de boue, le corps déchiré par les épines et tous les os souffrants, lorsque enfin, après avoir fait le tour de l'Irlande et traversé une grande rivière, le cheval le ramena au point de départ. Le vieillard était là attendant tranquillement, son retour.

« Macaneiry, dit il, vous avez chevauché le cheval de Donn Firinn. Voici une bourse, quoique vous ne la méritiez pas. Que la leçon vous rende moins égoïste et moins avide. » Puis remontant son cheval gris, Donn Firinn s'éloigna vers la colline, et Macaneiry revint chez lui, songeant à ses aventures et comptant ses belles pièces d'or.

Pendant longtemps ses voisins constatèrent qu'il était meilleur de tous points. Mais cela ne dura pas. Par degrés il redevint égoïste, inhospitalier aux voisins et amis, et sans cœur pour le pauvre. Une nuit, les *sluagh sidhe* de la colline lui rendirent visite, et cette fois ils l'emportèrent. Depuis lors, on n'a plus entendu parler de lui. Sans doute, il est avec bien d'autres dans la colline de Cnoc-Firinn, où vraiment il n'est guère à plaindre, si, comme on le dit, on s'y tient à boire du vin d'Espagne.

Raconté par P. Keating,
Revue des traditions populaires, 1889.

Les illusions de Conan à Ceash

IRLANDE

Un jour que Fionn (Fingal) et quelques-uns de ses compagnons étaient à la chasse, un nain druidique les invita à se reposer dans sa hutte. Bien que se méfiant de lui, ils eussent considéré comme indigne de leur renommée d'éviter tout ce qui promettait une aventure. Ils suivirent donc le nain, mangèrent et burent, puis on les mena chacun dans une chambre où ils trouvèrent un lit de bruyère couvert de peaux de loup. Chacun eut à son tour l'aventure suivante.

La chambre de Fionn s'éclaira soudain et une femme plus belle qu'Aoiffe ou Maer, assise dans un char magnifique traîné par des chevaux nains, s'approcha de son lit. Elle l'invita avec des paroles enchanteresses à s'asseoir près d'elle et à l'accompagner à son palais dans la colline. Fionn fut ravi de sa beauté, mais ayant eu la présence d'esprit de mettre son pouce entre ses dents, il ne vit plus qu'une vieille créature ridée assise dans un chariot de bois vermoulu. Il se tourna contre le mur et resta immobile. Après quelques secondes, la lumière fit place à l'obscurité, et aussitôt Fionn porta à ses lèvres sa trompe enchantée et sonna quelques notes qui voulaient dire: « Le danger est proche, soyez prudents! » Le bruit de la trompe fut entendu par Fergus, Caoilte, Diarmaid, Ossian, Luacha, Goll et Conan, et bien que chacun de ces chevaliers fût ravi d'amour, tous à l'apparition de la fée tournèrent la tête contre le mur, comme avait fait leur chef.

À la fin, tous avaient reçu la visite de la sorcière, sauf Conan le libertin, le trompeur, le rusé et le seul des *fianna* qui n'eût pas une belle âme. À la première invitation de la fée, il sauta dans le chariot et se sentit tomber la tête la première dans un puits profond, où il entendit le mugissement des eaux bouillonnantes et sentit la chaude vapeur qui le brûlait jusqu'aux os. Il se rattrapa à une poutre et poussa un cri retentissant ; ses frères les *fianna* accoururent à sa voix. À la lueur du feu, ils aperçurent Conan à califourchon sur l'anse du chaudron dans lequel avait cuit leur souper. Après l'avoir exhorté à la patience et engagé à résister désormais à la tentation, ils le laissèrent se reposer.

Conan ne s'était pas encore endormi que la même brillante vision lui apparut. Cette fois il attendit dix secondes avant de sauter dans le char. Alors il se trouva au milieu d'une forêt et une terrible bête ressemblant à un chat sauvage, bondissant sur lui de derrière un arbre, le terrassa et lui saisit la tête avec sa gueule. Tant que Conan put crier, il cria et bientôt la chambre fut remplie de chevaliers. Conan était sur le dos, qui se tordait et hurlait pendant, qu'un grand chat assis près de sa tête léchait son cou gras et ses moustaches. « Maudit soit cet importun Conan ! dit Caoilte. Si vous nous dérangez encore, vous recevrez la discipline du plat de nos épées ! » Hélas ! après quelques moments de tranquillité, la maison retentit de cris comme si deux taureaux se livraient un combat singulier. Quand les chevaliers entrèrent, ils virent la victime infortunée couchée sur le dos, les cheveux collés au plancher et se tordant de douleur.

« Qu'y a-t-il encore, fils maudit de malheur ? s'écria Fionn. — Oh ! ayez pitié de moi ! je souffre les tortures infligées au beau sexe ! s'écria Conan ; mordez votre pouce, Fionn, fils de Cûmhaihl, et secondez-moi ! » Fionn mordit son pouce et aperçut alors, à travers les murs et les portes, le nain qui se balançait en chantant dans une chambre reculée. Sous les pieds des *fianna* cédèrent les portes, et, tous entourèrent le sorcier lui mettant leurs javelines à la gorge. « Lâchez notre compagnon, Danaan maudit, ou vous subirez une terrible mort. » Le nain tira de sa poitrine une fiole qu'il tendit à Fionn ; Fionn la passa à Ossian en l'envoyant au secours de Conan. Les autres restèrent à surveiller le druide ; bientôt ils entendirent partir un éclat de rire de la chambre de Conan. En entrant, ils trouvèrent Conan assis, sans aucun mal, mais triste et silencieux ; le haut de sa tête ressemblait à une pleine lune, pendant qu'un long voile de sa noire chevelure pendait tristement le long de son cou.

Un éclat de rire courut dans les rangs des guerriers quand ils entrèrent, mais il fut bientôt réprimé par leur chef et par crainte d'autres malheurs, ils quittèrent aussitôt la demeure maudite du sorcier, et c'est depuis lors qu'on dit à un voyageur ou à un chercheur d'aventures :

« Je vous souhaite meilleure chance que Conan à Ceash. »

Patrick Kennedy,
Legendary Fiction of the Irish Celts.

Le joueur de violon de Tomâs Fuilteach

IRLANDE

Quand Tomâs Fuilteach demeurait dans le château du lac Measg, il y avait beaucoup de gentilshommes à aller lui rendre visite, car le bruit courait qu'il avait des choses merveilleuses, mais bien des gentilshommes entrèrent dans le château qui n'en revinrent pas vivants et dont on n'eut aucune nouvelle ; Tomâs Fuilteach les avait tués, et c'est la raison pour laquelle les gens l'appelaient Tomâs Fuilteach (Tomâs Sanglant).

Une fois, le seigneur de Clare était venu en visite au château, et il demanda à Tomâs Fuilteach s'il avait un musicien.

« Oui, dit celui-ci, et c'est le meilleur joueur de violon d'Irlande, mais il est si paresseux qu'il ne jouerait pas un air en présence de quelqu'un quand même on lui donnerait l'Irlande sans partage.

— Je te parie mille livres, dit le seigneur de Clare, que j'ai un joueur de violon meilleur que lui.

— Je tiens le pari, dit Tomâs Fuilteach, mais personne au monde ne peut voir mon joueur de violon, et celui qui doit rendre le jugement peut les écouter tous deux, puis quand il les aura entendus, il pourra juger lequel des deux est le meilleur.

— Très bien, dit le seigneur de Clare, j'enverrai chercher mon joueur de violon ce soir, et je confierai le soin de juger à deux musiciens. »

Maintenant, chacun sait que le seigneur de Clare était sorcier ainsi que sept de ses ancêtres avant lui. Il envoya chercher le Dall Glic[1] qu'il avait chez lui. Ce gaillard-là pouvait jouer un air sans violon ; il avait dans la main un morceau de bois qui était aussi bon qu'un violon et il jouait des airs dessus.

1. L'aveugle savant ou rusé.

Maintenant, c'était une hase noire, le joueur de violon qu'avait Tomâs Fuilteach, et cette hase noire, c'était sa grand-mère. Elle était dans un trou de la grande chambre, dans le haut du château et personne au monde ne pouvait l'approcher à l'exception de Tomâs Fuilteach lui-même.

Au matin, le lendemain, le Dall Glic alla au château du lac Measg et ce Dall Glic était en relation avec les « bonnes gens[2] ». Ils trouvèrent deux hommes, maîtres de musique pour juger entre les deux joueurs de violon. Le joueur de violon de Tomâs Fuilteach commença, et aussitôt que le Dall Glic eut entendu la musique de l'autre joueur de violon, il reconnut quel était celui qui jouait et il dit au seigneur de Clare: « C'est le joueur de violon qui m'a formé, il ne me servirait de rien de rivaliser avec lui, car je ne suis pas à moitié aussi fort que lui. »

« Pour quelle raison ton joueur de violon est-il si paresseux? dit le seigneur de Clare à Tomâs Fuilteach, j'aimerais à voir sa figure.

— Il a une maladie, dit Tomâs Fuilteach, et si quelqu'un le voyait, il tomberait mort.

— Sur mon âme, se dit le seigneur de Clare, je verrai la figure de ce joueur de violon. » Il sonda le Dall Glic au sujet du joueur de violon de Tomâs Fuilteach, mais il n'en put tirer aucun renseignement. Cette nuit-là, quand tout le monde dans le château fut endormi, le seigneur de Clare se leva; il monta à la porte de la chambre où était le joueur de violon et regarda par le trou de la serrure; il y avait une belle lumière dans la chambre, mais il ne vit personne; il ouvrit la porte, mais aussitôt qu'il eût mis sa tête à l'intérieur, la hase noire lui lança dans les yeux un jet d'eau, et il fut si aveuglé qu'il ne put rien voir; sois certain qu'il n'alla pas plus loin.

Le lendemain, le seigneur de Clare dit qu'il aimerait aller à la chasse. « Très bien, dit Tomâs Fuilteach, « il y a une vieille hase noire dans la vallée, entre le lac et le cimetière; je suis à sa poursuite depuis longtemps et je ne puis pas l'attraper.

— Je te parie mille livres qu'une chienne que j'ai l'attrapera, dit le seigneur de Clare.

---

2. Les lutins.

— Je tiens le pari, dit Tomâs Fuilteach, fais venir ta chienne aussitôt que possible. »

Il envoya des messagers chercher la chienne, et le lendemain matin, la chienne était au château du lac Measg; alors le seigneur de Clare dit: « Allons, et nous forcerons le lièvre. »

Ils sortirent tous deux et ils se dirigèrent vers la vallée: quand ils furent arrivés à la hauteur d'ajoncs qui croissaient dans la vallée, Tomâs Fuilteach poussa un cri, frappa dans ses mains et voilà notre hase noire débuchée. Le seigneur de Clare lâcha sa chienne et les voilà partis; ils allèrent de-ci, de-là, à droite, à gauche, pendant sept heures, en pleine course, et la chienne ne put l'attraper pendant tout ce temps-là; la chienne était si fatiguée qu'elle dut se coucher, et le lièvre rentra dans les ajoncs.

« Je jurerais que c'est un lièvre enchanté que celui-là, dit le seigneur de Clare.

— Je ne sais pas quelle sorte de lièvre c'est, dit Tomâs Fuilteach, j'ai mis souvent après lui des chiens et tiré dessus, mais je n'ai pu lui faire tomber un poil. »

Le seigneur de Clare entra dans les ajoncs et il alla jusqu'au trou qui était dans la terre; il en sortait une odeur si fétide qu'il ne put bien l'examiner, mais il conjectura que c'était là le trou du lièvre enchanté; il appela Tomâs Fuilteach et dit:

« Approche ici pour regarder ce trou.

— Je l'ai vu souvent auparavant, dit Tomâs, et je n'en approcherai pas davantage; j'ai gagné mon pari.

— Non, dit le seigneur de Clare, c'était un lièvre enchanté qui était là; il n'y a pas de chien au monde qui puisse l'attraper, et je me battrai plutôt que d'abandonner mon pari.

— Si c'est te battre que tu veux, je me battrai avec toi tant que tu voudras, dit Tomâs Fuilteach, tire ton épée et défends-toi.

Chacun d'eux tira son épée et ils se battirent; le seigneur de Clare lança à Tomâs Fuilteach un coup qui lui immobilisa la main droite, et par suite, il allait avoir le dessus, lorsque la hase arriva; elle lança au seigneur de Clare un jet d'eau entre les deux yeux, et peu s'en fallut qu'elle ne l'aveuglât. Lorsqu'il fut à moitié aveugle, Tomâs Fuilteach lui donna un coup de pointe dans le ventre et ses entrailles se répandirent sur l'herbe.

« Maintenant, il est probable que tu en as assez du combat », dit Tomâs Fuilteach.

Quand le seigneur fut mort, Thomas Fuilteach le fourra dans le trou puant et retourna chez lui, mais la chienne du seigneur resta auprès du trou à gémir d'une manière pitoyable et ne quitta pas l'endroit, qu'elle ne fût morte.

Au matin, le lendemain, comme on ne trouvait pas le seigneur de Clare, son serviteur demanda à Tomâs Fuilteach s'il l'avait vu et s'il savait où il avait été ; celui-ci dit qu'il avait laissé le seigneur et sa chienne dans la vallée au bord du lac, et qu'il ne l'avait pas vu depuis ; les serviteurs cherchèrent partout où ils croyaient que le seigneur était allé, mais ils n'en eurent aucune nouvelle, et les gens dirent qu'il était tombé dans le lac.

La hase noire, c'était la grand-mère de Tomâs Fuilteach, et elle pouvait se changer en belette, en anguille ou en toute autre chose, n'importe quand.

Douglas Hyde, *Contes irlandais*,
traduction de Georges Dottin,
Annales de Bretagne, t. X, 1894.

Les danseurs maudits

BAS-LÉON, BRETAGNE

Plusieurs jeunes gens, garçons et filles, d'un village de Kerlouan, revenaient un soir d'une ferme de Plounéour-Trez où ils étaient allés faire la veillée.

Deux par deux, les doigts emmêlés, ils marchaient en étourneaux peu pressés de rentrer au nid, riant, chantant, saluant la lune de *iou iou* prolongés, se soufflant dans le cou, faisant mille folies.

Comme ils arrivaient sur la lande qui sert de lisière aux deux paroisses, le son d'un biniou se fit entendre.

« À merveille! dit l'une des filles, il nous manquait un sonneur, appelons celui-ci, il nous fera danser! »

Le gros de la bande applaudit. Va bien. Le sonneur se prête de bonne grâce au désir des écervelés. On danse une gavotte; on en danse deux, puis une autre, puis une autre encore. Les jambes semblent infatigables.

« Une ronde maintenant! »

Tout à coup, retentit le bruit d'une sonnette.

« De mieux en mieux! voici un musicien de plus qui nous arrive, dit un danseur.

— Avec un falot pour éclairer la fête, ajoute un second.

— Et un servant qui a sans doute quelque bonne bouteille au fond de son sac », crie un troisième.

Le bruit se rapprochait, la lumière aussi, et la troupe joyeuse put bientôt apercevoir, à quelques pas d'elle, le recteur de Plounéour-Trez qui, précédé de son bedeau, portait les derniers sacrements à un malade.

Vit-on jamais plus horrible sacrilège? les danseurs, à l'exception de trois, ne s'arrêtèrent pas. Le prêtre s'avança vers eux: ils lui barrèrent le passage. Le prêtre voulut parler, leurs chants et leurs cris étouffèrent sa voix. Dieu juste ! un pareil crime ne pouvait rester impuni : le tonnerre éclate et danseurs et danseuses, le sonneur avec eux, tous ceux qui avaient pris part à l'horrible profanation, tous, frappés du même coup, sont changés en pierres, sous les yeux de leurs compagnons glacés d'effroi.

Pendant des centaines et des centaines d'années on a pu voir ces pierres se dresser sur la lande[1], comme un vivant témoignage de la colère divine. Elles formaient une sorte de cercle[2], la plus grosse plantée au milieu. Parmi les gens du pays il en est plusieurs qui, sans être tout à fait des vieillards, se souviennent encore de leurs terreurs d'enfants quand ils passaient près d'elles. Souventes fois on avait tenté, mais vainement, de les enlever pour les utiliser comme matériaux. Le fer s'émoussait sur leurs têtes chenues. Parvenait-on à les renverser, elles se relevaient toutes seules. Un jour, cependant, des tailleurs de pierres réussirent, au prix de mille efforts, à charger la plus petite sur une voiture et à la transporter à une certaine distance. Quand, après avoir cassé une croûte, pour se donner du cœur, à quelques pas de l'endroit où ils l'avaient mise à terre, ils revinrent pour jouer du marteau, ils ne la trouvèrent plus. Elle était allée reprendre la place qu'elle occupait précédemment. Un matin la nouvelle se répandit que les pierres maudites avaient disparu. C'était la vérité. Malgré les recherches auxquelles on se livra, on n'a jamais pu savoir ce qu'elles étaient devenues. Tout porte à croire qu'elles sont tombées dans le puits de l'enfer.

Recueilli par L.-F. Sauvé,
conté en 1868 à l'Aber-Wrac'h
par Fanch Menut, matelot des douanes,
Revue des traditions populaires, t. II, 1890.

---

1. Au lieu dit encore aujourd'hui *mechou an danserien* « pièce de terre des danseurs », en Plounéour-Trez.
2. Un cromlech.

Le hucheur de nuit[1]

BRETAGNE

En ce temps-ci on accorde peu de foi aux avertissements salutaires que les bêtes du bon Dieu nous donnent souvent : combien de gens sont tombés la nuit au fond des carrières pour avoir donné de l'éperon quand leur cheval, averti par son instinct, refusait d'avancer ; ou, s'ils étaient à pied, pour avoir continué leur chemin, alors qu'ils avaient vu passer sur la lande la chienne noire du *Menez*[2]. Et combien plus encore qui se perdent en n'écoutant pas les cris de leur conscience !

C'est ainsi qu'il faut rentrer au logis lorsque le hucheur de nuit, perché sur une émonde de chêne, remplit les grands bois de son cri plus lugubre qu'un glas mortuaire.

Un soir, au village de Kermorvan dans la paroisse de Plounéour-Ménez, les faucheurs après la journée, assis dans l'aire à battre, s'occupaient en attendant que la bouillie de blé noir fut cuite, à redresser le tranchant ébréché de leurs faux.

Les uns fumaient leur *korn-butun*[3] tout on causant ; les autres écoutaient ou sifflaient entre leurs dents ; un seul chantait doucement l'air triste d'une chanson bretonne.

« Tu ferais mieux de travailler comme un homme, Loïk, que de gémir comme un ramier dans le temps des nids, dit un vieux Cornouaillais au jeune garçon qui murmurait sa complainte à côté de lui. Je suis sûr, Loïk, que tu penses à Barbane du village de Dervena.

---

1. *Kaouenn-noz*, oiseau de nuit d'une espèce fantastique, hibou, chouette ou effraie. On dit aussi : *kouhan-noz*, dans le dialecte de Vannes.
2. *Menez*, montagne. La tradition de la chienne noire, fort répandue en Cornouaille, vient sans doute du barde Merlin.
3. *Korn-butun*, « corne à tabac », pipe.

— C'est vrai, Lann, répondit le jeune paysan ; elle m'a jeté un sort avec ses yeux bleus.

— Pauvre simple, reprit le Cornouaillais, que tu es à plaindre de songer à la fille de Roquinn ; une vraie *pennherez* qui aura, en se mariant, la moitié d'une métairie, douze paires de draps de fil, des vaches, des... En vérité, la raison déménage dans ta tête... »

Depuis quelques moments, les autres faucheurs étaient rentrés dans la ferme.

« Viens souper, Loïk *paour*[4], dit le vieux bonhomme, en ramassant ses outils.

— Je n'ai pas faim, répliqua l'amoureux de Barbane ; il est nuit, je veux aller à Dervena ce soir.

— À Dervena, s'écria le faucheur irrité, traverser les bois et les landes du Penhoat, par un temps si noir, quand le hucheur de nuit est perché sur les chênes morts !

— Bah ! je ne crains pas plus les hiboux que l'archange qui porte des cornes[5], dit le jeune paysan en se levant pour partir. Demain matin, cher parrain, je serai dans la prairie à faucher avant vous ; bonsoir ! »

En disant cela Loïk prit un sabot dans chaque main pour mieux courir, commença une chanson, et franchissant l'échalier du courtil, il disparut dans le chemin creux.

Alors, au milieu du silence de la nuit, le vieux Cornouaillais n'entendit pas sans effroi les « Hou ! Hou ! » prolongés des oiseaux de ténèbres. Il dit un Pater et un Ave Maria pour le vagabond qui s'éloignait ; puis il rentra, en se signant, dans la maison.

Après avoir traversé la lande, Loïk prit au hasard dans le bois un de ces sentiers connus seulement des chasseurs et des bêtes fauves ; quoiqu'il fût le plus brave des braconniers de Plounéour-Ménez, et sans crainte, hélas ! des intersignes, ou avertissements mystérieux qui viennent d'en-haut, il courait bien plus qu'il ne marchait dans les clairières malhantées, essayant de couvrir, par le bruit de sa course, les cris incessants du hucheur de nuit dont la voix semblait lui dire : « Retourne,

4. Loïk *paour*, pauvre.
5. *Arc'hael-kornek*, l'archange cornu, le diable.

retourne, retourne. » Vains efforts, l'oiseau des vieux chênes le suivait et s'attachait comme une ombre à ses pas, battant des ailes au-dessus de sa tête.

Enfin, au bout du bois, notre homme découvrit la chapelle de Saint-Divy. Minuit sonna dans la tour de Plounéour-Ménez, et les rayons de la lune, en perçant les nuages, éclairèrent la lande. Tout à coup il aperçut à quelques pas, assis sur la fontaine de Saint-Divy, le compagnon du *kouhan-noz*, l'homme des morts[6], aux longs bras décharnés, couvert d'un suaire...

— Qui n'eût tremblé à cet instant? Loïk se rappela qu'il était baptisé, et se mit à genoux, parce qu'ainsi le chrétien n'a rien à redouter des pièges de l'ange noir.

Alors le fantôme lui dit:

« Pourquoi cours-tu si vite, vagabond, du côté de Dervena; ne vas pas plus loin, Barbane est là derrière la fontaine; elle est en mon pouvoir à cause de toi.

— Tu mens, faucheur d'âmes, interrompit Loïk, laisse-moi passer.

— Tu veux rire, je crois, mon petit, tu as l'air d'un tailleur qui a fait son lundi.

— Retire-toi, mauvais ange, reprit le paysan en essayant de se relever, mais ses genoux fléchissaient.

— Écoute-moi donc, insensé; troc pour troc, vends-moi ton âme de pécheur et Barbane est à toi... »

Le hucheur de nuit répondit seul à ces paroles par ses cris lugubres.

« Mille malheurs, mille malheurs sur toi! dit l'homme des tombeaux. Mille malheurs! il est trop tard! Regarde, Loïk, vois celle qui tient ton cœur mourir dans la fontaine dont l'eau ce soir est chauffée par le feu de l'enfer. »

À ces mots le paysan épouvanté crut voir, au bord de la fontaine, Barbane qui l'appelait. Il ne put y résister et courut à son secours.

Un rire infernal se fit entendre alors de l'autre côté de la lande: l'ombre de la jeune fille s'évanouit au milieu des ténèbres; et ce fut l'homme des morts qui reçut Loïk dans ses bras.

---

6. *Ar goaz an Ankou*, l'homme de la mort.

Le lendemain, sur le soir, ne voyant pas revenir son filleul, le vieux Lann voulut aller s'informer au village de Dervena. Il rencontra, dans le bois de Penhoat, Barbane qui se rendait à Saint-Divy, pour consulter la fontaine sur son mariage avec le pauvre Loïk. La jeune paysanne en fit l'aveu au bon Cornouaillais tout ébahi.

Hélas ! — Ô grande leçon pour les pécheurs, et surtout pour ceux qui doutent des avertissements que les anges nous envoient ! — Lann et Barbane trouvèrent le corps de leur ami, sans mouvement auprès de la fontaine.

On dit dans le pays que le vieux faucheur en mourut de chagrin et que Barbane, inconsolable, entra en religion au couvent des Ursulines de Morlaix, malgré son père qui voulait la marier à un seigneur.

E. Du Laurens de La Barre,
Les Veillées de l'Armor,
imprimerie Lamarzelle, Vannes, 1857.

La bonne femme

IRLANDE

Un maquignon nommé Larry revenait un jour de Cashel, monté sur un mauvais bidet qu'il avait acheté à la foire. Il réfléchissait au moyen de se débarrasser sur un autre de son acquisition, quand son attention fut éveillée par une femme qui marchait rapidement à côté de son cheval et qui pressait le pas comme si elle voulait arriver à sa destination avant la nuit close. Elle portait, selon la coutume des paysannes irlandaises, un large manteau dont le capuchon relevé cachait complètement tous ses traits.

Ainsi enveloppée dans cette sombre draperie, l'étrangère s'efforçait depuis quelques instants de suivre l'allure du cheval, quand Larry lui offrit poliment de monter en croupe derrière lui, tant que leur route serait la même. Il ne reçut pas de réponse, mais il prit ce silence pour de la timidité et réitéra sa proposition. Elle ne répondit qu'en sautant avec la légèreté d'une plume sur le dos du cheval derrière Larry et en s'accrochant à sa ceinture avec les mains.

« J'espère que vous êtes bien installée, ma chère ! » dit Larry de bonne humeur ; mais pas de réponse ! Ils continuèrent à trotter, trotter le long de la route. Tout était si calme, qu'on eût entendu à un mille le bruit des sabots qui frappaient sur les cailloux. Larry s'aperçut que le cheval était déferré au moment où ils passaient près d'une mare sombre ombragée de grands arbres couverts de lierres. Le cheval s'arrêta et Larry mit pied à terre. Aussitôt la jeune femme sauta légèrement à côté de lui, puis sans rien dire, elle prit à travers champs, paraissant plutôt glisser que courir, et dirigea sa route vers les vieux murs de l'église de Kilnaslattery.

« Pas si vite, s'il vous plaît, jeune femme, pas si vite ! » cria Larry s'élançant après elle, mais elle ne cessait de courir et Larry la suivait en disant : « Et mes gages ? j'ai droit à un baiser de vos jolies lèvres et je l'aurai ! » Bah! elle marchait de plus en plus vite sans se soucier des compliments de Larry. Enfin elle atteignit le mur du cimetière et le franchit en un instant.

« Quelle femme ! comme elle vous marche nettement sur ses paturons ! mais je ne veux pas être joué par une femme qui ait jamais porté une tête ! » s'écria Larry en sautant à son tour par-dessus le mur du cimetière et en dégringolant de l'autre côté. Larry continua sa poursuite, trébuchant contre les pierres tumulaires, les vieilles et les nouvelles tombes, les débris de cercueils, foulant aux pieds les crânes et les ossements, se débattant avec les ronces et les branchages dont les grands bras s'enroulaient autour de lui et semblaient vouloir le retenir. Quant à la femme au manteau, elle s'avançait à travers tous ces obstacles aussi gaiement et aussi facilement que si le cimetière était le plancher d'une salle de bal. Elle ne cessait de tourner autour des murs de la vieille église. « Eh bien, je t'attendrai, dit Larry, et quand tu repasseras, je veux te donner un baiser ! Ah ! la voici ! » Larry s'élança les bras ouverts, et les referma sur une femme, c'est vrai, mais une femme sans lèvres à embrasser, car elle n'avait pas de tête du tout !

« Au meurtre ! cria Larry ; je comprends pourquoi elle ne parlait pas ! » Et, disant ces mots, Larry devint muet de crainte et de surprise ; son sang sembla se changer en glace ; puis, chancelant comme un homme ivre, il roula contre une fenêtre en ruine, rempli d'horreur à la pensée qu'il avait tenu dans ses bras une *dullahan* !

Quand il revint à lui, il ouvrit lentement les yeux et une scène étrange lui apparut. Au milieu des ruines se dressait une vieille roue de torture, ornée de têtes. Pour lui, sans pouvoir remuer aucun membre, la langue clouée au palais, il se retrouvait la poitrine appuyée contre le mur, sa tête et son cou pendant d'un côté, tandis que de l'autre, son pied touchait à peine le sol ; il semblait en quelque sorte suspendu par la terreur. Des bruits singuliers assaillirent ses oreilles, ils finirent par se transformer en tintements de petites sonnettes qui ne cessaient de faire : « Ding ! ding ! ding ! » Il entendait aussi le bruit d'os desséchés qui claquaient les uns contre les autres.

Enfin une grande cloche lança dans le vent de la nuit son bourdon solennel. C'était un spectre qui sonnait cette cloche et elle se balançait, balançait, balançait, et la chaîne grinçait et la poulie craquait, craquait, craquait !

Et à chaque roulement de ce glas de mort : « Ding ! dong ! » la voûte creuse retentissait, pendant que le battant de la cloche recommençait : « Ding ! dong ! »

C'était une étrange musique, pour danser ; néanmoins à ce bruit se dressèrent autour de la roue garnie de crânes, des dames et des messieurs, des soldats et des marins, des prêtres et des publicains, mais tous sans leur tête. Quelques pauvres squelettes, dont les ossements blanchis étaient mal couverts par des manteaux rongés par les vers, et, qui n'étaient pas admis dans le cercle, s'amusèrent à se lancer l'un à l'autre leurs têtes sans cervelle, ce qui semblait les réjouir infiniment !

Larry ne savait que penser ; un brouillard était sur son cerveau, et perdant l'équilibre qu'il avait si longtemps conservé, il tomba la tête la première au beau milieu des *dullahans* ! « Salut, Larry ! salut ! cria chaque tête sans cesser de sauter et de retomber dans l'air. — À boire pour Larry ! » crièrent-elles tout d'une voix. Aussitôt, un des joueurs de têtes, rattrapant la sienne au vol, la mit sous son bras gauche de peur de la perdre et, de sa main droite, tendit une coupe pleine à Larry qui, pour montrer ses bonnes manières, la vida d'un trait. « Ah ! l'excellente liqueur ! » allait-il s'écrier, mais il ne put aller plus loin que : « Ah ! l'exc... ! » car il était décapité à son tour et sa tête commença à danser sur ses épaules comme celle des camarades. Larry n'est pas cependant le premier homme qui ait perdu la tête pour avoir voulu regarder au fond d'une coupe pleine ! Il ne se rappela plus rien, dès ce moment, si ce n'est le bruit des voitures et du claquement des fouets.

Quand il reprit ses sens, son premier mouvement fut de porter la main à son cou, et à sa grande joie il trouva sa tête à sa place. Il ouvrit les yeux, il était grand jour ; il était couché dans la vieille église de Kilnaslattery, et sa tête, dont il avait pleuré la perte, était tranquillement appuyée par terre, pauvre jeune homme !

Crofton Croker,
Fairy Legends and Traditions of the West Ireland.

Les sorciers

BRETAGNE

Le sabbat des sorciers n'existe plus dans nos campagnes; mais les récits de ces rendez-vous nocturnes n'ont point été oubliés.

Tous les contes sur ce sujet se ressemblent, aussi nous contenterons-nous de citer les suivants.

Au temps jadis, les sorciers des environs de Rennes avaient l'habitude de se réunir, pour danser, au carrefour de la Croix-Madame, dans la commune de Bruz. Pour s'y rendre, de n'importe quel endroit où ils se trouvaient, il leur fallait s'enduire le corps de la graisse d'un enfant nouveau-né, immolé à cet effet, et prononcer la formule suivante :

Par-dessus has,
Par-dessus bois,
Olmont de la cheminée,
J'm'en vas !

Un soir, les sorciers rencontrèrent sur leur chemin une vieille charrette hors de service, et dans le but de rire un brin, ils eurent l'idée de la graisser de leur onguent et de dire ;

À travers has,
À travers bois,
J'm'en vas !

Aussitôt le véhicule les suivit; mais au lieu d'aller par-dessus les haies et les buissons, il brisa tout sur son passage. Malgré les obstacles qu'il rencontra, il arriva au carrefour de la Croix-Madame en même temps que les sorciers et se mêla à leur danse. À chaque instant l'on entendait crier : « Gare au timonet !

gare au timonet! » Ceux qui ne se rangeaient pas assez vite étaient frappés et renversés par le timon de la charrette.

Une autre fois, une sorcière, se rendant au sabbat, fut épiée par sa servante, qui voulut savoir ce qui lui arriverait en l'imitant. Elle se frotta le corps comme elle avait vu faire, et dit:

À travès has,
À travès bois,
À travès la cheminée,
J' m'en vas!

La malheureuse partit en effet; mais elle arriva dans un état lamentable, les mains et le visage déchirés, le corps meurtri et les vêtements en lambeaux.

Les sorciers, surpris de la voir dans un pareil état, lui demandèrent ce qu'elle avait fait. Elle leur répéta les paroles qu'elle avait prononcées. Tous se mirent à rire en lui expliquant ce qu'elle aurait dû dire. Néanmoins ils l'admirent à danser avec eux.

Un petit garçon, passant à la Croix-Madame. s'arrêta pour voir les sorciers danser, et surtout pour écouter leur musique.

« Vous avez ben du jeu, leur dit-il, je voudrais faire comme vous, et surtout avoir votre musique.

— Tiens! lui répondit l'un d'eux, en voici une qui pourra te divertir et même te servir un jour! »

Il lui donna son propre violon.

L'enfant alla rejoindre ses camarades, et, du plus loin qu'il les aperçut, il leur cria:

« Arrivez, les gars, que je vous joue un air de violon. »

Il n'eut pas plus tôt promené l'archet sur les cordes de son instrument que tous les moutards se mirent à danser, ce qui fit beaucoup rire le musicien.

Continuant son chemin, il aperçut un nid de pie dans le haut d'un arbre et voulut le dénicher. Malgré tous ses efforts il n'y pouvait parvenir, lorsque le curé de la paroisse vint à passer par là.

« Que fais-tu là, mon petit *gas*? lui demanda-t-il.

— Je voudrais dénicher ce nid de pie, et je vois que j'en suis incapable.

— Ah ! mes pauvres enfants, vous ne savez plus grimper aux arbres à présent. De mon temps nous étions bien plus agiles. Tiens, descends, je vais te le dénicher. »

Le prêtre grimpa dans l'arbre et allait arriver à s emparer du nid, lorsque l'enfant eut l'idée de jouer du violon. Aussitôt, le curé dégringola plus vite qu'il n'aurait voulu, et tomba dans une broussée d'épines et de ronces, au milieu desquelles il se mit à se trémousser, déchirant sa soutane et se mettant les mains et la figure en sang.

« Petit malheureux, lui cria-t-il, c'est un tour que tu m'as joué, mais tu me le paieras. »

À quelque temps de là. la mère de l'enfant alla à confesse et le curé lui raconta son aventure. De retour chez elle, la paysanne gronda son fils et voulut le corriger à coups de bâton ; mais lui, prenant son violon, fit sauter sa mère comme il avait fait sauter M. le curé.

Furieuse de voir que son enfant était sorcier, elle alla quérir les gendarmes pour l'en débarrasser. Lorsque ceux-ci arrivèrent, il réussit à les faire danser comme les autres. Ils voulurent lui prendre son violon sans pouvoir y parvenir.

« Marchez devant moi, dit-il aux gendarmes, je vous suivrai jusqu'à Rennes. »

En effet, il les accompagna jusqu'à la porte de la prison où les habitants du quartier sortirent dans la rue pour voir ce garçon que les gendarmes conduisaient au cachot. Le prisonnier accorda son instrument et mit tout le monde en danse. Malheureusement la plaisanterie dura trop longtemps, la foule se fâcha, se rua sur lui et, finalement, le poussa dans la prison.

Il ne tarda pas à être jugé, et fut condamné à être brûlé vif comme sorcier. Amené sur la place des Lices, à Rennes, où le bûcher avait été dressé, on lui dit de formuler un dernier désir et qu'on lui accorderait tout ce qu'il demanderait.

« Qu'on me rende, pour un instant mon violon » répondit-il.

On alla le lui chercher, et, aussitôt qu'il l'eut entre les mains, il se mit à jouer, et tous les assistants, y compris le bourreau et ses aides se mirent à danser.

Profitant du trouble et de l'hilarité générale, il se sauva sans qu'on pût l'arrêter, et jamais plus on ne le revit dans le pays.

Une femme, qui courait le garou, s'en allait la nuit danser avec les sorciers. En partant elle chantait :

En passant par-dessus has et buissons,
J' m'en vas rejoindre mes compagnons.

Une nuit que son mari était éveillé, il l'aperçut qui prenait, dans une petite niche cachée dans le fond du lit, un pot renfermant une pommade avec laquelle elle se frotta le corps. Aussitôt l'opération terminée, elle disparut comme par enchantement, sa voix seulement se fit entendre dans les airs :

En passant par-dessus has et buissons,
J' m'en vas rejoindre mes compagnons.

Intrigué, il se leva et examina la pommade. « Je ne veux pas aller rejoindre ma femme, pensa-t-il, mais je puis employer cette pommade à graisser ma charrette qui en a grand besoin. »

Aussitôt que le véhicule fut graissé, il s'ébranla et bientôt franchit les haies et les buissons. Le paysan courut après, et arrivé dans un carrefour il vit une bande de sorciers, hommes et femmes, complètement nus, qui dansaient autour de sa charrette.

Le bonhomme, indigné d'un tel spectacle, rentra chez lui et se tint sur le seuil de sa porte pour voir revenir sa femme. Il l'attendit longtemps. Soudain, il vit un chat, qu'il ne connaissait pas, et qui venait de son côté. Prenant un fouet, il le frappa de toutes ses forces, et l'atteignit an nez d'où le sang coula. Malgré cela, le chat se glissa dans la maison et, lorsque le paysan se retourna, il vit sa femme qui remettait, dans le fond du lit, un pot renfermant une pommade qui sans doute, lui avait servi pour se métamorphoser en chat.

Son mari lui demanda d'où elle venait. Elle ne répondit pas ; mais il vit qu'elle avait une large éraflure sous le nez. « Ce doit être mon coup de fouet », lui dit-il. Elle baissa la tête mais n'articula pas un mot.

À partir de ce jour, la malheureuse cessa d'aller, la nuit courir le garou, ce qui prouve, une fois de plus, ajouta la bonne femme de Bruz qui nous racontait ce conte, qu'il suffit de faire couler le sang d'une personne pour la guérir de courir la nuit.

Adolphe Orain, *Contes du pays gallo*,
édition Champion, 1904.

Le diable courtisant les filles

Bretagne

Lorsqu'on quitte le petit bourg de Derval, dans la Loire-Inférieure, pour venir vers Rennes, on descend une côte assez rapide qui porte le nom de Tertre rouge. Au versant de cette côte, à droite, est un petit village appelé la Robinais.

Or, il n'y a pas plus de cinquante ans, les filles de la Robinais aimaient trop la danse, il faut bien le reconnaître. Elles se réunissaient le dimanche soir, et souvent même plusieurs fois par semaine, tantôt chez l'une, tantôt chez l'autre, pour se divertir jusqu'à une heure assez avancée de la nuit.

Les gars, non seulement du village mais de tous les environs, venaient à ces réjouissances.

Un soir, on fut bien surpris de voir arriver un beau monsieur, qui demanda la permission de prendre part à la danse. Comme il avait fait sa demande bien poliment, on ne le refusa point et même bientôt ce fut à qui danserait avec lui, tant il était aimable.

À partir de ce jour, il assista à toutes les fêtes. On ne savait ni qui il était, ni d'où il venait ; mais il était si gai, si plein d'entrain qu'il avait su enjôler tout le monde.

Cependant les jeunesses qui dansaient avec lui, cessaient d'aimer le travail, ne songeaient qu'au plaisir et se faisaient belles pour plaire au monsieur.

Plusieurs d'entre elles quittèrent le pays et n'y revinrent jamais. Malgré cela l'étranger continuait à venir au village et se montrait surtout assidu près d'une fille du nom de Jeanne. Ils valsaient un soir ensemble, chez la femme Guérin, lorsque celle-ci, assise dans un coin avec sa *garçaille*[1] sur les genoux, fit la remarque que, chaque fois que le couple s'avançait, l'enfant jetait des cris lamentables. Ce fait étrange l'étonna.

1. Ensemble des enfants d'une même famille.

Elle avait entendu dire que, lorsque le diable s'approchait d'un innocent, c'est-à-dire d'une *garçaille* n'ayant pas l'âge de raison, le pauvre petit se mettait à pleurer. Elle examina donc attentivement les jambes du monsieur, car elle savait aussi que Satan peut *s'enmorphoser*[2] comme il veut, mais qu'il lui reste toujours un pied difforme.

Qu'on juge de son épouvante, lorsqu'elle vit au bout du pantalon du danseur un pied fourchu. Elle le fit remarquer à plusieurs jeunes gars qui, sans mot dire, sortirent aussitôt, montèrent à cheval et s'en allèrent au galop chercher le curé de Fougeray, car celui de Derval était absent.

Le prêtre arriva heureusement quelques secondes avant minuit. Il était revêtu de l'étole et avait à la main le goupillon plein d'eau bénite. Il entra aussitôt, à la stupéfaction des danseuses, s'avança vers l'étranger qui tenait Jeanne par la main et l'aspergea d'eau bénite. Satan, car c'était lui, jeta un cri de rage et de souffrance, puis s'accula dans un coin.

« Comment voulez-vous que je le fasse disparaître ? dit le curé, en vent, en pluie ou en fumée ?

— Pas en pluie, s'écria-t-on, *j'serions* noyés.

— Pas en vent non plus, ajouta la bonne femme chez laquelle on dansait, ma maison *cherait*[3].

— En fumée alors », répondit le prêtre. Et il aspergea d'eau bénite le diable qui disparut en fumée par la cheminée, en laissant une odeur de soufre derrière lui.

Trois tours de danse de plus, assure-t-on, et Jeanne était perdue.

Cette fille, qui est morte jeune, avait conservé sur le bras la marque de la griffe que le diable lui enfonça au moment où il fut aspergé par le curé de Fougeray.

Conté par Marie Bregeon,
fermière à la Belle-Étoile,
commune de Fougeray,
in Adolphe Orain, *Contes*,
édition Maisonneuve, 1901.

---

2. Se métamorphoser.
3. Tomberait.

Légende de Knockgrafton

IRLANDE

Il y avait jadis un pauvre bossu nommé Lusmore (Digitale), qui demeurait dans la fertile vallée d'Aherlow. Un soir qu'il revenait de la ville voisine, en marchant lentement à cause de sa bosse, la nuit le surprit près du vieux fossé de Knockgrafton. Fatigué, il s'assit sur le bord du fossé et regarda tristement la lune qui montait à l'horizon. Soudain, des accents sauvages d'une mélodie surnaturelle frappèrent son oreille. C'était comme le son de voix nombreuses qui se mêlaient et se fondaient de façon si étrange qu'elles semblaient ne faire qu'une. Les paroles du chant étaient: « Lundi! mardi! lundi! mardi! » puis il y avait un silence et la mélodie reprenait de nouveau.

Lusmore écoutait attentivement, retenant sa respiration, de peur de perdre une note. À la fin, il commença à se lasser d'entendre toujours les mêmes paroles, et, profitant d'un silence, quand: « Lundi! mardi! » eut été répété trois fois, il reprit l'air et ajouta: « Et mercredi! » Ensuite, lorsque les voix dans le fond du fossé recommencèrent: « Lundi! mardi! » il acheva la mélodie en ajoutant encore: « Et mercredi! »

Les *fairies* furent si enchantés de cette addition qu'ils entraînèrent Lusmore au milieu d'eux avec la rapidité d'un tourbillon. Ils lui firent le meilleur accueil, lui disant qu'il était le premier musicien du monde. Puis, après s'être consultés, l'un d'eux s'approcha de Lusmore et lui dit:

« Lusmore! Lusmore! bannis à jamais le chagrin, car la bosse qui était sur ton dos n'y est plus! Regarde par terre, la voici! »

À peine ces mots étaient-ils prononcés que le pauvre petit Lusmore se sentit si heureux et si léger qu'il lui sembla que d'un saut il eût pu s'élancer jusqu'à la lune. Il jeta les yeux autour de lui et la nature lui parut plus belle que jamais, puis, ébloui de tant de splendeurs, il laissa tomber sa tête et s'endormit. Quand il s'éveilla, il était grand jour, le soleil brillait, les oiseaux chantaient. Son premier mouvement, après avoir dit ses prières, fut de passer la main sur son dos et, n'y retrouvant plus sa bosse, il éprouva un sentiment de joyeuse fierté; il s'aperçut aussi qu'il avait des habits tout neufs dont les *fairies* l'avaient revêtu.

La nouvelle se répandit rapidement dans le pays et, à plusieurs milles à la ronde, grands et petits, chacun ne parlait plus que de cet événement extraordinaire.

Un matin que Lusmore était assis à sa porte, une vieille s'approcha de lui et lui conta qu'elle avait un fils tout contrefait. Elle pria Lusmore de lui révéler le charme qu'il avait employé pour se débarrasser de sa bosse. Lusmore, qui avait bon cœur, fit le récit de son aventure sans omettre aucun détail. La vieille le remercia et s'en alla bien contente. De retour chez elle, elle prit une charrette et aussitôt que la nuit tomba, elle conduisit son petit bossu de fils au fossé de Knockgrafton.

Jack, c'était le nom du petit bossu, n'était pas assis depuis longtemps qu'il entendit au fond des fossés les *fairies* qui chantaient: « Lundi! mardi! mercredi! » sans jamais s'arrêter. Jack, qui était pressé de se débarrasser de sa bosse, n'attendit pas que les *fairies* eussent fini, et quand ils eurent répété sept fois de suite leur chant, sans s'inquiéter de la mesure, il se mit à crier: « Mercredi et jeudi! » pensant que, puisqu'un jour était bon, deux vaudraient mieux encore.

Les paroles n'eurent pas plutôt passé ses lèvres qu'il se sentit entraîné au fond du fossé par une force prodigieuse. Les *fairies,* furieux, tourbillonnèrent autour de lui en criant: « Pourquoi as-tu troublé nos chants? » Puis l'un d'eux se planta devant Jack et lui dit:

« Jack! Jack! tes paroles sont tombées si mal à propos dans l'air que nous chantions que, pour te châtier, voilà deux bosses pour toi! »

Et vingt des *fairies* les plus vigoureux prirent la bosse de Lusmore et l'attachèrent sur la bosse de Jack, puis, à coups de pieds, ils le chassèrent de leur retraite. Quand la mère de Jack revint le lendemain, elle trouva son malheureux fils à moitié mort au bord du fossé, avec deux bosses sur le dos !

Crofton Croker,
Fairy Legends and Traditions
of the South Ireland.

Le cri de la *banshee*

IRLANDE

Il y avait une fois – les histoires commencent souvent comme les contes – une jeune fille du nom de Marie O'Neil, singulièrement belle, et d'une famille assez importante pour avoir une *banshee* à son service. Elle aimait passionnément un jeune homme, nommé Henry, qui l'adorait, et que la médiocrité du rang et de la fortune rendait inférieur à sa bien-aimée.

Marie n'avait encore que seize ans, Henry en avait vingt-quatre, et malgré la réputation des Irlandais, d'être aussi prompts à aimer qu'à oublier, il faisait mentir le proverbe.

Il était ferme, d'une nature ardente, généreuse; il aimait Marie avec toute la puissance d'un premier amour, et l'aurait aimée lors même qu'elle eût été la plus pauvre gardienne de troupeaux des montagnes du Connemara.

« Je ne veux pas t'épouser contre la volonté de ton père, disait-il un soir à la fiancée de son cœur; mais j'irai au loin me faire une fortune et un nom. Quand j'aurai l'un et l'autre, je reviendrai demander ta main et te donner la mienne à la face du ciel, dont les étoiles brillent en ce moment au-dessus de nous; mais jure-moi de m'attendre libre de tout amour jusqu'à ce que je revienne. »

La jeune fille se mit à genoux sur la bruyère, jura d'attendre son ami et lui glissa au doigt un anneau considéré dans sa famille comme ayant une grande vertu; puis elle lui fit jurer à son tour que, s'il mourait, devenait indifférent ou se mariait à une autre, il lui renverrait cet anneau.

Après ces mutuels engagements, ils se séparèrent, tous les deux plongés dans un violent désespoir.

Six années se passèrent ainsi, sans apporter aucune nouvelle de l'absent, et Marie répétait toujours: « S'il m'avait aimée comme je l'aimais, il ne m'aurait pas quittée. » Ce sentiment lui fit excuser l'inconstance de son cœur. Elle écouta les propositions d'un homme riche qui la demandait en mariage. La jeune fille consentit à se marier avec celui qui lui promettait fortune, toilette, et tous ces colifichets aimés des femmes.

Un soir, en revenant de la montagne ramasser des genêts, Nelly, la commère du village la plus forte en langue, disait à Betzy sa voisine :

« Ainsi, c'est décidé, Marie O'Neil épouse l'homme le plus riche du comté.

— Certainement, répondit Betzy, c'est un bon parti, car c'est un grand seigneur, et la fille des O'Neil n'est plus jeune ni belle comme il y a six ans, quand celui qui est au-delà des mers venait la trouver sur le rocher ou sous les chênes de cette colline.

— Ah ! si les arbres pouvaient parler, que de choses ne raconteraient-ils pas sur la folie des femmes ou la fausseté des hommes !

— Il n'y a pas de fausseté là-dedans, répliqua Nelly, à moins que vous n'appeliez ainsi le changement de Marie ; mais le bon Dieu sait seulement comment tout cela va finir ; oui, Lui et un autre.

— Oh ! Jésus, mon sauveur, murmura Betzy à l'oreille de sa compagne, auriez-vous par hasard entendu quelque chose ? »

Et les deux commères s'approchèrent plus près l'une de l'autre pour mieux causer à voix basse.

« Vous savez, ma chère, dit Nelly, si bas que Betzy l'entendait à peine, vous savez que la famille O'Neil a sa *banshee*, qui ne leur parle plus, il est vrai, comme autrefois, mais qui leur est encore attachée pour leur donner l'avertissement de la mort. Il y a juste six ans que Henry vint trouver sa bien-aimée pour la dernière fois ; je revenais alors de la vallée et j'arrivai auprès des deux amoureux sans qu'ils s'aperçussent de ma présence. Je ne voulais pas les déranger, parce que Marie pleurait comme un nouveau-né qui a perdu sa mère. Je les vis se donner un anneau, et j'entendis clairement le cri de la *banshee* résonner dans l'air, doux et triste. Il n'annonçait pas une mort soudaine, mais c'était une menace, un avertissement pour ce qui arrive aujourd'hui.

— Que le Seigneur du ciel fasse que ce soit pour lui, dit charitablement Betzy.

— Pour lui ? reprit vivement Nelly ; mais, ma pauvre femme, vous perdez donc la tête ! J'ai vraiment honte de votre ignorance ; vous ne savez donc pas que M. Henry est d'une famille trop médiocre pour avoir droit au cri de la *banshee* ? Non, ce n'est pas pour lui, car écoutez, le soir où M. O'Neil, le prêtre et le fiancé persuadèrent Marie d'oublier Henry et de fixer le jour de son mariage avec le richard, le cri de la *banshee* fut entendu plus d'une fois dans le village, et la fille d'O'Neil l'entendit elle-même distinctement et de très près, de sorte que quelqu'un de la famille doit mourir bientôt, car si le premier cri était doux et triste, le deuxième indiquait une colère terrible.

— Et le troisième ? demanda Betzy.

— Le troisième, répondit Nelly, je ne l'ai pas entendu et ne me soucie pas de l'entendre. Les vieilles familles s'en vont rapidement, et les *banshees* ne s'occupent pas des nouvelles. Mon père, que Dieu ait son âme, me disait qu'ils quitteraient le pays dans peu de temps ; c'est impossible, et ce serait fort ennuyeux de ne pouvoir nous occuper que des affaires de notre ménage.

— Et quand se fera le mariage ? reprit Betzy, car dans ces temps-ci, c'est une bénédiction pour le pauvre peuple de recevoir quelques libéralités des époux.

— Dans une semaine au plus tard : l'on dit que les O'Neil se proposent de faire les choses en grand, d'inviter beaucoup de monde et de faire revivre à cette occasion les vieilles coutumes d'Érin. » Après ces mots les deux commères rentrèrent séparément chez elles.

Quoique Marie ne montrât pas le moindre repentir d'avoir brisé ses anciennes promesses et d'être devenue parjure, elle ne prenait aucun intérêt aux préparatifs de la noce ; elle se disposait avec calme et sang-froid à sceller sa destinée en suivant les volontés de son père. Le mariage eut lieu avec toutes les cérémonies possibles, et comme il n'était encore pas d'usage pour les époux de s'absenter immédiatement après leur union, la mariée resta chez son père pour faire les honneurs de la maison.

C'était l'habitude dans ces circonstances de laisser ouverts les rideaux des fenêtres, afin que le peuple pût voir de dehors ce qui se passait à l'intérieur. Nelly et Betzy n'avaient pas manqué de venir coller leur figures contre les vitres de la chambre où dînaient les invités, pour ne rien perdre des incidents de la journée. Tout à coup, Nelly, qui avait une grande réputation de prescience, saisit le bras de sa voisine en lui criant :

« N'avez-vous rien entendu ?

— Non, répondit Betzy, rien, sinon les hourras des garçons, parce que l'épousée fait des politesses à un étranger qui vient d'arriver.

— Imbécile », murmura Nelly, en retirant sa main.

Marie, en effet, venait de se lever pour recevoir un inconnu, qui, sans se faire annoncer, entra dans la salle du festin, et sans saluer personne pria la mariée de lui donner à boire. Celle-ci lui offrit aussitôt un verre de vin, mais l'étranger refusa, en prétextant qu'il ne buvait que de l'eau. Marie lui en présenta un verre : il le but tout d'un trait, et s'en alla sans détourner la tête, après avoir glissé dans le verre un objet reconnu, par la mariée, pour être l'anneau qu'elle avait mis six ans auparavant au doigt d'Henry.

Marie, profondément émue de cette scène, conserva néanmoins toute sa présence d'esprit et ne laissa pas apercevoir son émotion, tant que les convives ne furent pas partis. Un instant après une femme entra précipitamment dans la salle pour demander le curé du village. Elle avait la figure décomposée par la terreur ; elle raconta qu'un étranger qui lui avait demandé l'hospitalité et paraissait accablé par un chagrin secret, venait de tomber mort sur le seuil de sa cabane.

La vérité se fit jour aux yeux de Marie ; elle comprit que cet étranger n'était autre qu'Henry, toujours fidèle à son amour comme à sa promesse ; oubliant l'univers entier, elle courut à la chaumière de la pauvre femme, espérant que son fiancé vivait encore. Au moment de franchir la porte de la maison de son père, il souffla subitement un vent d'une force extraordinaire, quoique la soirée fût calme et pure, et le cri de la *banshee* se fit entendre si bruyamment, que toute la foule en trembla de peur.

« Cette musique est pour les parjures, murmura de nouveau Nelly ; et pourtant, qu'il soit mort ou vivant, le cri de la *banshee* n'est pas pour lui. »

Marie n'entendait rien, n'écoutait rien; elle volait vers Henry. Quand elle fut auprès de lui, elle se jeta à ses genoux et lui mit la main sur le cœur. Il ne battait plus; elle appela son ami par son nom, mais il ne répondit pas; elle pressa ses lèvres contre celles d'Henry, mais elles ne remuèrent pas. Alors seulement elle comprit que son ami n'était plus de ce monde. Poussée par le désespoir, elle arracha de ses cheveux le ruban d'argent qui les retenait au-dessus de sa tête et chanta selon l'habitude des pleureuses de cette époque.

La pauvre enfant chantait ses plaintes avec les monotones et navrantes modulations des chants funèbres usités en Irlande à la mort de quelqu'un. Son amour s'était brusquement élevé à la hauteur de ces sentiments irrésistibles, violents et rares, qui semblent sortir d'une âme surhumaine. Marie tomba morte en prononçant le dernier mot de son chant. Elle fut enterrée à côté d'Henry dans le même tombeau. Huit jours après, la *banshee* cria de nouveau pour le dernier des O'Neil.

Cette triste histoire est restée profondément gravée dans l'esprit du peuple, qui la répète volontiers, quand on paraît douter de l'existence des *banshees*. Les paysans d'Antrim chantent encore souvent la chanson de Marie, et toujours avec émotion.

Abbé Domenech,
Voyages légendaires en Irlande,
édition Vitte, 1894.

Chapitre cinquième

Les oreilles de Merlin

Les, Celtes ont aussi leur Orphée. Tantôt barde et harpeur, Merlin joue avec un tel talent qu'il charme tout ce qui est à sa portée. Les bêtes sauvages perdent leur férocité, les poissons montent à la surface de l'eau et demeurent immobiles. Même les pommiers prennent part à la fête et, ne le pouvant du pied, ils dansent de la tête.

Tous les personnages du bestiaire défilent dans le cortège de l'homme sauvage, assurés d'être écoutés par celui qui parle leur langage. Sous la peau d'un crapaud chanteur sommeille l'amant d'une belle Écossaise. Grâce à la gente Lida, un batracien breton redevient prince; leurs noces seront dignes du meilleur roman courtois, ponctuées de tours de jongleur, de chœur de grenouilles et de musique enchanteresse. Dans le bestiaire lunaire où les animaux savent se parer de formes toujours réinventées, deux filles-reptiles marquent l'horizon d'une fortune amoureuse en construisant un château pour leurs amants. Les bûcherons siffleurs du pays gallo connaissent bien le vert-creux, un grand lézard fort mélomane. Ne dit-on pas aussi que les araignées fredonnent une chanson en tissant leur toile ?

Les animaux ont de l'entendement, ils peuvent venir en aide à des héros en quête d'eux-mêmes. Au son du cor et au signal d'un sifflet en bec d'oiseau, toutes les bêtes à cornes et toute la gent ailée courent sus au diable qui retient captive une princesse levrette. Et bien danse à qui fortune chante. Une gavotte peut ouvrir la fête galante du seigneur de Kerodern et de la belle au bois courant sur la montagne du Bré.

Les anciens Celtes tiraient des présages des hennissements de certains chevaux blancs nourris dans les bois consacrés. Vénérés pour leur force et leur rapidité, les animaux ont inspiré de nombreux récits mythiques. Pour quitter la Terre de Jeunesse, le fameux Oîsîn de la tradition irlandaise monte un superbe coursier immaculé et retourne dans la verte Érin. C'est un taureau noir – autre animal royal – que s'enhardit à chevaucher pour sa pérégrination amoureuse, une pucelle. Mais seule la magie de son chant pourra réveiller l'amant endormi.

Les oiseaux n'ignorent pas l'excellent parti qu'ils peuvent tirer de la disposition particulière des oreilles de Merlin. Ne naquit-il pas d'une princesse qui s'aventura en un bois, charmée par les trilles du rossignol ? L'enchanteur savait se rendre invisible dans les arbres où il avait le talent de contrefaire les ramages.

Certaines légendes sont vieilles comme l'homme et lui furent transmises par la nature. Dans la mythologie celtique, l'hirondelle est l'épouse du dieu de la Mer et le roitelet le monarque d'un pays à l'envers, où les plus petits commandent. Les paysans bretons connaissent les vertus de l'herbe d'or : qui la foule aux pieds entend distinctement le gazouillement des oiseaux et la langue des chiens. Les oiseaux disent la vérité et, en Écosse, un pigeon blanc comme lait, né des ossements d'un garçon tué, module une chanson fatale à sa meurtrière.

Fableurs et diseurs brodent à l'envi sur le langage magique du peuple de l'air. On dit que les baisers du dieu Oengus – le Cupidon irlandais – sont autant d'oiseaux qui s'envolent en modulant des chants d'amour pour sa mystérieuse amante cygne. Les filles du roi Llyr sont aussi magiquement transformées en cygnes sur le lac de Dairbrech, en Irlande, avec toutefois le don de parole et le talent des muses. Selon un vieil adage, grande cage ne veut pas un petit oiseau. Pour ne pas s'en être souvenu, longue sera la quête du petit roi Jeannot à la recherche du merle blanc et de la belle aux cheveux d'or.

Oiseau sacré des Celtes, le corbeau jouit d'une sagesse légendaire et sait lire dans le cœur des humains. La Bataille des Oiseaux nous révèle comment le bonheur sera le suprême cadeau de l'oiseau de lumière à son sauveur, le fils du roi de Tethertown, dans les Highlands. Mais qui sait encore l'augure attaché au ramage du messager céleste ?

Le crapaud

ÉCOSSE

Une pauvre veuve cuisant un jour son pain envoya sa fille avec un pot chercher de l'eau au puits. La fille marcha, marcha, mais quand elle fut au puits, elle vit qu'il était desséché. Elle ne savait que faire, ne voulant pas revenir chez sa mère sans lui rapporter de l'eau. Alors, elle alla s'asseoir en pleurant sur la margelle. Un crapaud sauta hors du puits et lui demanda ce qui la chagrinait; elle répondit qu'elle se désolait parce que le puits était à sec. « Eh bien, dit le crapaud, si tu veux être ma femme, je te donnerai de l'eau en abondance! » La fille, ne prenant pas au sérieux les paroles du crapaud, accepta sa proposition et lui répondit qu'elle consentait à l'épouser. Lorsqu'elle eut rempli sa cruche, elle revint au logis et ne pensa plus à cette aventure. Mais, une nuit qu'elle et sa mère étaient près de se mettre au lit, elle entendit ce chant:

Ouvre ta porte, ma mie, mon cœur,
Ouvre ta porte, mon véritable amour;
Souviens-toi de la promesse que tu m'as faite
Là-bas dans la prairie, quand nous nous sommes rencontrés.

La mère dit à sa fille: « Quel est ce bruit à la porte?
— Ah! reprit celle-ci, ce n'est rien qu'un méchant crapaud!
— Ouvre la porte, dit la mère, à ce pauvre crapaud. »

Alors la fille ouvrit la porte et le crapaud arriva en sautant et s'assit auprès du feu. Puis il chanta:

Donne-moi à souper, ma mie, mon cœur;
Donne-moi à souper, mon véritable amour;

Souviens-toi de la promesse que tu me fis
Là-bas dans la prairie, quand nous nous rencontrâmes.

« Eh quoi ! dit la fille, faut-il donner à manger à ce vilain crapaud ?

— Oui, dit la mère, même à un pauvre crapaud donne à souper quand il t'en prie. »

Alors le crapaud mangea, puis il reprit sa chanson :

Mets-moi dans ton lit, ma mie, mon cœur ;
Souviens-toi de la promesse que tu me fis
Là-bas dans la prairie.

« Ah! dit la fille, mettrai-je un crapaud dans mon lit ?
— Oui, dit la mère, mets le pauvre crapaud dans ton lit. »

Elle porta le crapaud dans son lit. Alors il reprit sa chanson :

Maintenant, prends une hache, mon cœur, ma mie,
Et coupe-moi la tête, mon amour.

Et la fille lui coupa la tête, et aussitôt se dressa le plus joli petit prince qu'on eût jamais vu. Et tous deux vécurent heureux le reste de leurs jours.

M. Chambers, *Popular Rhymes of Scotland*,
Edinburgh, s.d.

Le crapaud qui se marie

BRETAGNE

Il y avait une fois un bonhomme si vieux, si vieux, que la mousse lui poussait sur les jambes. Ce bonhomme était père de trois jeunesses qui s'en allaient tous les jours travailler loin de chez elles, pour subvenir aux besoins de la famille.

Chaque matin, lorsqu'il faisait beau temps, le vieillard, qui pouvait à peine marcher, se faisait conduire par la plus jeune de ses filles, appelée Lida, sur un banc placé sous un pommier, au bas de son courtil.

Un jour qu'il était assis à sa place habituelle, il entendit un bruissement dans l'herbe et vit apparaître un énorme crapaud qui s'avança gravement jusqu'à lui et lui dit :

« Aimerais-tu, bonhomme, à redevenir jeune ?

— Ce que tu me proposes-là, répondit le vieillard, n'est pas possible, et cependant ce serait le plus cher de mes désirs.

— Eh bien, il ne tient qu'à toi de recommencer une nouvelle existence !

— Que faut-il faire ?

— Décider l'une de tes filles à m'épouser.

— J'avais bien raison de dire que ce n'était pas possible. Comment veux-tu que l'une de mes filles épouse un crapaud ?

— C'est à prendre ou à laisser. Je te donne trois jours pour la décider, je reviendrai savoir sa réponse et si tu n'as pas réussi, tu ne me verras plus. »

Et le crapaud disparut dans les herbes.

Le soir, lorsque Lida vint chercher son père pour le ramener à la maison, elle le trouva triste et pensif. La jeune fille, qui l'aimait beaucoup, lui dit : « Père, tu n'es pas gai comme de coutume, il a dû t'arriver quelque chose de particulier. Dis-le moi, je t'en supplie. »

De retour à la maison, le bonhomme raconta, devant ses filles, sa conversation avec le crapaud, la proposition de celui-ci et la condition qu'il y avait mise. Les deux aînées se récrièrent aussitôt, disant qu'elles ne consentiraient jamais à se sacrifier de la sorte pour être sans doute les dupes d'un vil imposteur. La plus jeune ne dit rien.

Deux jours s'écoulèrent, et Lida, voyant que son père ne mangeait plus, ne dormait plus et songeait sans cesse à la proposition du crapaud, lui dit enfin, en le conduisant le troisième jour sous son pommier : « Cher père, annonce au crapaud que je consens à l'épouser et que je me tiens à sa disposition. » Le bonhomme fut tellement heureux du dévouement de son enfant qu'il en pleura de joie en l'embrassant.

À la même heure que la première fois, la bête hideuse aborda le vieillard, et lui dit : « Eh bien ! quelle nouvelle m'apportes-tu ?

— Lida, la plus jeune, la plus jolie de mes filles veut bien te prendre pour mari. »

Le crapaud devint fou de joie. Il se mit à exécuter une danse insensée, à marcher sur les pattes de devant, à se rouler par terre, et à faire des cabrioles plus extraordinaires les unes que les autres.

Lorsque la joie du monstre se fut calmée, il dit au vieillard :

« Cher beau-père, amenez-moi demain Lida, au même endroit, à la même heure, et, aussitôt, je vous ferai redevenir jeune, et j'emmènerai ma fiancée dans mon royaume. »

Le lendemain, la pauvre enfant, plus morte que vive, accompagna son père à sa place habituelle. Cette fois le crapaud fut le premier au rendez-vous, et en voyant la charmante figure de sa promise, il recommença ses danses échevelées. L'infortunée Lida frémit de tout son corps en songeant qu'elle allait devenir la femme de cette affreuse bête.

Le crapaud s'approcha du bonhomme, lui toucha le pied d'une baguette qu'il portait au côté, et la métamorphose s'accomplit. Le vieillard redevint ce qu'il était à quinze ans, un jeune et beau cavalier plein de jeunesse, de vigueur et de santé.

Le crapaud pria ensuite Lida de vouloir bien le suivre. La jeune fille obéit avec résignation. De sa baguette, il toucha un morceau de roc énorme qui pivota comme par enchantement et laissa entrevoir l'ouverture d'un souterrain dans lequel ils s'engagèrent tous deux. Le rocher se referma sur eux, et ils se trouvèrent dans l'obscurité la plus complète. La frayeur qu'éprouva la pauvre enfant, en se voyant ainsi prisonnière, fut tellement grande qu'elle s'évanouit.

Le maître de ce séjour ténébreux appela au secours, et plus de mille petits crapauds, portant chacun sa lumière, arrivèrent de toutes parts et entourèrent la malheureuse Lida. D'autres la soulevèrent de terre et la portèrent doucement sur un lit de mousse.

Son mari, roi de ce peuple immonde, lui chatouilla le nez avec des herbes odorantes qui lui firent bientôt reprendre ses sens. S'habituant peu à peu à son entourage, elle accepta, il le fallait bien, des mets et des liqueurs préparés exprès pour elle.

Au bout de quelques jours, le gros crapaud ordonna la célébration du mariage. Un dîner splendide fut servi. Puis des jeux et des danses se succédèrent avec rapidité. Des milliers de crapauds se lançaient les uns aux autres de petites couleuvres frétillantes, brillantes comme du feu, qui allaient ensuite s'accrocher par la queue aux interstices du rocher, et éclairant ainsi l'appartement mieux que n'auraient pu le faire toutes les lampes du monde réunies ensemble. Des gymnasiarques célèbres exécutèrent sur des joncs tendus des tours de leur façon. Enfin, des grenouilles coassèrent à qui mieux mieux en s'accompagnant de divers instruments. Ces plaisirs, toujours variés, durèrent plusieurs semaines.

Malgré toutes les distractions que s'efforçait de lui procurer son mari, Lida, privée d'air, de jour, de soleil, dépérissait à vue d'œil.

Le crapaud en eut pitié et lui dit un jour :

« Femme, le chagrin te consume, et tu tomberais malade si je ne t'accordais quelques jours de liberté. Eh bien ! Je te permets d'aller passer huit jours dans ta famille, pars, guéris-toi, et reviens ensuite ici gouverner en reine souveraine. »

La triste mariée ne se le fit pas dire deux fois et partit aussitôt. En la quittant, le batracien lui dit : « Ne fais connaître à personne le lieu de notre retraite, ne raconte, à âme qui vive, ce que tu as vu, et ne chagrine pas ta famille en lui disant que tu n'es pas heureuse. »

Elle promit tout ce qui lui était demandé, et partit.

Trois semaines s'étaient à peine écoulées depuis le mariage de Lida, et cependant bien des changements avaient eu lieu dans la maison de son père. D'abord, ce dernier, redevenu jeune, avait voulu tenter la fortune et était parti pour le pays des îles. Ses deux filles, supposant que leur sœur ne devait pas revenir, avaient partagé tout ce qu'il y avait à la maison; aussi furent-elles fort désappointées en apercevant Lida. Celle-ci les rassura en leur disant qu'elle venait seulement passer huit jours avec elles, et qu'elle leur donnait de grand cœur la part pouvant lui appartenir. Les aînées devinrent alors plus aimables et voulurent questionner leur sœur sur ce qui lui était arrivé.

« Je regrette, répondit Lida, de ne pouvoir satisfaire votre curiosité, mais j'ai promis de ne rien raconter de ce qui s'est passé depuis mon départ et je tiendrai mon serment. »

Les curieuses ne se tinrent pas pour battues, et revinrent plusieurs fois à la charge; mais tout fut inutile, la jeune mariée resta muette.

Lorsque le délai fatal fut expiré et qu'il lui fallut reprendre le chemin du souterrain, elle se laissa aller à un désespoir affreux. Tout à coup, le crapaud qui, sans se faire voir, avait suivi sa femme et s'était caché dans un coin d'où il avait vu et entendu tout ce qui s'était passé depuis huit jours, s'avança au milieu de l'appartement et dit à Lida :

« Je vois que, malgré tout ce que j'ai pu faire, je ne suis pas parvenu à captiver ton cœur. Je le regrette sincèrement, Rassure-toi, néanmoins, puisque tu as su garder ton serment, je n'abuserai pas du droit que m'a donné ton père en m'accordant ta main, je te rends la liberté. Ne voulant pas non plus, ajouta-t-il, en se tournant vers les sœurs aînées, que ma femme soit une charge pour vous, je lui fais don de ma baguette de magicien avec laquelle elle obtiendra tout ce qu'elle pourra désirer. »

Cela dit, il disparut. Lida regretta bien un peu de faire autant de peine à ce pauvre crapaud, mais elle se consola vite et ne songea bientôt plus qu'à utiliser la baguette magique.

Les trois sœurs, pour se distraire, effectuaient chaque jour de charmantes promenades dans les environs. Une après-dînée qu'elles étaient allées plus loin que de coutume, elles gravirent un coteau du sommet duquel on avait une vue splendide. Le paysage leur plut tellement qu'elles s'écrièrent: « Qu'un château ferait bien ici, et comme on y passerait volontiers sa vie! » Lida ayant formé ce vœu en touchant sa baguette, elles se trouvèrent immédiatement à la porte d'un superbe château entouré d'un jardin ravissant, clos de murs de toutes parts. Elles inspectèrent leur nouvelle propriété, et furent ravies des merveilles qu'elles y découvrirent. Tout ce qu'il était possible de rêver de plus charmant se trouvait réuni en ces lieux. Tout à coup, leur attention fut attirée par des cris qui venaient de l'entrée du jardin. Elles dirigèrent leurs pas de ce côté et aperçurent, derrière la grille du château, trois individus de mauvaise mine, qui secouaient la porte avec violence et menaçaient de la briser si on ne leur ouvrait aussitôt.

Lida s'avança résolument vers ces gens et leur demanda ce qu'ils voulaient.

« Nous voulons l'hospitalité dans cette demeure et un dîner succulent, arrosé de vos meilleurs vins.

— Ma maison n'est point une auberge, allez ailleurs commander en maîtres. Je défends que cette porte vous soit ouverte, et elle ne le sera pas.

— Vraiment! Eh bien, nous la briserons! »

Et l'un deux, saisissant une hache, se mit à frapper à coups redoublés sur la grille. Lida, serrant la baguette entre ses mains dit, tout effrayée: « Que celui qui cherche à entrer chez moi de force se brise un membre! »

Elle n'eut pas plutôt prononcé ces mots, que le malheureux qui, à ce moment brandissait la hache, se l'abattit sur le poignet gauche, qu'il coupa d'un seul coup. Il poussa un cri de douleur et se roula par terre de désespoir.

« Le maladroit! » s'écria l'un de ses compagnons, et, s'emparant de l'arme, il voulut, à son tour, entamer la grille; mais la hache mal dirigée lui sépara le genoux en deux. Il s'en alla rejoindre son camarade sur le sol.

Le troisième se précipita, lui aussi, sur l'instrument encore sanglant, et voulût, par un mouvement, de rage, lui faire décrire un cercle autour de sa tête; la hache, lancée avec trop de vigueur, lui échappa des mains et lui trancha le chef!

À l'instant même, le bruit d'une voiture se fit entendre, et l'on vit, conduite par quatre chevaux, une calèche dans laquelle se trouvait un joli garçon qui s'arrêta devant la grille, sauta à terre, et tendit les bras vers Lida, en s'écriant :

« Chère épouse, tu viens, sans t'en douter, de me délivrer de mon plus cruel ennemi. Par son pouvoir, il me tenait depuis des siècles métamorphosé en crapaud, et il a fallu que ce fût toi qui me délivrasses d'un pareil monstre ! »

La jeune femme reconnut son mari, ouvrit précipitamment la porte et s'élança vers le charmant magicien, qu'elle combla de caresses, lui faisant oublier la répulsion qu'elle avait eue jadis pour l'affreux crapaud.

À partir de ce jour, leur bonheur fut sans nuages.

Conté par Jeannette Legaud,
bonne d'enfants à Vitré,
in Adolphe Orain, *Contes du pays gallo*,
édition Champion, 1904.

Le lézard vert et la couleuvre

Bretagne

Deux camarades, l'un forgeron, l'autre menuisier, n'avaient plus de travail dans leur pays.

« Allons voir, dit l'un d'eux, où nous en trouverons. »

Ils se mirent en route, ne trouvant aucune maison ; ils firent ainsi six lieues. Le forgeron dit au menuisier :

« J'aperçois une maison, prenons courage, nous ne tarderons pas à arriver. »

C'était une taverne et ils y restèrent jusqu'au lendemain matin. À la pointe du jour ils reprirent leur marche et quand la nuit fut venue il y avait belle lune et ils voyaient leur route comme dans le jour. Ils traversèrent un bois, arrivèrent sur une grande route et le menuisier dit au forgeron :

« Ne voyez-vous pas quelque chose qui brille?

— Si, c'est peut-être la clarté de la lune qui tombe sur une fenêtre. »

Et le menuisier dit :

« Ce n'est pas cela, il y a une grande danse. »

Il était juste minuit. C'étaient des jeunes filles qui dansaient, il n'y avait aucun homme avec elles, et deux quittèrent la danse pour venir les chercher.

Le forgeron leur dit :

« Nous n'avons pas le temps de danser, car nous. avons de la route à faire.

— Venez toujours, jeunes gens, et vous ne perdrez pas votre peine. »

Ils allèrent avec elles et laissèrent leurs paquets sur le bord de la grande route. La danse finit à quatre heures du matin.

« Vous allez venir de côté pour nous parler », leur dirent les deux jeunes filles. Les autres étaient parties et ils ne voyaient que les deux qui leur parlaient.

« Vous n'avez pas besoin de nous dire quelle est votre profession, car nous le savons. »

Le forgeron qui était plus hardi que son compagnon leur dit :

« Mais qui êtes-vous, deux sorcières?

— Nous ne sommes pas des sorcières, mais nous devinons tout ; avant que vous ne trouviez du travail vous avez encore dix lieues à faire, mais nous vous verrons souvent, car nous passons par là pour aller aux foires et aux pardons.

— Je ne suis pas curieux, dit le forgeron, mais je voudrais savoir dans quel village vous demeurez.

— Nous n'avons aucun village ; vous n'avez pas entendu parler des korrigans (*ozeganed*) ?

— Si, et nous avons vu une fois un homme qui était un korrigan.

— Le korrigan que vous aviez trouvé était mon père, allez maintenant faire votre voyage et prenez vos paquets, d'habits.

— Ils ne sont pas bien lourds, dit le menuisier.

— Dans le pays où vous allez travailler, vous en trouverez.

— Il faudra d'abord les gagner. »

Ils se donnèrent une poignée de mains et se séparèrent, elles rirent et dirent : « Les habits du forgeron seront plus lourds que ceux du menuisier, car le premier travaille le fer et l'autre le bois. »

Les deux camarades firent à peu près un quart de lieue et le forgeron voulut se défatiguer.

« Ces deux jeunes filles nous ont ensorcelés. »

Le menuisier dit :

« Mon paquet n'est pas très lourd, mais il commence à le devenir.

— Je vais, dit le forgeron, enlever mes habits du sac et je saurai ce qu'il y a dedans. »

Quand il eut mis sa main dans le sac, il lâcha un cri. Le menuisier eut peur et demanda :

« Qu'y a-t-il dans votre sac ?

— Je ne sais pas, c'est mou, je n'y mettrai plus la main, je vais le chavirer. »

C'était une couleuvre aussi grosse qu'une anguille. Dans le sac du menuisier, il y avait un lézard vert. Le forgeron commença à jurer et dit :

« Je vais la tuer.

— Non, dit son camarade, je vois quelque chose qui brille sur sa tête, c'est marqué en or et je vais lire ce que c'est. »

Après avoir lu ce qui était marqué sur la tête de la couleuvre, il dit :

« Nous pouvons voyager en sûreté, rien ne nous manquera, mais nous devrons porter la couleuvre partout où nous irons.

— Si nous devons avoir de la chance et du bonheur, je ne demande pas mieux », s'écria le forgeron.

Sur le dos du lézard vert il y avait marqué : « Vous ne travaillerez que pendant une année, dans une année votre fortune sera faite et nous vous préserverons de tout accident. »

Ils continuèrent leur chemin, mais à chaque moment il leur fallait se reposer, ils avaient fait peut-être quatre lieues quand dans le sac la couleuvre dit :

« Prenez courage, mais vous n'avez aucun morceau de pain, et nous avons de l'appétit, nous aussi.

— Mais, mon Dieu, dit le forgeron, elle parle !

— Bien sûr, je parle, nous ne tarderons pas à arriver à une maison et là vous mangerez, vous boirez, vous passerez la nuit et vous penserez aussi à nous.

— Il y aura encore six lieues, dit le lézard vert, mais nous ne serons pas longtemps à les faire. Quand nous serons dans un petit chemin, vous nous sortirez, nous courrons et vous marcherez plus légèrement. »

Le petit chemin était long.

« Ne vous avisez pas d'aller sur la grande route car si nous sommes vus, vous êtes perdus. »

Le menuisier dit au forgeron :

« Il est temps que nous les prenions et les mettions dans les sacs, car la grande route n'est pas loin. »

Avant d'arriver à la maison dans laquelle ils allaient trouver du travail, le lézard vert et la couleuvre leur dirent :

« Aussitôt que vous serez entrés dans la maison, on vous donnera du travail et vous aurez un cabinet pour vous deux, et vous nous laisserez en liberté dans le cabinet, vous emporterez une clef, mais vous nous laisserez de la nourriture et de l'eau. »

Au bout d'un an et un jour, jamais un ouvrier ni le patron ne leur avaient adressé de reproche.

« Maintenant, dit le forgeron au menuisier, nous avons soupé et nous allons emporter du pain et de la viande pour donner aux deux bêtes qui sont dans le cabinet. »

Quand ils arrivèrent, ils entendirent parler et rire, et après avoir ouvert la porte ils restèrent effrayés : au lieu de la couleuvre et du lézard vert, il y avait deux jeunes filles, celle qui était la couleuvre avait une chevelure noire et celle qui était le lézard vert avait une chevelure blonde.

« Qui vous a conduites ici ?

— C'est vous, qui nous avez portées tout le long du chemin, maintenant vous ne travaillerez plus, nous allons nous marier avec vous, si vous le voulez, jeunes gens ; nous avons un morceau de terre à deux lieues d'ici et nous allons construire un château, nous vivrons tous ensemble, chacun s'occupera de préparer ses repas comme il voudra.

Joseph Frison,
Revue des traditions populaires, 1915.

Le pigeon blanc comme lait

ÉCOSSE

Il était une fois un homme qui travaillait aux champs ; il avait une femme, un fils et une fille. Un jour il attrapa un lièvre et le rapporta à sa femme en lui ordonnant de le préparer pour son dîner. Pendant que le lièvre était sur le feu, la ménagère y goûta, y goûta encore, tant qu'à la fin il n'en resta plus et qu'elle ne savait plus quoi servir à son homme pour son dîner. Alors elle dit à son fils de venir se faire peigner et quand Johnie lui tendit la tête pour être peigné, elle coupa sa tête et jeta Johnie dans le chaudron.

Lorsque le laboureur revint pour dîner, sa femme lui servit son fils bien bouilli ; en mangeant ce ragoût le laboureur trouva un pied et dit :

« Mais c'est le pied de Johnie !

— Quelle bêtise! c'est celui du lièvre », dit la ménagère.

Après cela, il trouva une main et s'écria :

« Mais c'est la main de Johnie !

— Tu déraisonnes, bonhomme, c'est l'autre pied du lièvre. »

Et quand le laboureur eut fini de dîner, la petite Katie, sœur de Johnie, rassembla les os et les mit sous une pierre près du chambranle de la porte.

Et de ces ossements naquit un pigeon blanc comme lait, qui déploya ses ailes et s'envola.

Et le pigeon vola jusqu'à ce qu'il arrivât près de deux femmes qui lavaient du linge et il se posa sur une pierre et chanta :

Piou ! piou !
ma mère m'a tué,
mon père m'a mangé.

Ma sœur a rassemblé mes os,
elle les a mis entre deux pierres blanches comme lait
et je suis devenu, devenu
un pigeon blanc comme lait,
et j'ai déployé mes ailes, et je me suis envolé.

« Redis ta chanson, mon bel oiseau, et nous te donnerons de la toile », dirent les femmes.

Et le pigeon répéta sa chanson, et quand il eut la toile il vola près d'un homme qui comptait beaucoup d'argent et il se percha en chantant :

Piou ! piou !
ma mère m'a tué…

« Répète cela, mon gentil oiseau, et je te donnerai cet argent », dit l'homme.

Le pigeon répéta :

Piou ! piou !…,

Quand il eut l'argent, il vola auprès de deux meuniers qui écrasaient du blé et chanta :

Piou ! piou !
ma mère m'a tué…

« Redis ta chanson, gentil oiseau, et je te donnerai cette meule », dit le meunier.

Piou ! piou !…, répéta le pigeon.

Et il prit la meule en pierre, et ensuite il vola jusqu'à ce qu'il fût descendu sur le toit, de la maison paternelle. Alors il lança de petits cailloux dans la cheminée. Katie sortit pour voir ce qu'il y avait et le pigeon lui jeta du linge. Ensuite le père sortit et le pigeon lui jeta de l'argent. Puis sa mère sortit à son tour, mais le pigeon laissa tomber sur elle la meule et la tua. Alors le pigeon s'envola, et dans la suite le bonhomme et sa fille vécurent et moururent heureux.

Chambers, *Popular rhymes of Scotland*,
traduction de Loys Brueyre.

Le petit roi Jeannot

BRETAGNE

Il était autrefois un roi et une reine qui avaient trois garçons : l'aîné s'appelait Hubert, le second Poucet, et le troisième, qui était le plus gentil et le plus doux, se nommait le petit roi Jeannot.

Quand ils furent devenus grands et capables de courir seuls le monde, leurs parents les firent venir devant eux, et le roi leur dit :

« Vous voilà en âge de montrer vos talents et votre courage : vous partirez demain tous les trois pour aller chercher le merle blanc qui ramène les vieilles gens à l'âge de quinze ans et la belle aux cheveux d'or. Celui qui parviendra à les amener ici aura notre royaume.

Le lendemain, les fils du roi se mirent en route, bien armés et munis de l'argent nécessaire pour le voyage qui devait être long : en suivant les indications qui leur avaient été données de marcher du côté de l'orient pour arriver au but de leur entreprise, ils parvinrent à un carrefour où trois routes se présentèrent à eux. L'une était large et droite, bien unie et bordée de beaux arbres ; ce fut celle-là que choisit Hubert. Poucet en prit une autre, qui était la plus rapprochée de celle dont son aîné avait fait choix ; puis ils dirent à leur frère :

« Quel chemin vas-tu suivre ?

— Celui que vous m'avez laissé, puisque vous avez d'abord pris chacun celui qui vous paraissait le meilleur. »

Ils se séparèrent, et après plusieurs jours de marche, les deux aînés arrivèrent à un endroit où les deux routes n'en formaient plus qu'une seule, et ils se mirent à voyager ensemble, demandant partout où ils passaient s'ils étaient encore bien éloignés du lieu où se trouvaient le merle blanc et la belle aux cheveux d'or. Beaucoup riaient en entendant ces paroles, et les autres disaient qu'on avait vu bien des gens passer pour aller tenter l'entreprise, mais qu'aucun d'eux n'était revenu.

Le chemin dans lequel s'était engagé le petit roi Jeannot était raboteux et coupé par des fondrières, et la marche y était pénible.

Il ne se laissa pas rebuter par les obstacles, et bientôt il arriva à un bourg où quelques maisons couvertes en chaume étaient bâties autour d'une petite église : à la porte du cimetière, il vit un mort étendu par terre, et enveloppé d'un mauvais drap de lit. Il s'agenouilla auprès et fit une courte prière, puis il demanda à des personnes du pays qui, assises sur le pas de leur porte, le regardaient curieusement, pourquoi on laissait ainsi un chrétien sans sépulture.

« Le défunt, lui dit-on, était un mendiant trop pauvre pour payer son enterrement, et suivant l'usage d'ici, les prêtres ne mettent les corps en terre sainte que lorsqu'on a réglé d'avance ce qui leur est dû pour leur déplacement.

— Bonnes gens, dites au recteur de venir enterrer ce pauvre homme, je me charge de tous les frais. »

Le petit roi Jeannot assista dévotement à la cérémonie, et après que la dernière pelletée de terre eut été jetée sur le défunt, il se remit en route.

Comme il arrivait à un carrefour où il y avait une croix de pierre, il vit un petit renard, qui assis sur la terre, ne se dérangea pas à son approche et lui dit :

« Où vas-tu, mon ami ?

— Je ne sais pas trop, mon pauvre renard : je suis fils de roi, et par l'ordre de mon père, nous sommes partis, mes deux frères et moi, pour aller chercher le merle blanc qui ramène les vieilles gens à l'âge de quinze ans et la belle aux cheveux d'or. Celui qui pourra les amener au château sera roi, et comme tu le penses, nous sommes tous bien désireux de nous emparer de ces deux merveilles. Mais j'ai peur de ne pouvoir y parvenir, car je ne connais même pas la route qui mène à l'endroit où elles se trouvent.

— Ce sera toi qui les auras, dit le petit renard ; je suis l'âme du pauvre homme que tu as fait enterrer, et pour te récompenser de ta charité, j'ai obtenu de Dieu la permission de venir t'aider. Suis ce chemin en allant toujours dans la direction du soleil du midi; mais ne te décourage pas, car la route est longue. L'oiseau se trouve près d'un château, dans une cage grossière; il faudra l'y laisser, et te garder bien de le mettre dans une belle cage que tu verras tout à côté. Le merle blanc serait si joyeux du changement qu'il sifflerait en signe d'allégresse, et les gens du château se hâteraient d'accourir et de le faire prisonnier. Plus tard je te dirai comment tu pourras t'emparer de la belle aux cheveux d'or. »

Le renard disparut, et le petit roi Jeannot se remit en marche; il chemina bien des jours et bien des nuits, et arriva enfin à un château qui paraissait plus grand et plus beau que celui de son père. Tout alentour était un jardin avec des arbres comme Jeannot n'en avait jamais vu. En s'y promenant, il aperçut le merle blanc qui était dans une vilaine petite cage, aussi grossièrement faite que celle que les enfants de la campagne fabriquent pour élever les oisillons; il prit l'oiseau, mais au lieu de suivre le conseil du renard, il le plaça dans une grande cage toute dorée qui était à côté. Aussitôt le merle se mit à chanter pour montrer sa joie; et une foule de gens sortirent du château et s'emparèrent de Jeannot.

Ils le jetèrent dans un cachot construit en pierres de taille, fermé par une grosse porte en chêne, et où la lumière ne parvenait que par un étroit soupirail garni d'énormes barres de fer. Mais le petit renard vint à son secours; après avoir reproché à Jeannot de lui avoir désobéi, il lui dit de le suivre: alors la porte massive s'ouvrit devant lui; il fit sortir Jeannot du château sans être aperçu des gardiens, puis il le conduisit à l'endroit où le Merle blanc était dans sa belle cage.

Lorsque Jeannot s'en fut emparé, le renard lui dit:

« Tu vas suivre cette route jusqu'à ce que tu arrives à un cimetière abandonné; tu y verras une tête de mort que tu prendras pour la mettre dans les griffes du lion qui garde la belle aux cheveux d'or; mais aie bien soin de choisir le moment où il est endormi, car s'il était éveillé et t'apercevait, il te brûlerait: sa bouche jette le feu jusqu'à plus de sept lieues et consume tout. Le merle blanc t'indiquera le chemin qu'il faut prendre pour aller à l'endroit ou la belle est prisonnière. »

Le petit roi Jeannot marcha longtemps avant d'arriver au cimetière, où il prit la tête de mort ; ensuite le merle blanc lui indiqua le chemin qu'il devait suivre, et quand son maître était lassé, il lui sifflait de jolis airs qui lui faisaient oublier la fatigue.

Après avoir traversé une forêt dont les arbres étaient si épais et si touffus que le soleil ne pouvait passer au travers, Jeannot aperçut un grand château, dont toutes les portes étaient ouvertes, mais on ne voyait personne pour le garder. Il parcourut avec précaution, et les pieds nus pour ne pas faire de bruit, une longue suite d'appartements, au bout de laquelle il vit le lion qui gardait la belle aux cheveux d'or.

Quand le monstre ressentait l'envie de dormir, il prenait entre ses énormes pattes la tête de la jeune fille, de peur qu'on ne la lui enlevât pendant son sommeil.

Lorsque Jeannot était entré dans le château, le lion, sentant qu'il allait bientôt sommeiller, tenait la belle entre ses griffes, et il bâillait en fermant à moitié les yeux. Le merle se mit à siffler un air si doux que le lion s'endormit tout à fait. Alors Jeannot se montra, mit un doigt sur sa bouche pour indiquer à la jeune fille qu'il fallait se taire, et, s'avançant sur la pointe du pied, il ôta doucement d'entre les pattes du lion la tête de la belle aux cheveux d'or, et mit à la place la tête de mort qu'il avait trouvée dans le cimetière.

Alors, la belle aux cheveux d'or le suivit sans mot dire, et il se hâta de quitter le château avant le réveil du lion.

Le petit roi Jeannot était bien joyeux, et il marchait gaiement pour retourner chez ses parents avec les deux merveilles dont il s'était emparé. Après quelques jours de route, et près de l'endroit où il avait trouvé le merle blanc, il rencontra ses deux frères qui virent bien qu'il ne leur restait plus qu'à rebrousser chemin, puisque Jeannot était en possession de ce qu'ils étaient venus chercher. Ils semblaient contrariés de la réussite de leur cadet ; ils lui parlaient peu, et cheminant derrière lui, ils jetaient des regards d'envie sur les trésors qu'il avait.

Comme ils passaient par un sentier étroit qui côtoyait un précipice, Hubert poussa violemment son frère qui y tomba, laissant échapper la cage qu'il tenait à la main, et dont Poucet s'empara aussitôt ; puis tous deux continuèrent leur route, après avoir forcé la belle aux cheveux d'or à les suivre.

La chute du petit roi Jeannot avait été amortie par des ronces et des ajoncs auxquels il s'était accroché quand il se sentit dégringoler, et l'endroit du précipice où il tomba était couvert d'un épais buisson déchira ses habits, mais l'empêcha de se faire mal. Il se releva, et regarda pour voir s'il était possible de s'échapper du précipice ; mais les bords en étaient escarpés comme un mur, et il était si profond que les arbres qu'on apercevait en haut paraissaient à peine aussi grands que des touffes d'ajoncs.

Quand il vit qu'à moins d'un miracle il lui serait impossible de se sauver, il s'assit sur une pierre, et il se désolait en pensant qu'il allait mourir de froid et de faim, loin de ses parents.

« Ah ! disait-il en pleurant, c'est ici que j'aurais bien besoin de mon petit renard. »

Comme il achevait ces mots, le renard se montra au haut de l'escarpement et lui dit :

« Te voilà dans une fâcheuse situation, mon ami.

— Hélas ! je suis dans la peine et dans la misère ; mes frères m'ont précipité dans ce gouffre pour s'emparer du merle blanc et de la belle aux cheveux d'or, et je ne sais comment je pourrai sortir d'ici.

— Ne t'afflige pas, mon ami ; je suis venu pour t'aider. Je vais allonger ma queue jusqu'à ce qu'elle arrive à toi ; tu la prendras dans ta main, et tu te hisseras jusque sur le haut. »

Le petit roi Jeannot saisit la queue du renard et se tira du précipice. Alors le petit renard lui dit :

« Que vas-tu devenir, mon ami?

— Hélas! je ne sais pas, et j'aurais encore bien affaire de vos conseils.

— Retourne au château de ton père, et présente-toi comme un médecin qui passe par là, et qui vient voir s'il n'y a pas quelqu'un qui ait besoin de ses soins. Il ne te reconnaîtra pas d'abord sous ton nouveau costume, car les fatigues du voyage t'ont changé et bruni. Quant à moi, mon rôle est fini, et tu ne me reverras plus, car tu as surmonté les dangers les plus grands. »

Aussitôt le petit renard disparut, avant que le petit roi Jeannot eût eu le temps de le remercier.

Le jeune homme continua sa route, et s'étant habillé en médecin, il arriva au château de son père. Il demanda à le voir, et quand il fut en sa présence, il le salua poliment, et lui dit qu'il n'avait pas voulu passer devant un château aussi considérable sans venir offrir ses services au maître de la maison, au cas où il aurait eu quelqu'un à soigner.

« Je ne sais, dit le roi, si vous serez plus habile que vos confrères. Le merle blanc qui ramène les vieilles gens à l'âge de quinze ans et la belle aux cheveux d'or sont ici depuis quelques jours ; ils ne veulent ni boire ni manger et ne font que pleurer, et les médecins ne savent que leur faire.

— Si vous voulez me les montrer, j'essaierai de les guérir, dit Jeannot, et je serai peut-être plus heureux que les autres. »

Le roi le mena à l'endroit où était le merle blanc, triste et morfondu dans sa belle cage. Dès que l'oiseau aperçut le petit roi Jeannot, il agita ses ailes, et s'écria :

« Ah ! voici celui qui m'a tiré de la vilaine cage et mis dans la belle ! »

Aussitôt il siffla un air joyeux, et bientôt il mangea avec avidité les graines qui étaient devant lui.

Lorsque le petit roi Jeannot entra dans la chambre où la belle aux cheveux d'or était assise et pleurait, elle essuya ses larmes et dit en souriant : « Voici mon sauveur, celui qui m'a délivrée des griffes du lion !

Alors Jeannot se jeta aux pieds de son père qui le reconnut et l'embrassa, et sa mère fut aussi bien joyeuse, car elle avait cru que son fils était perdu.

Le roi apprit la méchanceté des deux aînés qui avaient voulu tuer Jeannot pour s'emparer des merveilles qu'il avait conquises, et avoir la couronne : il les chassa et les maudit. Il donna ensuite son royaume au petit roi Jeannot, qui épousa la belle aux cheveux d'or et vécut heureux jusqu'à la fin de ses jours.

Conté en 1878 par Marie Huchet,
d'Ercé-près-Liffré (Ille-et-Vilaine), in
Paul Sébillot, *Contes de terre et de mer*,
édition Carpentier, 1883.

Le Lièvre argenté

BRETAGNE

Kement-man hol oa d'an amzer,
Ma ho defoa dennt ar ier.
Tout ceci se passait du temps,
Où les poules avaient des dents.

On dit qu'autrefois, dans les temps anciens, il y avait un beau château, là où se voit à présent la ferme de Kerodern, dans la commune de Louargat, près de la montagne de Bré, et que ce château appartenait à un riche et puissant seigneur, qui avait un fils et trois filles, d'une beauté remarquable.

Mais, des géants, laids et méchants, habitaient un autre château, situé à quelque distance de là, au milieu d'une forêt, et ils enlevaient les bœufs, les vaches, les moutons et les chevaux du vieux seigneur qui avait grand-peur que, quelque jour, ils ne lui enlevassent aussi ses filles. Aussi les surveillait-il et ne les laissait sortir que rarement du jardin du château, qui était entouré de hautes murailles.

Son fils, qui se nommait Malo, allait chasser, tous les jours, dans la forêt.

Un jour, en rentrant de la chasse, il trouva toute la maison dans la désolation. Sa sœur aînée avait été enlevée par les géants.

Cela ne l'empêcha pourtant pas de retourner le lendemain à la forêt, après avoir recommandé à son père de bien veiller sur ses deux sœurs cadettes.

Quand il rentra, le soir, la seconde de ses sœurs avait aussi disparu. Cependant, il retourna encore, le lendemain, à la forêt, après avoir recommandé à son père de redoubler de surveillance, attendu qu'il ne lui restait plus que sa fille cadette.

« Oh ! celle-là, dit le vieillard, ne me sera pas enlevée, dussé-je y perdre la vie. »

Hélas ! quand Malo rentra, sa troisième sœur avait aussi disparu, et son père était mort. Sa douleur fut grande. Il resta plusieurs jours sans sortir et s'enferma pour pleurer.

Cependant, au bout de quelque temps, il reprit son fusil et retourna à la forêt. Il y rencontra un beau lièvre au poil argenté, qui, assis sur son derrière, le regardait et ne paraissait pas le craindre. Il voulut essayer de le prendre, sans le tuer. Mais, au moment où il croyait mettre la main dessus, le Lièvre s'enfuit un peu plus loin et s'arrêta encore à le regarder. Il le poursuivit et le manqua encore. Ce manège dura longtemps, l'animal paraissant assez disposé à se laisser prendre, et s'échappant toujours, au moment où le chasseur croyait être sûr de lui. Si bien que le soir survint, et que Malo, dépité et ne voulant pourtant pas tuer un si beau Lièvre, s'en retourna à la maison, d'assez mauvaise humeur.

Le lendemain, il retourna à la forêt et retrouva le Lièvre argenté, au même endroit que la veille.

« Pour le coup, dit-il, si tu ne veux pas te laisser prendre, je te tuerai, comme un Lièvre ordinaire. »

Et il recommença sa poursuite, mais, sans plus de succès. Enfin, impatienté, il se dit :

« Ah ! bast, je suis bien bon de me donner tant de mal pour un lièvre ! »

Et il coucha l'animal en joue et fit feu. Le Lièvre ne bougea pas.

« Je l'ai manqué », pensa-t-il.

Et il fit feu une seconde fois. Le Lièvre ne bougea toujours pas.

« Il faut que je l'aie tué raide, du premier coup, se dit-il alors, car je ne suis pas si maladroit que cela. »

Et il s'avança pour le prendre. Mais, au moment où il allait mettre la main dessus, le Lièvre s'enfuit encore, et s'arrêta à une cinquantaine de pas plus loin. Malo, honteux de sa maladresse, fit alors pleuvoir sur lui une véritable grêle de plomb. Le Lièvre ne bougeait pas et le regardait tranquillement. Malo finit par s'apercevoir que le plomb s'aplatissait sur lui, sans lui faire du mal.

« C'est un Lièvre enchanté ! se dit-il alors, et je perds mon temps et ma peine à essayer de le prendre ! Il ne me reste qu'à m'en retourner à la maison ; mais j'en suis loin, ici, et la nuit vient ; je crains fort qu'il ne me faille coucher sous les linceuls de l'alouette !

— Non, si vous voulez, lui dit le Lièvre, dans le langage des hommes.

— Comment cela, s'il vous plaît ? demanda Malo, étonné.

— Descendez tout du long cette avenue de vieux chênes que voilà, et vous trouverez, à l'extrémité, un château où vous pourrez passer la nuit et voir votre sœur aînée. »

« Je serais heureux de revoir ma sœur, pensa-t-il, et de la ramener à la maison, si je le puis, car je la soupçonne de n'être pas bien, là où elle est. »

Et il suivit le conseil du Lièvre, descendit l'avenue de vieux chênes et se trouva devant un vieux château, ceint de hautes murailles. Il frappa à la porte avec la crosse de son fusil et une voix, qu'il reconnut facilement pour être celle de sa sœur aînée, demanda de l'intérieur :

« Qui est là ?

— C'est moi qui viens te voir, sœur chérie ; ouvre-moi, vite.

— Comment ! c'est toi, frère chéri ? Que je suis donc heureuse de te revoir ! »

Et elle ouvrit la porte, et ils s'embrassèrent tendrement.

Malo entra dans le château, conduit par sa sœur, qui lui fit servir à manger. Puis, elle lui dit :

« J'aurais été bien heureuse, frère chéri, de te voir passer quelque temps ici, avec moi, mais, hélas ! cela ne se peut pas, sans grand danger pour ta vie. Le géant, mon mari, est parti depuis ce matin, comme tous les jours, pour la chasse aux hommes[1], car c'est là à peu près sa seule nourriture, et quand il rentrera, ce soir, je crains fort qu'il ne veuille te manger, aussi surtout si sa chasse n'a pas été bonne.

— Ah ! ton mari mange les hommes ! Il n'importe, je voudrais bien le voir. Cache-moi quelque part d'où je puisse le voir, sans être vu de lui ; derrière ces tonneaux que voilà, par exemple.

---

1. *Da duta*, expression bretonne qui ne se peut traduire littéralement que par le barbarisme « hommer ».

Malo se cacha derrière les tonneaux, au bas de la salle, et le géant arriva aussitôt. Il jeta quatre ou cinq hommes morts sur la table, en disant :

« Voilà pour mon souper ! »

Puis, ôtant de dessus ses épaules son manteau, qui pesait cinq cents livres, il le jeta sur les tonneaux, en disant :

« Je suis bien fatigué !

— Pourquoi aussi vous donner tant de mal, tous les jours ? lui dit sa femme.

— Il le faut bien, répondit-il, donnez-moi à boire, j'ai soif. »

Et la sœur de Malo prit une grande pinte, tira du vin d'un tonneau et le posa sur la table, devant le géant. Celui-ci saisit aussitôt la pinte, et il s'apprêtait à la vider, lorsqu'il s'écria en reniflant :

« Que signifie ceci ? Ce vin sent le chrétien ! Il y a un chrétien ici ! Où est-il ? Je veux le voir, à l'instant !...

— C'est mon frère, qui est venu me voir ; ne lui faites pas de mal, je vous prie.

— Si c'est votre frère, je ne lui ferai pas de mal, dit le géant, en se calmant ; nous avons bien de quoi manger, d'ailleurs ; mais où est-il ? Présentez-le-moi, pour que nous fassions connaissance. »

Et la jeune femme le fit sortir de sa cachette, derrière les tonneaux, le prit par la main et le présenta au géant.

« Il est fort gentil, votre frère, dit celui-ci, et je ne lui ferai certainement pas de mal. Assieds-toi, beau-frère, à côté de moi, bois un coup de vin et causons ensemble, pendant que ta sœur nous préparera à manger. Comme tu t'es donné de la peine, depuis quelques jours, à courir après le Lièvre au poil d'argent, de la forêt !

— C'est vrai, répondit Malo ; j'aurais bien voulu le prendre !

— Ah ! mon pauvre ami, toi prendre le Lièvre argenté ! Songe donc que voici cinq cents ans que je cours inutilement après lui, et que je ne suis pas encore parvenu à savoir où il se retire, quand je perds sa trace.

— N'importe, dit Malo, je veux le poursuivre encore, pour voir.

— Crois-moi, tu ferais mieux de rester ici tranquille avec ta sœur, et de ne plus songer au Lièvre argenté.

— Non, je veux encore essayer de le prendre.

— Eh bien! pour te venir en aide, autant que je le puis, prends ce cor d'ivoire, et quand tu auras besoin de secours, souffle dedans, et tu seras secouru de ma part. »

Malo prit le cor d'ivoire, puis, ils soupèrent et allèrent ensuite se coucher.

Le lendemain, ils partirent tous les deux, de bon matin: le géant, pour la chasse aux hommes, selon son habitude, et Malo, pour poursuivre le Lièvre argenté.

Il le rencontra encore, dans la forêt, à la place accoutumée, et le poursuivit jusqu'au soir, croyant le prendre, à chaque moment, et le voyant s'échapper toujours, jusqu'à ce que, épuisé de fatigue, il se laissât tomber sur l'herbe, en disant:

« Le soir vient, je suis loin de la maison, et je crains qu'il ne faille passer la nuit sous les linceuls de l'alouette.

— Non, si vous voulez, dit encore le Lièvre argenté, qui le regardait tranquillement, assis sur son derrière.

— Comment cela donc?

— Vous n'avez qu'à suivre cette avenue tout du long, (et le Lièvre lui désignait, d'une de ses pattes de devant, une belle avenue de grands châtaigniers) et vous trouverez au bout le château où habite votre seconde sœur. »

Malo suivit le conseil et se trouva, à l'extrémité de l'avenue, devant un beau château, entouré de hautes murailles. Il frappa à la porte, et une voix, qu'il reconnut pour être celle de sa seconde sœur, demanda:

« Qui est là?

— C'est moi, répondit-il, qui viens te voir, ma sœur chérie; ouvre-moi, vite.

— Comment! c'est toi, mon frère chéri! Que je suis donc heureuse de te voir! »

Et elle lui ouvrit la porte, et ils s'embrassèrent tendrement.

Malo entra dans le château, et mangea et but, car il avait grand-faim. Puis, comme il paraissait vouloir passer quelques jours chez sa sœur, celle-ci lui dit:

« J'aurais été bien heureuse, frère chéri, de te voir passer quelques jours avec moi, dans ce château, mais, hélas! cela ne se peut pas, sans grand danger pour ta vie. Le géant, mon mari, est parti depuis ce matin, comme tous les jours, pour la chasse aux hommes, car c'est là à peu près sa seule nourriture, et quand il rentrera, ce soir, je crains qu'il ne veuille te manger toi-même, surtout si sa chasse n'a pas été bonne.

— Ah! ton mari aussi mange des hommes? N'importe, je voudrais le voir. Cache-moi quelque part d'où je le verrai, sans être vu de lui; derrière ces tonneaux que voilà, par exemple.

— Eh bien! oui, cache-toi, vite, derrière ces tonneaux, car voici l'heure où il a coutume de rentrer. »

Malo se cacha derrière des tonneaux, qui étaient entassés au bas de la salle, et le géant arriva presque aussitôt. Il jeta quatre ou cinq hommes morts sur la table, en disant:

« Voilà de quoi souper! »

Puis, ôtant de dessus ses épaules son manteau, qui pesait sept cents livres et le jetant sur les tonneaux;

« Je suis bien fatigué, dit-il.

— Pourquoi vous donner aussi tant de mal à courir, tous les jours? lui dit sa femme.

— Il le faut bien; mais, donnez-moi à boire, car j'ai grand-soif. »

Et la seconde sœur de Malo prit une grande pinte, tira du vin d'un tonneau et le posa sur la table. Le géant s'apprêtait à boire, quand il s'écria, en reniflant:

« Que signifie ceci? Ce vin sent le chrétien! Il y a un chrétien ici! Où est-il? Je veux le voir, à l'instant!

— C'est mon frère, qui est venu me voir, répondit la jeune femme; ne lui faites pas de mal, je vous en prie.

— Si c'est votre frère, je ne lui ferai pas de mal; nous avons de quoi souper, du reste; présentez-le-moi, pour que nous fassions connaissance ensemble. »

Et elle alla le chercher, au bas de la salle, l'amena par la main et le présenta au géant.

« Il est fort gentil, votre frère, dit le géant, et je ne lui ferai sûrement pas de mal. » Et s'adressant à Malo:

« Assieds-toi là, mon garçon, à côté de moi, bois un coup de vin, et causons. Comme tu t'es donné du mal, depuis quelques jours, à courir après le Lièvre argenté!

— C'est vrai, répondit Malo, et j'aurais bien voulu pouvoir le prendre.

— Ah ! mon pauvre ami, toi prendre le Lièvre argenté ! Songe donc que voici plus de sept cents ans que je cours inutilement après lui, et que je ne sais pas encore où il se retire, quand je perds sa trace !

— N'importe, dit Malo, je veux le poursuivre encore, pour voir…

— Crois-moi, tu ferais mieux de rester ici, avec ta sœur, et de ne plus songer au Lièvre argenté.

— Non, je veux encore essayer.

— Eh bien ! pour te venir en aide, autant que je le puis, prends ce bec d'oiseau, et, quand tu auras besoin de secours, souffle dedans, et tu seras secouru de ma part. »

Malo prit le bec d'oiseau, et ils allèrent ensuite se coucher.

Le lendemain matin, ils partirent tous les deux, le géant, pour la chasse aux hommes, selon son habitude, et Malo, pour poursuivre le Lièvre argenté. Il le trouva au même endroit, dans la forêt, le poursuivit longtemps et inutilement, comme les jours précédents, si bien que le soir le surprit encore, harassé de fatigue et n'en pouvant plus.

« Il me faudra, sans doute, passer la nuit sous les linceuls de l'alouette », dit-il encore, en s'asseyant au pied d'un arbre.

Et le Lièvre argenté lui dit encore :

« Non, si vous voulez.

— Comment cela ?

— Suivez cette avenue de grands hêtres, jusqu'au bout, et vous arriverez au château qu'habite votre plus jeune sœur. »

Malo suivit le conseil et se trouva, à l'extrémité de l'avenue, devant un vieux château, entouré de tous côtés de hautes murailles. Il frappa à la porte, et une voix, qu'il reconnut pour être celle de sa plus jeune sœur, demanda :

« Qui est là ?

— C'est moi, répondit-il, qui viens te voir, ma sœur chérie ; ouvre-moi, vite. »

Et elle lui ouvrit, et ils s'embrassèrent tendrement.

Malo entra dans le château, et mangea et but, car il avait grand-faim. Puis, comme il paraissait vouloir passer quelques jours auprès de sa sœur, celle-ci lui dit :

« J'aurais été bien heureuse, mon frère chéri, de te voir passer quelques jours ici, avec moi, mais, hélas ! cela ne se peut pas, sans grand danger pour ta vie. Le géant mon mari est parti, ce matin, comme tous les jours, pour la chasse aux hommes, car c'est là à peu près sa seule nourriture, et quand il rentrera, ce soir, il aura faim, et je crains qu'il ne veuille te manger, surtout si sa chasse n'a pas été bonne.

— Ah ! ton mari mange aussi des hommes ? répondit Malo. N'importe, je veux le voir. Cache-moi quelque part, d'où je le verrai, sans être vu de lui, derrière ces tonneaux que voilà, au bas de la salle, par exemple.

— Eh bien ! oui, cache-toi derrière ces tonneaux, car voici le moment où il rentre. »

Malo se cacha derrière les tonneaux, au bas de la salle, et le géant arriva aussitôt. Il jeta une demi-douzaine d'hommes morts sur la table, en disant :

« Voilà de quoi souper ! »

Puis il ôta de dessus ses épaules un manteau qui pesait mille livres et s'assit, en disant :

« Je suis bien fatigué !

— Pourquoi aussi vous donner tant de mal, tous les jours ? lui dit la sœur de Malo.

— Il le faut bien ; mais, donnez-moi à boire, car j'ai grand-soif, reprit le géant.

Et la jeune femme prit une grande pinte, tira du vin d'un tonneau et le posa sur la table, devant le géant, qui s'apprêtait à boire, quand il s'écria, en reniflant :

« Que signifie ceci ? Ce vin sent le chrétien ! Il y a un chrétien ici ! Où est-il ? Je yeux le voir, à l'instant !

— C'est mon frère, qui est venu me voir ; ne lui faites pas de mal, je vous en prie.

— Si c'est votre frère, je ne lui ferai pas de mal ; nous avons de quoi souper, du reste ; présentez-le-moi, pour que nous fassions connaissance ensemble. »

Et elle alla le chercher, derrière les tonneaux, l'amena par la main et le présenta au géant.

« Il est fort gentil, votre frère, dit celui-ci, et je ne lui ferai sûrement pas de mal ». Et s'adressant à Malo : « Assieds-toi là, beau-frère, à côté de moi, bois un coup de vin et causons.

Comme tu t'es donné du mal, depuis quelques jours, à courir après le Lièvre argenté !

— C'est vrai, répondit Malo ; je voudrais bien pouvoir le prendre !

— Ah ! mon pauvre ami, toi prendre le Lièvre argenté ! Songe donc que voici plus de mille ans que je cours inutilement après lui, et que je ne suis pas encore parvenu à savoir où il se retire, quand je perds sa trace.

— N'importe, dit Malo, je veux le poursuivre encore, pour voir...

— Crois-moi, tu ferais mieux de rester ici tranquillement, avec ta sœur, et de ne plus songer au Lièvre argenté.

— Non, je veux encore essayer de le prendre.

— Eh bien ! pour te venir en aide, autant que je le puis, prends cette mèche de cheveux dorés, et quand tu auras besoin de secours, dis simplement ces mots, en la tenant à la main : "Par la vertu de cette mèche de cheveux dorés, je demande du secours !" » et aussitôt tu seras secouru de ma part.

Malo prit la mèche de cheveux dorés, puis ils allèrent se coucher.

Le lendemain matin, le géant et Malo partirent de bonne heure : le géant, pour se livrer à la chasse aux hommes, selon son habitude, et Malo, pour poursuivre le Lièvre au poil argenté. Il le rencontra, comme les jours précédents, au même endroit, dans la forêt, et le poursuivit jusqu'à un bras de mer, qui pénétrait sous le bois. Le Lièvre sauta lestement par-dessus l'eau, mais, Malo ne put faire comme lui, et le voilà bien embarrassé. Il aperçut sur le rivage, à l'angle de deux grands rochers, une pauvre hutte, dont la porte était ouverte. Il y entra. C'était l'habitation d'un vieux cordonnier.

« Dites-moi, mon brave homme, lui demanda-t-il, n'avez-vous pas vu un Lièvre au poil d'argent, passer par ici, il n'y a qu'un instant ?

— Chut ! chut ! Parlez plus bas, je vous prie, répondit le cordonnier, d'un air mystérieux ; ce n'est pas là un Lièvre, comme vous le croyez, mais bien une princesse, la fille du roi de Perse. Je suis son cordonnier. Tous les jours, je lui fournis une paire de souliers neufs, que je lui porte moi-même, dans son palais.

— Je voudrais bien y aller aussi avec vous, si vous le voulez bien.

— Je le veux bien, mais à la condition que vous ne direz pas que c'est moi qui vous y aurai conduit. Je voyage à volonté à travers les airs[2], et je traverse ainsi facilement la mer, pour me rendre au palais de la princesse. Je vous donnerai un manteau, qui vous rendra invisible ; vous monterez sur mon dos, et nous partirons, aussitôt que j'aurai terminé mes souliers. »

Quand les souliers furent achevés, le vieux cordonnier mit sur les épaules de Malo le manteau qui rend invisible, lui dit de monter sur son dos, et ils partirent alors, avec la rapidité du vent. Ils traversèrent ainsi la mer, et arrivèrent promptement au château de la princesse. Ils descendirent dans la cour.

« Suivez-moi, dit le vieux cordonnier à Malo, et ne craignez rien, car personne ne pourra vous voir, tant que vous aurez le manteau sur les épaules ; gardez-vous donc de l'ôter. »

Ils pénétrèrent jusqu'à la chambre de la princesse. Elle était absente. Le vieux cordonnier y déposa les souliers, et s'en alla. Malo y resta.

La princesse rentra, peu après, et dit à sa servante :

« J'ai bien couru par la forêt de Kerodern, espérant y rencontrer mon amoureux, comme d'ordinaire, et je ne l'ai pas vu ; aussi, suis-je bien fatiguée et bien en peine de lui.

— Consolez-vous, ma maîtresse, lui dit la servante, vous le reverrez, sans doute, demain. Mangez et buvez, pour réparer vos forces, et demain vous serez plus heureuse. »

La princesse mangea et but, mais, moins que d'ordinaire, puis, elle se retira dans sa chambre, toute soucieuse. Malo, qui avait faim aussi, et qui, grâce à son manteau, avait pu entendre la conversation de la princesse et de sa servante, sans être vu d'elles, dit, quand la princesse arriva dans sa chambre, où il l'avait suivie :

« Vous avez mangé et bu, princesse, mais, moi, je suis à jeun, depuis longtemps, et je voudrais faire comme vous.

— Qui est là ? demanda la princesse, étonnée et effrayée d'entendre parler ainsi, à côté d'elle, et de ne voir personne.

---

2. Le breton dit : « Je vais en Égypte, quand je veux. » Cette expression, dans nos contes populaires, signifie « voyager par les airs ».

— Le fils du seigneur de Kerodern, répondit Malo ; ne vous effrayez pas, je vous prie, princesse.

— Le fils du seigneur de Kerodern ?... Mais, où êtes-vous donc ? Montrez-vous, je vous prie. »

Malo ôta son manteau, et redevint aussitôt visible. La princesse, transportée de joie, lui sauta au cou, pour l'embrasser. Puis, elle lui fit servir à manger et à boire, et ils passèrent la nuit ensemble. Malo resta au château, sans que personne n'en sût rien, et la princesse ne sortit plus.

Un jour, elle dit à son père :

« Il est temps de me marier, mon père.

— À qui veux-tu que je te marie, ma fille? répondit le vieillard ; aucun prince ne m'a encore demandé ta main.

— J'ai moi-même choisi mon mari, mon père.

— Qui est-ce donc, ma fille, et où est-il ?

— Il n'est pas loin, mon père ; je vais vous le faire voir. »

Et elle se rendit à sa chambre et en revint aussitôt, en tenant Malo par la main.

« Voici, mon père, dit-elle, celui que je désire pour époux ! »

Le vieillard ne fit aucune difficulté pour accepter Malo comme son gendre, d'autant plus que le jeune Breton avait fort bonne tournure, et les noces furent célébrées promptement, et avec grande pompe et solennité.

Quelque temps après, la princesse recommença à sortir, toujours sous la forme d'un Lièvre au poil argenté. Chaque matin, avant de partir, elle remettait à son mari les clefs de toutes les chambres, de toutes les salles et de tous les cabinets du château, même celle de son trésor, le laissant libre d'entrer partout, à l'exception d'un petit cabinet, dont elle lui recommanda bien de ne jamais ouvrir la porte, sous peine des plus grands malheurs.

Malo, une fois la princesse partie, se promenait de tous côtés, dans les jardins et les salles et les chambres du château, et partout il voyait des trésors et des merveilles de tout genre. Il avait bien envie de visiter aussi le cabinet défendu, mais il se rappelait la défense de la princesse, et n'osait pas. Un jour, pourtant, il succomba à la tentation : il ouvrit la porte, et aussitôt le diable s'élança hors du cabinet et dit :

« C'est très bien; ta femme est à moi, à présent, et je vais l'emporter!

— Vous attendrez bien, au moins, jusqu'à dix heures, demain matin, répondit Malo.

— Oui, mais à dix heures précises, demain matin, je l'emporterai. »

Quand la princesse rentra, le soir, elle trouva Malo tout embarrassé et tout triste.

« Je sais, lui dit-elle, ce qui est cause de ta tristesse; tu m'as désobéi; tu as ouvert la porte du cabinet défendu, et à présent, j'appartiens au diable, qui y était enfermé.

— J'ai commis une faute, je le reconnais, répondit Malo, mais soyez sans inquiétude pourtant, car je saurai bien vous défendre contre le diable. »

Le lendemain matin, le diable se présenta à Malo, à dix heures juste, et lui dit:

« Où est ta femme? Je viens la chercher.

— Je vais vous la livrer tout à l'heure. Rendez-vous là-bas, au milieu de la plaine, devant le château, et je vous la conduirai là, dans un instant. »

Le diable se rendit au milieu de la plaine. Malo l'y vint rejoindre bientôt, accompagné de la princesse. Mais, au lieu de la lui livrer, il souffla dans le cor d'ivoire, que lui avait donné le géant, mari de sa sœur aînée, et aussitôt arrivèrent toutes les bêtes à cornes du pays, qui coururent sus au diable. Celui-ci aurait bien voulu s'échapper, mais de tous côtés, il se heurtait à des cornes aiguës, qui lui fermaient la retraite. Il perdit un œil et demanda quartier, jusqu'à dix heures, le lendemain matin; ce qui lui fut accordé.

Le lendemain matin, à dix heures, on se trouva encore, de part et d'autre, dans la plaine, et le diable réclama encore la princesse.

« Oui, si tu la gagnes, lui répondit Malo, car il te faudra encore combattre. »

Et aussitôt il souffla dans le bec d'oiseau, que lui avait donné le second géant, et tous les oiseaux du pays, petits et grands, arrivèrent de tous côtés, se précipitèrent sur le diable, et lui crevèrent l'œil qui lui restait. Si bien qu'il demanda encore quartier, jusqu'à dix heures, le lendemain matin.

« Je le veux bien, répondit Malo, mais, ce sera pour la dernière fois. »

Le lendemain matin, à l'heure dite, on se retrouva dans la plaine, de part et d'autre, et le diable réclama encore la princesse. Malo, pour toute réponse, tira de sa poche la mèche de cheveux dorés, que lui avait donnée le troisième géant, lui commanda de faire son devoir, et aussitôt tous les animaux à poil du pays, petits et grands, accoururent, de tous côtés, et tombèrent sur le diable, l'attaquant chacun à sa manière. Le combat fut terrible, et le diable, quoique aveugle, se défendit comme un diable. Il poussait des cris épouvantables, sous les coups de dents et de griffes des assaillants... Enfin, il fut vaincu, abattu, foulé aux pieds et enchaîné.

On construisit un grand bûcher, au milieu de la plaine ; on y mit le feu et le diable fut jeté dans le brasier. Comme il était habitué au feu, il n'y mourait pas, mais il poussait des cris, qui effrayaient tout ce qui vivait à plusieurs lieues à la ronde, et il essayait de s'échapper. Mais les animaux faisaient cercle autour du bûcher, et l'y repoussaient. Voyant cela, il dit à Malo que, s'il voulait le laisser partir, il renoncerait à tout droit sur la princesse. Comme on ne pouvait venir à bout de lui, d'aucune manière, Malo y consentit, mais à la condition qu'il signerait sa renonciation avec son sang. Il signa, et on le laissa partir, alors.

Et voilà pourquoi il vit encore, et fait tant de mal sur la terre. Si on avait pu en venir à bout, quand on le tenait, le pauvre monde serait, sans doute, plus heureux qu'il ne l'est.

Malo se maria alors à la princesse, et il y eut, à cette occasion, des fêtes magnifiques, des jeux et des festins, pendant quinze jours.

Conté par Jeanne Ewen,
de Louargat (Côtes-du-Nord), 1869.
François-Marie Luzel,
Littératures populaires, t. III, 1887.

Le taureau noir de Norwège

ÉCOSSE

En Norwège, il y a longtemps, vivait une dame qui avait trois filles. L'aînée dit à sa mère : « Mère, faites-moi cuire un *bannock* et rôtir un morceau de viande, et je pars chercher fortune. » Pendant ce temps, la fille alla trouver une vieille sorcière lavandière et lui conta ses projets. La vieille lui conseilla de rester encore un jour et de regarder par la fente de la porte « afin de voir ce qu'elle pourrait voir ». Le premier jour, elle n'aperçut rien, le second non plus. Le troisième jour, elle vit passer sur la route une voiture à six chevaux. Elle courut raconter à la vieille ce dont elle avait été témoin.

« Eh bien, dit la vieille, cette voiture vous est destinée. »

Elle monta donc dans la voiture, qui s'éloigna au galop.

La seconde fille dit ensuite à sa mère : « Mère, cuisez-moi un *bannock*, et rôtissez-moi une tranche de viande, car je pars chercher fortune. » La vieille lui donna le même conseil qu'à sa sœur. Le troisième jour elle vit une voiture à quatre chevaux et monta dedans.

La troisième fille fit comme ses deux sœurs. Quand elle regarda le troisième jour, elle vit un grand taureau noir qui passait en mugissant. « Voilà votre monture », dit la vieille.

À cette nouvelle, la jolie fille fut saisie de douleur et de crainte, mais on l'éleva sur le dos du taureau et elle s'éloigna.

Ils voyagèrent, voyagèrent. Bientôt, la fille eut faim.

« Mange ce que tu trouveras dans mon oreille droite, dit le taureau noir, et bois ce qui est dans l'oreille gauche, puis replaces-y tes restes. » Elle suivit ce conseil et fut merveilleusement réconfortée. Et ils continuèrent leur route jusqu'à ce qu'ils furent en vue d'un grand et beau château. « C'est là que demeure mon frère aîné, dit le taureau noir, nous passerons la nuit dans sa demeure. » On descendit la fille de sa monture, on l'introduisit dans le château, et le taureau fut mené dans le parc. Le lendemain matin, on ramena le taureau et on conduisit la dame dans un beau salon, puis on lui fit présent d'une jolie pomme, en lui disant de n'y avoir recours que si elle se trouvait dans le plus grand danger que mortel au monde eût jamais rencontré, que d'ailleurs cette pomme saurait la délivrer. Ensuite on la hissa sur la croupe du taureau noir et, après avoir voyagé loin, plus loin que je ne saurais dire, ils arrivèrent en vue d'un château beaucoup plus beau que le premier. Le taureau dit : « C'est le château de mon second frère ; passons-y la nuit. » Le lendemain on fit entrer la dame dans une belle et riche salle et on lui fit cadeau de la plus belle poire qu'elle eût jamais vue en lui recommandant de n'y avoir recours que si elle se trouvait dans le plus grand danger que mortel au monde eût jamais rencontré, que d'ailleurs cette poire saurait la délivrer. Le soir du troisième jour ils arrivèrent à un château encore plus grand et plus beau. « C'est le château de mon jeune frère, dit le taureau noir. La dame fut introduite dans le château et le taureau mené aux champs pour la nuit. Le lendemain matin, on conduisit la dame dans la plus belle pièce du château, où on lui donna une prune en lui recommandant également de n'y avoir recours que si elle se trouvait dans le plus grand danger que mortel au monde eût jamais rencontré. Puis on amena le taureau noir, on hissa la dame sur son dos et ils s'éloignèrent.

Ils marchèrent, marchèrent et arrivèrent dans une vallée sombre et effrayante ; là, ils s'arrêtèrent et la dame mit pied à terre. Le taureau lui dit : « Nous resterons ici jusqu'à ce que j'aie combattu le diable. Pour vous, demeurez assise sur cette pierre et ne bougez ni pieds ni mains jusqu'à mon retour, sinon je ne vous retrouverais pas ! Si tout ce qui vous entoure devient bleu ; c'est que j'aurai vaincu le diable, si tout devient rouge, c'est qu'il sera victorieux. » Elle s'assit sur la pierre et bientôt elle vit un peu de bleu. Ravie de joie, elle leva une jambe et la croisa sur l'autre. Alors quand le taureau vint la chercher, il ne la trouva plus.

Longtemps elle demeura assise ; longtemps elle gémit, enfin fatiguée, elle se leva et partit sans savoir où elle allait.

Elle arriva à une grande montagne de verre, qu'elle essaya de gravir, mais en vain. Ayant tourné la colline pour y découvrir un passage, elle aperçut la maison d'un forgeron. Le forgeron lui promit, si elle voulait le servir sept ans, de lui fabriquer des souliers de fer avec lesquels elle pourrait gravir la montagne de verre. Au bout de sept ans, elle prit les souliers de fer, passa la colline et parvint à l'habitation d'une vieille lavandière. Là on lui dit qu'un brave et jeune chevalier avait donné à blanchir des chemises ensanglantées et avait déclaré qu'il épouserait celle qui parviendrait à enlever ces taches. La vieille avait lavé jusqu'à ce qu'elle fût lasse, puis elle avait appelé sa fille, et toutes deux lavaient, lavaient encore, soutenues par l'espoir d'obtenir le jeune chevalier. Mais elles n'arrivaient pas à faire disparaître une tache. Alors elles mirent l'étrangère à l'ouvrage et dès que celle-ci toucha le linge, toutes les taches disparurent sous sa main. La vieille fit croire au chevalier que c'était sa fille qui avait blanchi les chemises. Le chevalier dut donc se décider à l'épouser et l'étrangère en fut désolée, car elle était devenue amoureuse de lui. Alors elle songea à sa pomme, et l'ouvrant, elle la trouva pleine d'or et de pierres précieuses, les plus riches qu'elle eût jamais vues. « Je vous donne toutes ces richesses, dit-elle à la fille, à condition que vous reculerez votre mariage d'un jour et que vous me permettrez d'entrer seule dans sa chambre cette nuit. » La fille y consentit, mais pendant ce temps la vieille avait préparé une boisson soporifique, qu'elle donna à boire au chevalier, qui dormit jusqu'au matin. Pendant cette longue nuit la demoiselle soupira et chanta :

Sept longues années j'ai servi pour toi ;
Pour toi j'ai gravi la colline de verre ;
Pour toi j'ai blanchi la chemise sanglante,
Et tu ne veux ni t'éveiller ni te tourner vers moi.

Le lendemain elle ouvrit la poire et la trouva pleine de joyaux plus riches que ceux de la pomme. Avec ces joyaux elle acheta la permission de passer une seconde nuit dans la chambre du jeune chevalier ; mais la vieille lui donna à boire une boisson soporifique qui le fit dormir jusqu'au matin. La pauvre fille chanta et soupira comme la nuit précédente. Mais il dormait toujours et elle avait perdu tout espoir.

Le lendemain, le chevalier n'étant allé à la chasse, quelqu'un lui demanda d'où venaient les plaintes et le bruit qui sortaient de sa chambre les nuits précédentes. Il répondit qu'il n'avait rien entendu, mais comme on insista il résolut de se tenir éveillé pour savoir la cause de ces bruits. La troisième nuit, la jeune fille était partagée entre la crainte et l'espoir, elle ouvrit sa prune et la trouva pleine de joyaux plus riches encore. Elle fit le même marché qu'avant et la vieille de son côté porta la boisson soporifique dans la chambre du jeune chevalier; mais celui-ci répondit qu'il ne la boirait que si elle était sucrée. Et pendant que la vieille allait chercher du miel pour la sucrer, le chevalier jeta la boisson et la vieille en revenant crut qu'il l'avait bue. Le chevalier alla se coucher; alors la demoiselle se plaça près de lui et chanta :

Sept longues années j'ai servi pour toi;
Pour toi j'ai gravi la colline de verre;
Pour toi j'ai blanchi la chemise sanglante,
Et tu ne veux ni t'éveiller ni te tourner vers moi.

Le chevalier entendit et se tourna vers elle. Et elle lui raconta ses aventures et il lui dit les siennes. Il fit jeter dans le feu la vieille et sa fille. Puis il se marièrent et ils furent heureux jusqu'à ce jour, autant que j'ai pu le savoir.

M. Chambers, *Popular Rhymes of Scotland*,
traduction de Loys Brueyre, 1875.

La bataille des oiseaux

HIGHLANDS, ÉCOSSE

Il y avait une fois bataille entre les animaux de la terre et les oiseaux de l'air.

Le fils du roi de Tethertown dit à son père : « J'irai voir le combat, et te ramènerai l'animal qui sera cette année le souverain de tous les autres. » Quand il arriva au champ de bataille, le combat était près de finir ; seuls, deux animaux luttaient encore : un corbeau noir et un serpent ; la victoire semblait pencher en faveur du serpent. — Prenant parti pour le corbeau, le prince tira son épée et d'un coup trancha la tête du serpent. Le corbeau reprit haleine et dit : « Tu as été bon pour moi ; pour te remercier, je te montrerai une belle vue. Monte sur mes ailes. » Le fils du roi monta sur le corbeau et il découvrit d'un coup d'œil sept *ben* (collines), sept *glen* (vallées) et sept montagnes couvertes de bruyères.

« Maintenant, dit le corbeau, cette demeure que tu aperçois au loin est la maison de ma sœur ; tu y seras le bienvenu. Si elle te demande : "Étais-tu à la bataille des oiseaux ?" tu lui diras : "J'y étais." Et si elle ajoute : "As-tu vu le corbeau ?" tu lui diras "Je l'ai vu." Tu me retrouveras d'ailleurs ici demain matin. » Le fils du roi reçut chez la sœur du corbeau une cordiale hospitalité : viandes de toutes espèces, boissons à profusion, eau chaude pour ses pieds et doux lit pour ses membres.

Le lendemain, le corbeau fit voir au prince le même spectacle que la veille. Au loin on découvrait une cabane, mais, quoique éloignée, ils l'atteignirent vite. Le prince y reçut un accueil semblable à celui de la veille : abondance de viandes et de boissons, eau chaude pour ses pieds, doux lit pour ses membres. Et le jour suivant il fut traité de même.

Quand, le troisième jour, au lever du soleil, il revint au rendez-vous des journées précédentes, le corbeau ne se présenta pas à ses regards, mais un jeune homme le plus beau du monde et qui dans sa main portait un paquet. Le fils du roi lui demanda : « N'avez-vous pas rencontré par ici un grand corbeau noir ? » Le jeune homme lui répondit : « Tu ne verras plus le corbeau, car le corbeau, c'est moi ; un charme avait été jeté sur moi ; tu l'as détruit en venant à mon secours. Prends ce paquet pour ta récompense. Maintenant, ajouta le jeune homme, tu peux retourner chez ton père ; mes sœurs te donneront l'hospitalité chacune pendant une nuit ; souviens-toi seulement de ne défaire le paquet que voici que lorsque tu seras arrivé à l'endroit où tu souhaites le plus d'habiter. »

Le fils du roi tourna alors le dos au jeune homme, et sa figure vers la demeure de son père ; il logea chez les sœurs du corbeau comme il avait fait auparavant. En approchant de la demeure de son père, il eut à traverser un bois. Le paquet lui semblait plus lourd à porter et il eut la tentation de regarder ce qu'il contenait.

Quel fut son étonnement en ouvrant le paquet ! En un clin d'œil, lui apparut au milieu d'une place immense un grand château entouré d'un verger où croissaient toutes sortes de plantes et de fruits. Le prince resta saisi de surprise et de regret. Comment faire rentrer dans le paquet les belles choses qui y étaient enfermées ? Hélas ! son bonheur eut été complet s'il l'eût ouvert dans la jolie petite vallée verdoyante qui faisait face à la demeure de son père. Tout à coup, il aperçut un grand géant qui venait à lui.

« Mauvaise est la place où tu as bâti ta demeure, dit le géant.

— Ce n'est pas ici, il est vrai, que je l'eusse souhaitée ; ma méprise a été grande ! répondit le fils du roi.

— Que me donnerais-tu si je faisais rentrer dans le paquet château et verger tout à la fois ?

— Quelle récompense demandes-tu ? dit le fils du roi.

— Tu me donneras ton premier fils quand il aura sept ans, dit le géant.

— Si j'ai jamais un fils, je te le donnerai », reprit le fils du roi.

En un clin d'œil, le géant mit dans le paquet : jardin, verger et château. « Maintenant, dit le géant, suis ta route, comme moi la mienne ; mais souviens-toi de ta promesse, et si tu l'oublies, je saurai te la rappeler. »

Le fils du roi continua son voyage, et quelques jours après il atteignit le bois qu'il aimait. Il défit le paquet, et, le même château lui apparut. Et, quand il en ouvrit la porte, il aperçut la plus belle fille sur laquelle ses yeux se fussent jamais arrêtés. « Avance, fils de roi, dit la jolie fille, tout est prêt si tu veux m'épouser cette nuit. — Tu combles ainsi mes vœux », répondit le fils du roi ; et cette nuit même les noces furent célébrées.

Sept ans et un jour s'écoulèrent ; le prince n'avait jamais révélé à sa femme la promesse que jadis il avait faite au géant. Soudain, à la porte du château se présenta le géant ; force fut au prince de se souvenir de son serment. La reine lui dit :

« Laisse-moi faire, je réponds de tout.

— Livre-moi ton fils, cria le géant ; rappelle-toi la promesse.

— Attends un peu, répondit le roi ; mon fils va venir ; sa mère dispose tout pour son départ. »

Pendant ce temps, la reine fit revêtir au fils du cuisinier les habits de son propre enfant et le conduisit par la main au géant. Le géant s'éloigna, mais à quelque distance, il mit une baguette dans la main du petit garçon, puis il lui demanda : « Si ton père tenait cette baguette, qu'en ferait-il ? » L'enfant répondit : « Si mon père tenait cette baguette, il battrait les chiens et les chats qui s'approcheraient du dîner du roi.

— Tu es le fils du cuisinier », dit le géant ; et le saisissant par les deux petits pieds, il le brisa contre une pierre.

Le géant revint au château, plein de rage et de fureur, et s'écria que si on ne lui remettait pas le fils du roi, la plus haute pierre du château en deviendrait la plus basse.

La reine dit au roi : « Tentons encore une épreuve ; le fils du sommelier est du même âge que notre fils. » Elle habilla donc le fils du sommelier et le conduisit au géant par la main. Au bout de quelques pas, le géant lui donna une baguette. « Si ton père tenait ce bâton, qu'en ferait-il ? — Il éloignerait les chiens et les chats qui voudraient s'approcher des bouteilles et des verres du roi. — Tu es le fils du sommelier », dit le géant, et il brisa la tête de l'enfant. Le géant revint sur ses pas, plein de fureur et de colère. La terre tremblait sous ses pas, ainsi que le château et ce qui s'y trouvait. « Livre-moi ton fils, ou dans un instant la plus haute pierre de ta demeure en sera la plus basse. » C'est ainsi que le fils du roi fut livré au géant.

Le géant l'emmena chez lui et l'éleva comme son fils. Un jour que le géant était sorti, le jeune homme entendit de doux chants qui semblaient descendre du grenier du palais. Il leva les yeux et aperçut la plus jolie personne qu'il eût jamais vue. Elle lui fit signe de s'approcher, et elle lui dit : « Aujourd'hui, vous ne sauriez rester plus longtemps près de moi ; mais revenez demain à l'heure de midi. »

Le jeune homme n'eut garde d'oublier son rendez-vous. La fille du géant le rejoignit aussitôt, et elle lui dit : « Demain, dites à mon père que vous seriez heureux de prendre une de ses filles pour épouse et que votre choix s'est fixé sur moi. Mon père veut me marier au fils du roi de la Cité Verte, mais je ne puis le souffrir. »

Le lendemain, le géant amena ses trois filles et dit : « Fils du roi de Tethertown, tu n'auras pas à regretter les années passées dans ma demeure. Je te donne pour femme celle que tu voudras de mes deux filles aînées ; et quand tes noces seront célébrées, tu pourras retourner chez ton père.

— Je te prends au mot, dit le prince, mais c'est la plus jeune que je choisis. »

Le géant fut saisi de colère et répondit : « Je ne t'accorderai sa main que si tu accomplis les trois tâches que je t'imposerai. — Lesquelles ? » dit le prince. Le géant le mena à l'étable. « La fiente de cent bestiaux est amoncelée ici depuis sept ans. Je pars aujourd'hui ; si cette étable n'est pas propre à ce point qu'une pomme d'or puisse y rouler d'un bout à l'autre, non seulement tu n'auras pas ma fille, mais cette nuit même, je me désaltérerai avec ton sang ! »

Le prince commença à nettoyer l'étable ; mais autant vouloir vider l'Océan ! Dans l'après-midi, la sueur tombait de son front dans ses yeux, quand la jeune fille du géant vint le trouver et lui dit : « Tu souffres bien, fils de roi ! — Oh ! oui, répondit-il. — Eh bien, dit-elle, oublie ta fatigue et abandonne ta tâche. —

Volontiers, dit-il, car je suis résigné à la mort. » Il s'assit près d'elle, et sa fatigue était si grande qu'il tomba endormi. À son réveil, sa fiancée n'était plus près de lui; mais l'étable était si propre qu'une pomme d'or eût pu y rouler d'un bout à l'autre.

Le géant arriva en criant: « As-tu nettoyé l'étable? — Oui, répondit le prince. — Quelqu'un l'a nettoyée pour toi », dit le géant. Le prince repartit: « Ce n'est pas toi en tous cas. — Eh bien, dit le géant, puisque tu as été si preste aujourd'hui, je veux que demain tu recouvres l'étable avec des dos d'oiseaux n'ayant pas plus de deux plumes de même couleur. » Avant le jour le prince était sur pied. Il prit son arc et son carquois pour tuer les oiseaux. Il courut aux marais; mais les oiseaux n'étaient pas aisés à prendre. Il les poursuivit jusqu'à ce que la sueur l'aveugla. Vers midi, arriva la fille du géant. « Tu succombes de fatigue, prince, dit-elle. — Hélas! répondit-il, je n'ai encore tué que deux oiseaux noirs et tous deux d'une seule couleur. — Va t'étendre sur ce petit coteau, lui dit sa fiancée. — Volontiers », dit le prince, espérant qu'elle l'aiderait encore; et il tomba endormi.

À son réveil, sa fiancée était partie. Il retourna à la maison et vit l'étable couverte de plumes. Quand le géant revint, il s'écria: « As-tu couvert l'étable? — Oui, dit le prince. — Quelqu'un t'a rendu ce service? dit le géant. — En tous cas, ce n'est pas toi, répondit le fils du roi. — C'est bon, tout n'est pas fini, dit le géant. Tu vois ce sapin près du lac; au sommet il y a un nid qui contient cinq œufs de pie, je les veux pour mon premier repas; aie soin surtout qu'aucun ne soit fêlé ni brisé. » Le prince se leva de bonne heure et se dirigea vers le sapin; l'ascension n'y était pas aisée. L'arbre n'avait pas son pareil dans tout le bois. Du sol à la première branche, on comptait cinq cents pieds. Le prince faisait de vains efforts pour s'élever. Sa fiancée vint lui porter secours. « Tu perds la peau de tes mains et de tes pieds, dit-elle. — Ah! dit-il, aussitôt monté je redescends. » Alors elle enfonça ses doigts les uns après les autres dans le sapin et de la sorte fit une échelle qui permit au prince d'atteindre le nid de la pie. Il touchait enfin le sommet de l'arbre quand sa fiancée lui cria: « Hâte-toi de redescendre avec les œufs, car la respiration de mon père me brûle le dos. » Dans sa hâte, elle laissa son petit doigt planté dans le sapin. « Maintenant, dit-elle, retourne vite à la maison avec les œufs, et demande à m'épouser cette nuit. Je te préviens que mes sœurs et moi nous sommes vêtues de même et que notre ressemblance est complète ; mais quand mon père te dira : "Fils de roi, désigne ta femme !" tu me reconnaîtras à ce que ma main est privée de son petit doigt. » Le prince donna donc les œufs au géant. « C'est bon, dit le géant, va tout préparer pour ton mariage. »

Il y eut une noce ; mais une noce ! Les géants, les seigneurs et le fils du roi de la Cité Verte avaient été conviés à la fête. Le prince fut marié et la noce commença, et quelle danse ! La maison du géant en tremblait de la cave au grenier. Quand l'heure de se retirer fut arrivée, le géant dit au prince : « Il est temps de prendre du repos. Reconnais ta fiancée parmi mes filles et emmène-la. » La fiancée du prince leva la main, à laquelle manquait le petit doigt et le prince l'attira à lui.

« Bien choisi, dit le géant, mais peut-être nous retrouverons-nous une autre fois. »

Les deux époux se retirèrent. « Cher ami, dit la fiancée, ne t'endors pas, ou tu es mort. Fuyons vite, vite, car sinon mon père te tuera. »

Ils se dirigèrent vers l'écurie et ils s'élancèrent sur le dos d'une pouliche gris bleu. « Attends un peu, dit-elle, je veux avant de partir jouer un tour au vieux héros. » En disant ces mots, elle coupa une pomme en neuf morceaux ; elle en mit deux à la tête du lit, deux au pied, deux à la porte de la cuisine, deux à la grande porte et le dernier morceau en dehors de la maison.

Le géant s'éveilla et cria : « Dormez-vous ? — Pas encore, dit le quartier de pomme qui était à la tête du lit. » Et au bout d'un instant il appela de nouveau : « Pas encore ! » dit la pomme au pied du lit. Il appela derechef. « Pas encore ! » répondit la pomme à la porte de la cuisine. Le géant appela encore. Le quartier de pomme qui était à la grande porte répondit à son tour. Le géant s'écria : « Vous êtes loin d'ici je comprends tout ! — Pas encore ! » dit la pomme qui était en dehors. « Vous fuyez ! » s'écria le géant ; et, s'élançant vers le lit des deux époux, il le trouva froid et vide.

« C'est un tour de ma fille », dit le géant, et il courut après les fuyards. À la pointe du jour, la fille du géant s'écria que la respiration de son père lui brûlait le dos. « Mets vite ta main, dit-elle au prince, dans l'oreille de la pouliche grise, et jette derrière toi ce que tu trouveras. — C'est une pointe d'épine, dit-il. — Jette-la derrière toi », dit-elle.

Aussitôt s'éleva un bois d'épines noires long de vingt milles et si épais qu'une belette eût pu à peine s'y glisser. Le géant arriva tête baissée et déchira aux épines sa tête et son cou.

« C'est encore un tour de ma fille, dit le géant ; mais si j'avais ma hache et mon couteau, je ne serais pas long à me frayer un chemin. » Il retourna chercher sa hache et son couteau, et revint aussitôt. Puis il joua de la hache. Bientôt un chemin s'ouvrit à travers l'épine noire.

« Laissons là, dit-il, ma hache et mon couteau jusqu'au retour. — Si tu les laisses, dit un corbeau perché sur un arbre, nous te les volerons. — Vous le feriez, dit le géant, mais je les remporte à la maison. » Il revint sur ses pas et laissa ses outils chez lui. Au chaud du jour, la fille du géant sentit le souffle de son père qui lui brûlait le dos.

« Mets ton doigt dans l'oreille du cheval et jette derrière toi ce que tu y trouveras. » Le prince y prit un éclat de pierre grise, et, en un clin d'œil, un grand rocher de vingt milles en hauteur et en largeur se dressa derrière eux. Le géant arriva, mais le rocher l'arrêta. « Les ruses de ma fille sont les choses les plus difficiles à déjouer que j'aie jamais connues, dit-il. Mais si j'avais mon levier et ma puissante pioche, je ne serais pas long à me faire un chemin. » Il alla chercher ses outils et il fendit les rochers. Bientôt il s'ouvrit une route. « Je vais laisser là mes instruments, et je ne retournerai plus chez moi comme avant. — Si tu les laisses là, dit le corbeau, nous les volerons. — Fais comme tu voudras, je n'ai pas le temps de rentrer chez moi. »

Près de ralentir sa surveillance, la fille du géant s'écria qu'elle sentait le souffle de son père lui brûler le dos. « Prince, cherche dans l'oreille du cheval ; sinon nous sommes perdus. » Le prince trouva cette fois une goutte d'eau dans l'oreille du coursier. Et quand il l'eut jetée derrière lui, un lac d'eau froide de vingt milles de long et de large s'étendit derrière eux.

Le géant arriva, mais lancé comme il l'était, il tomba au milieu du lac, s'enfonça et ne reparut plus.

Le lendemain, les jeunes gens se trouvaient en vue de la maison du roi : « Maintenant, dit-elle, mon père est noyé, et il ne nous gênera plus ; avant d'aller plus loin, va en avant et annonce à ton père que tu m'aimes ; mais aie soin que ni homme ni créature ne t'embrasse, sinon tu m'oublieras. » Tous ceux qui rencontraient le prince lui souhaitaient bienvenue et bonheur, et il pria son père et sa mère de ne pas l'embrasser ; mais par malheur une vieille levrette le reconnut et lui sauta à la figure en le léchant. De ce moment, le prince oublia sa fiancée.

La fille du géant resta assise au bord d'un puits, attendant le prince qui ne revenait pas. À la chute de la nuit, elle grimpa dans un chêne qui s'élevait près du puits et dormit sur la fourche de l'arbre jusqu'au lendemain.

Or, près du puits, demeurait un cordonnier ; vers midi, ayant eu soif, il pria sa femme d'aller lui tirer de l'eau. Quand la femme du cordonnier fut au puits et qu'elle pencha la tête pour se regarder, elle aperçut l'image de celle qui était dans l'arbre, et crut que c'était son visage qui se reflétait dans l'eau. Jamais jusqu'à ce jour elle ne s'était vue si belle ; elle jeta loin d'elle le pot qu'elle tenait à la main, et il se brisa, et elle revint chez son mari sans vase et sans eau.

« Où est l'eau que je t'ai demandée, femme ? dit le cordonnier. — Vieux lourdaud dégoûtant et disgracieux, il y a bien trop longtemps que je t'apporte ton eau et ton bois. — Femme, tu deviens folle ! Toi, ma fille, va vite chercher à boire à ton père. » La fille partit, et la même aventure lui advint : jamais elle ne s'était vue si aimable, et elle revint chez son père les mains vides. Le pauvre cordonnier pensa que leurs cerveaux se détraquaient, et il alla au puits. Il vit l'ombre de la princesse qui se réfléchissait dans l'eau ; alors il leva les yeux, et aperçut dans l'arbre la plus belle femme qu'il eût jamais vue. « Ton siège est bien ondulant, mais ta figure est belle, dit le cordonnier ; descends, car ta présence peut m'être utile dans ma demeure. » Le cordonnier comprit que c'était l'ombre de cette femme qui avait rendu folles sa femme et sa fille ; il l'emmena chez lui en la priant de pardonner à sa chétive demeure, mais de considérer comme à elle tout ce qui s'y trouvait.

Un jour ou deux après cette aventure, une société de jeunes gens vint chez le cordonnier commander des souliers pour la noce du prince qui était revenu et qui allait se marier. Les jeunes gens aperçurent la fille du géant et admirèrent sa beauté. « Tu as une jolie fille, dirent-ils au cordonnier. — Elle est jolie, certes, mais elle n'est pas ma fille. — Par saint Cloud, dit l'un d'eux, je donnerais cent livres pour l'épouser. » Les deux autres tinrent le même propos. Le pauvre cordonnier répondit que cela ne le regardait pas. « Bah! dirent-ils, porte-lui notre proposition aujourd'hui, et rends-nous réponse demain. » Quand les jeunes gens furent partis, elle demanda au cordonnier : « Que disaient-ils donc de moi ? » Le cordonnier lui répéta leurs paroles. « Va les trouver, dit-elle, j'épouserai l'un d'eux ; mais qu'il apporte sa bourse avec lui. » Le cordonnier courut après les jeunes gens et s'acquitta de son message. Le jeune homme revint sur ses pas et il donna au cordonnier cent livres en cadeau de noces. Le jeune homme et la jeune fille se retirèrent dans leur chambre; mais dès qu'elle fut couchée, elle dit au jeune homme : « Donnez-moi donc à boire dans ce grand verre qui est là sur la planche au bout de la chambre. »

Le jeune homme obéit, mais une fois qu'il eut touché le verre, il resta fixé au sol et ses doigts restèrent collés au grand verre toute la nuit. « Eh! mon garçon, dit-elle, pourquoi ne viens-tu pas te coucher ? » Mais celui-ci ne put faire un mouvement jusqu'à ce que le jour parût. Lorsque le matin le cordonnier vint à la porte de la chambre, elle lui dit : « Faites sortir ce lourdaud. » L'amoureux s'en revint chez lui, mais se garda bien de raconter aux autres son aventure.

Le second jeune homme vint à son tour; et quand elle fut couchée, elle lui dit : « Va regarder si le loquet est sur la porte. » Le loquet s'attacha à la main de l'amoureux, et, malgré ses efforts, il ne put bouger de toute la nuit. Il ne s'en détacha que lorsque le jour se leva. Il s'en retourna honteux et confus, se gardant bien de rien dire à son ami de sa mésaventure. La troisième nuit, celui-ci vint à son tour. Il éprouva le même sort. Un de ses pieds resta fixé au plancher et il lui fut impossible de faire un pas la nuit durant; le matin seulement il détacha son pied et s'en fut sans regarder derrière lui. « Maintenant, dit la jeune femme au cordonnier, garde cet or, je n'en ai que faire; il te sera utile, et j'en serai enchantée à cause de ta bonté pour moi. »

Le cordonnier avait terminé les souliers qui lui avaient été commandés, et comme le mariage du prince devait se célébrer le jour même, il se disposait à porter au château les souliers des jeunes époux quand la fille du géant, lui dit:

« J'aimerais à voir le fils du roi avant qu'il se marie.

— Viens avec moi, dit le cordonnier, je connais les domestiques, et tu pourras regarder à loisir le fils du roi et toute la société. »

Et quand les fiancés virent cette jolie femme, ils la menèrent à la chambre nuptiale et lui versèrent un verre de vin. Au moment de le boire, une flamme s'échappa du verre, et l'on vit s'envoler un pigeon d'or et un pigeon d'argent.

Ceux-ci volaient çà et là, quand trois grains d'orge tombèrent sur le plancher. Le pigeon d'argent s'élança et les avala. Alors, le pigeon d'or lui dit: « Si tu te souvenais que pour toi j'ai nettoyé l'étable, tu partagerais avec moi. » Trois grains d'orge tombèrent encore sur le plancher, et le pigeon d'argent s'élança sur eux et les avala. « Si tu avais souvenir que j'ai recouvert l'étable, tu ne les mangerais pas sans m'en donner ma part. » Trois grains tombèrent encore et le pigeon d'argent les mangea aussi. « Si tu t'étais souvenu que je t'ai donné le nid de la pie, tu ne les aurais pas mangés sans m'en donner ma part. J'ai perdu mon petit doigt à cette occasion et il me manque encore. »

Le fils du roi se ressouvint et reconnut sa femme. Il s'élança et la baisa de la main à la bouche.

Et quand vint le prêtre, ils furent mariés une seconde fois.

Et c'est là que je les ai laissés.

Loys Brueyre, *Contes populaires de la Grande-Bretagne*, 1875.

Références bibliographiques

Annales de Bretagne, éd. Plihon-Hervé, Rennes 1893-1901.

BAYARD (Jean-Pierre), *Histoire des légendes*, P.U.F., Paris, 1955.

BELVIANES (Marcel), *Sociologie de la musique*, éd. Payot, Paris, 1951.

BRANCOUR (René), *Histoire des instruments de musique*, éd. Laurens, Paris, 1921.

BRIL (Jacques), *À cordes et à cris*, éd. Clancier-Guénaud, Paris, 1980.

BRUEYRE (Loys), *Contes populaires de la Grande-Bretagne*, éd. Hachette, Paris, 1875.

CAMPBELL (F.J.), *Popular Tales of the West Highlands*, Edinburgh, 1860.

CHEVALIER (J.), GHEERBRANDT (A.), *Dictionnaire des symboles*, éd. Laffont, Paris, 1969.

DILLON (M.), CHADWICK (N.), *Les Royaumes celtiques*, Armeline, Brest, 2001.

DOMENECH (abbé), *Voyages légendaires en Irlande*, éd. Emmanuel Vitte, Lyon, 1894.

DONTENVILLE (Henri), *Mythologie française*, Payot, 1998 ; H*istoire et géographie mythiques de la France*, éd. Maisonneuve et Larose, Paris, 1973.

DOTTIN (Georges), *Contes et légendes d'Irlande*, éd. La Province, 1901.

DURAND (Gilbert), *Les Structures anthropologiques de l'imaginaire*, éd. Dunod, Paris, 1984,

EVANS-WENTZ (Walter Yeeling), *The Fairy Faith in Celtic Countries*, imp. Oberthur, Rennes, 1909.

ELIADE (Mircea), *Aspects du mythe*, Gallimard, Paris, 1973.

FÉLICE (Philippe de), *L'Enchantement des danses*, Albin Michel, Paris, 1957.

FRAZER (James), *Le Rameau d'or*, librairie Paul Geuthner, Paris, 1924.

FRITZ (Jean-Marie), *Paysages sonores du Moyen Âge*, éd. Honoré Champion, Paris, 2000.

GALLAIS (Pierre), *La Fée à la fontaine et à l'arbre*, éd. Rodopi, Amsterdam, 1992.

GUYONVARC'H (C.J.) Le Roux (F.), *La Civilisation celtique*, Ouest-France, Rennes, 1990.

HYDE (Douglas), *Contes gaéliques*, traduits par Georges Dottin, *Annales de Bretagne*, 1894-1896.

KENNEDY (Patrick), *Legendary Fictions of the Irish Celts*, London, 1891.

LE ROUX DE LINÇY (M.), *Le Livre des proverbes*, 2 vol., éd. Delahays, Paris, 1859.

La Tradition, revue générale des contes, légendes, chants et arts populaires, Paris 1889-1893.

LOÈVE-VEIMARS (A.), *Ballades, légendes et chants populaires de l'Angleterre et de l'Écosse*, éd. A. Renouard, Paris, 1825.

LUZEL (François-Marie), *Contes et légendes de Basse-Bretagne*, éd. Maisonneuve-Leclerc, 1887.

MARKALE (Jean), *Nouveau Dictionnaire de mythologie celtique*, Pygmalion, Paris, 1999.

MAURY (Alfred), *Coutumes et croyances du Moyen Âge*, éd. Honoré Champion, Paris, 1896,

Mélusine, revue de folklore et mythologie, Paris, 1884-1912.

ORAIN (Paul), *Contes du pays gallo*, éd. Honoré Champion, Paris, 1904.

OWEN (Rev. Elias), *Welsh Folklore*, éd. Woodall-Minshall, Oswestry, Wrexham, 1888.

Revue des traditions populaires, recueil de mythologie et littérature orale, éd. Lechevalier-Leroux, 1886-1916.

RHYS (John), *Celtic Folklore*, Welsh and Manx, Oxford, 1901.

SAUVÉ (L.-F.), *Proverbes et dictons de la Basse-Bretagne*, éd. Honoré Champion, Paris, 1878.

SÉBILLOT (Paul), *Légendes, croyances et superstitions de la mer*, 2 vol., éd. Honoré Champion, Paris, 1886; *Le Folklore de France*, 4 vol., éd. Guilmoto, Paris, 1904-1907; *Légendes et curiosités des métiers*, Ernest-Flammarion, Paris, 1894-1895.

SJOESTEDT (M.-L.), *Dieux et héros des Celtes*, Paris, P.U.F., 1940.

WIORA (Walter), *Les Quatre Âges de la musique*, éd. Payot, Paris, 1963.

TABLE

ACHEVÉ D'IMPRIMER
SUR LES PRESSES DE L'IMPRIMERIE

Keltia Graphic
29540 Spézet

pour le compte des éditions

COOP BREIZH
Kerangwenn
29540 Spézet

—

le 30 mars 2005

—

dépôt légal : 1er trimestre 2005